"十三五"江苏省高等学校重点教材（编号：2019-2-072）
国家级一流本科专业建设点（审计学）配套教材
高等院校经济管理类专业"互联网+"创新规划教材
国家自然科学基金项目（71828201、71872078、71872046、71572038、71472047）

# 内部控制审计
## 理论与实务

Theory and Practice of Internal Control Auditing

主　编 / 李万福
副主编 / 毛　敏　张　怀

## 内 容 简 介

本书以《企业内部控制基本规范》及其配套指引和注册会计师审计准则相关规定为依据，以《企业内部控制审计指引》为主线，在全面介绍内部控制审计目标、审计方法、审计计划等内部控制审计基本概念的基础上，聚焦企业关键业务的内控审计实务流程与方法解析，注重结合近年来企业内控审计领域较为成熟的研究成果与典型案例，引导学生深入学习企业内控审计理论与实务。本书以二维码的形式进行知识拓展，有助于读者快速了解内部控制审计实务发展，提升其内部控制审计实务能力，培育高质量应用型的内部控制审计人才。

本书可作为高等院校会计、审计等管理类专业本科生及研究生的教材，亦可作为会计师事务所或企业内审人员的学习参考书。

**图书在版编目(CIP)数据**

内部控制审计：理论与实务/李万福主编. —北京：北京大学出版社，2021.8
高等院校经济管理类专业"互联网+"创新规划教材
ISBN 978-7-301-31845-4

Ⅰ. ①内… Ⅱ. ①李… Ⅲ. ①审计学—高等学校—教材 Ⅳ. ①F239.0

中国版本图书馆 CIP 数据核字(2020)第 227098 号

| | |
|---|---|
| 书　　　名 | 内部控制审计：理论与实务 |
| | NEIBU KONGZHI SHENJI：LILUN YU SHIWU |
| 著作责任者 | 李万福　主编 |
| 策划编辑 | 李娉婷 |
| 责任编辑 | 巨程晖　郑　双 |
| 数字编辑 | 金常伟 |
| 标准书号 | ISBN 978-7-301-31845-4 |
| 出版发行 | 北京大学出版社 |
| 地　　　址 | 北京市海淀区成府路 205 号　100871 |
| 网　　　址 | http://www.pup.cn　新浪微博：@北京大学出版社 |
| 电子邮箱 | 编辑部 pup6@pup.cn　总编室 zpup@pup.cn |
| 电　　　话 | 邮购部 010-62752015　发行部 010-62750672　编辑部 010-62750667 |
| 印　刷　者 | 天津和萱印刷有限公司 |
| 经　销　者 | 新华书店 |
| | 787 毫米×1092 毫米　16 开本　13.75 印张　322 千字 |
| | 2021 年 8 月第 1 版　2025 年 6 月第 4 次印刷 |
| 定　　　价 | 48.00 元 |

未经许可，不得以任何方式复制或抄袭本书之部分或全部内容。
**版权所有，侵权必究**
举报电话：010-62752024　电子邮箱：fd@pup.cn
图书如有印装质量问题，请与出版部联系，电话：010-62756370

# 前　言

2020年5月，财政部内部控制委员会召开2020年第一次会议，要求各单位统一思想认识，强化内部控制理念，坚持问题导向、目标导向、结果导向，让内部控制真正成为防止出错的"规"和"矩"，发现问题的"显微镜"和"放大镜"，整改问题的"鞭"和"尺"。自《萨班斯—奥克斯利法案》颁布后，内部控制受到企业和政府的高度重视，其对企业管理的作用日益突显，现已成为各国降低企业风险、提高管理质量的重要工具。为了进一步完善企业内部控制，有效应对近年来由于内部控制失效引发的舞弊事件带来的不利影响，内部控制领域的权威组织COSO委员会（美国反虚假财务报告委员会下属的发起人委员会）发布了2013版《内部控制——整合框架》，并于2017年9月颁布了《企业风险管理框架》，对全球风险管理行业产生了重大影响。同时，我国政府相关机构和企业也在积极推动内部控制建设进程，如2008年颁布了《企业内部控制基本规范》、2010年颁布了基本规范的相应配套指引、2017年颁布了《小企业内部控制规范（试行）》和《行政事业单位内部控制报告管理制度（试行）》。目前，我国已强制要求所有上市公司建设和实施内部控制，并对相关信息进行披露，但在相当长的一段时间内，大部分上市公司缺乏主动披露的动机，披露的信息实质性内容不足，形式主义严重。

公司治理环境中存在的内部控制缺陷需要外部的审计和监督加以规范，且随着审计业务的发展，公司的健康运营必然需要财务报表审计与内部控制审计的共同参与。二者的审计目标具有共同点，都包含对公司的经营状况及内部治理状况进行监督，使财务信息及其他相关信息的真实性、可靠性得以提升，使股东、债权人等能够获得可靠的信息，在利益相关者做出决策的过程中发挥作用，使资本市场的秩序得到规范，资源配置得到优化。为实现上述目标，我国财政部等五部委于2010年4月联合颁布了《企业内部控制配套指引》，包括《企业内部控制应用指引》《企业内部控制评价指引》和《企业内部控制审计指引》，该系列指引的颁布使注册会计师内部控制审计发展成了一项操作规章和程序。在此基础上，中国注册会计师协会（简称中注协）于2015年颁布了《企业内部控制审计问题解答》，进一步对注册会计师进行内部控制审计时遇到的实际问题做了分析指导，力求在制度层面降低内部控制审计风险。综上所述，我们认为未来我国企业对内部控制审计业务的需求将会有较大幅度的增长。

总体而言，编写组坚持"以学生为中心，以思政育人为先，以能力产出为导向"的教育理念，紧密结合政府相关部门大力推进内部控制规范体系建设的政策背景，以《企业内部控制基本规范》及配套指引和注册会计师审计准则相关规定为依据，以《企业内部控制审计指引》为主线，在对企业内部控制、审计等领域的理论研究成果和国内外内部控制实践案例做了充分检索、了解和深入研究的基础上，编写了本书。

本书具有以下五个方面特点。

第一，坚持与时俱进，理论联系实际，以适应经济社会发展和科技进步要求。本书区别于已有的内部控制审计教材，在全面介绍内部控制审计目标、审计方法、审计风险、重要性水平等内部控制审计基本概念的基础上，更加注重结合政府相关部门大力推进内部控制规范体系建设的政策背景，以及近几年企业内部控制审计领域较为成熟的理论研究成果与典型案例，引导学生深入学习企业内部控制审计理论和实务。

第二，注重思想道德教育，强调"立德树人"。本教材坚持以思政育人为先的教学理念，结合案例与知识点，深度挖掘思政元素，以对学生的情感引领为主，以思政案例分析为辅，将马克思主义哲学思维、求真务实、勇于创新等理念融入知识点讲解中，推进铸魂育人建设，培养学生追求真理、勇于探索的精神，旨在培养造就一批引领道德风尚与行业发展的内部控制审计人才。

第三，呈现形式多样，内容新颖丰富。本书的编排融合了现代教育技术、方法和手段，开发了丰富的补充性、更新性和延伸性的教辅资源。同时大量引用了内部控制审计领域的最新理论研究成果，每章篇头均有学习目标介绍、思维导图和精心挑选的引导案例，同时，在关于业务循环的章节，每章篇尾均有相关的具体案例分析。此外，区别于传统的纸质教材，本书采用"纸质＋数字资源"的形式建立了基于课后知识拓展的云资源库，通过二维码的形式将内部控制审计理论和实践案例相结合，供学生自主学习，既保证了基础教学内容的质量，又提高了科学性、便捷性和互动性。

第四，突出能力培养。本书结合"大智移云"发展需求，以能力产出为导向，将实务和科研融入其中，提高学生在制定内部控制审计计划、评估内部控制审计风险、实施内部控制审计程序、识别内部控制缺陷等方面的实践应用能力，配合小组讨论、案例分析、专题研讨等教学活动，通过对典型事件的严格审视、客观评价、反复分析，提高学生的团队合作能力、语言表达能力和科学研究能力，培养学生的内部控制审计思维及敏感性，实现能力教学。

第五，适度创新。对于在《企业内部控制基本规范》及其配套指引、《企业内部控制审计指引实施意见》和《企业内部控制审计问题解答》中没有清晰界定但在学习过程中必须明确的问题，本书进行了大胆的、具有创新价值的讨论与分析，例如，各业务循环实例中的内部控制缺陷识别与整改措施、内部控制审计的研究现状与研究趋势、对内部控制审计实践发展的思考等，这有助于丰富已有教材在内部控制审计方面的理论与实践研究。

尽管目前仅有少数高校开设了"内部控制审计"课程，但是面对经济社会发展的新需求、教育教学评估的新标准、教育部颁布的专业建设新规范，深化人才培养模式改革、因材施教、分类培养、分层教学，逐步构建学生个性化培养体系势在必行。"内部控制审计"课程被纳入各大高校的培养计划是与时俱进的必然趋势，该课程或将成为会计、审计等管理类专业的必修或选修课程。另外，会计师事务所或者企业管理人员亦可将本书作为学习参考书以提高专业技能。

  本书由南京财经大学李万福教授担任主编并负责统稿，南京财经大学毛敏副教授、新加坡南洋理工大学张怀教授担任副主编。在编写本书时，编者曾走访了多个会计师事务所和不同行业的企业，就书中涉及的内部控制及其审计等内容与会计师事务所合伙人和项目组成员，以及企业的高层管理人员等进行深入地探讨，多方位全面研究内部控制审计的要点。此外，北京大学出版社的编辑们为本书提供了切实有力的支持和帮助，为本书的顺利出版提供了有力保障。在此，编者向上述所有对本书给予帮助的专家、学者和企业界人士，致以最诚挚的感谢。

  由于编者水平有限，书中可能存在不足，望读者在阅读过程中批评指正。虽然我国的企业内部控制审计研究相对于西方国家而言发展较晚，但是相关理论研究和实践发展在未来将会不断深入。因此，目前书中所涉及的思想和观点在发展过程中仍将面临进一步理论检验，今后还需要不断地修订和完善。

李万福<br>2021 年 3 月

【资源索引】

# 目　　录

第一章　内部控制概论 ················································································ 1

　　第一节　内部控制的概念、发展和理论 ··················································· 2
　　第二节　内部控制的目标、原则和要素 ················································· 11
　　第三节　内部控制的意义、局限和类型 ················································· 16
　　第四节　我国内部控制规范体系 ··························································· 20

第二章　内部控制审计概论 ········································································· 26

　　第一节　内部控制审计的概念、发展和理论 ········································· 27
　　第二节　内部控制审计的范围和目标 ··················································· 31
　　第三节　内部控制审计的步骤和方法 ··················································· 37
　　第四节　内部控制审计与财务报表审计 ··············································· 39

第三章　内部控制审计人员职业道德规范 ·················································· 44

　　第一节　内部控制审计人员的职业品质与判断 ····································· 45
　　第二节　内部控制审计人员的专业胜任能力 ········································· 50
　　第三节　内部控制审计人员的法律责任 ··············································· 53

第四章　计划企业内部控制审计工作 ························································· 55

　　第一节　总体审计策略和具体审计计划 ··············································· 56
　　第二节　风险识别和评估 ····································································· 60
　　第三节　利用其他相关人员的工作 ······················································· 62

第五章　实施企业内部控制审计工作 ························································· 66

　　第一节　测试企业层面和业务层面内部控制 ········································· 67
　　第二节　测试内部控制设计与运行的有效性 ········································· 69
　　第三节　获取内部控制审计证据 ··························································· 72

## 第六章 销售与收款循环内部控制及测试 ...... 75

第一节 销售与收款循环业务概要 ...... 76
第二节 销售与收款循环内部控制设计 ...... 78
第三节 销售与收款循环内部控制测试 ...... 81

## 第七章 采购与付款循环内部控制及测试 ...... 87

第一节 采购与付款循环业务概要 ...... 88
第二节 采购与付款循环内部控制设计 ...... 90
第三节 采购与付款循环内部控制测试 ...... 92

## 第八章 生产与存货循环内部控制及测试 ...... 97

第一节 生产与存货循环业务概要 ...... 98
第二节 生产与存货循环内部控制设计 ...... 100
第三节 生产与存货循环内部控制测试 ...... 102

## 第九章 投资与筹资循环内部控制及测试 ...... 107

第一节 投资与筹资循环业务概要 ...... 108
第二节 投资与筹资循环内部控制设计 ...... 111
第三节 投资与筹资循环内部控制测试 ...... 114

## 第十章 货币资金内部控制及测试 ...... 119

第一节 货币资金业务概要 ...... 120
第二节 货币资金内部控制设计 ...... 121
第三节 货币资金内部控制测试 ...... 124

## 第十一章 信息系统内部控制及测试 ...... 129

第一节 信息系统内部控制概要 ...... 130
第二节 信息系统内部控制设计 ...... 132
第三节 信息系统内部控制测试 ...... 136

## 第十二章 内部控制缺陷评价 ...... 148

第一节 内部控制缺陷的定义与分类 ...... 149
第二节 内部控制缺陷的认定 ...... 151

第三节　内部控制缺陷的整改 …………………………………………………… 160

# 第十三章　完成审计工作与出具审计报告 ……………………………………… 163

　　第一节　完成审计工作 …………………………………………………………… 164
　　第二节　出具内部控制审计报告 ………………………………………………… 169

# 第十四章　内控审计研究拓展与实践思考 ……………………………………… 176

　　第一节　内部控制审计研究拓展 ………………………………………………… 177
　　第二节　内部控制审计实践发展的思考 ………………………………………… 196

# 参考文献 …………………………………………………………………………… 200

# 附录 ………………………………………………………………………………… 205

# 第一章　内部控制概论

## 学习目标

- 理解内部控制的目标及企业建设内部控制的意义；
- 掌握内部控制的类型、原则与局限以及要素；
- 了解内部控制在国际和我国的发展历程；
- 理解我国现行的内部控制规范体系。

## 思维导图

**内部控制目标**
- 财务报告及相关信息真实完整
- 保障资产安全完整
- 提高经营效率效果实现发展战略
- 合理保证企业经营管理合法合规

**内部控制意义**
- 提供更真实可靠的会计信息资料
- 保护企业的财产和资源安全完整
- 降低企业的生产和经营风险
- 保障企业既定方针更好地执行
- 为审计工作提供良好的基础

**内部控制类型**
- 按控制内容分类
- 按控制地位分类
- 按控制目的分类
- 按控制功能分类
- 按与财报相关程度分类
- 按控制时间分类

**内控原则与局限**
- 全面性原则 —— 非经常事项的不适应性问题
- 适应性原则
- 重要性原则 —— 失误/人员素质
- 制衡性原则 —— 串通舞弊问题
- 成本效益原则 —— 成本效益问题

**内部控制发展历程**
- 国际内部控制发展历程
- 我国内部控制发展历程
- 我国内部控制基本规范

**内部控制五个要素**
- 内部环境　风险评估
- 控制活动　信息与沟通
- 内部监督

**案例导读**

2020年4月2日，瑞幸咖啡发布公告自曝财务造假，涉及金额近22亿元，当日股价闪跌76%。随后停牌一个半月，在5月20日恢复交易后，股价跌至2美元左右，相比52周内的股价最高点，市值蒸发超过96%。6月29日，瑞幸咖啡在纳斯达克停牌并进行退市备案。

这家创业公司曾挑战星巴克，以惊人的发展速度刷新纪录，成为世界上上市最快的公司，却因财务造假陷入舆论漩涡，遭遇经营危机。瑞幸咖啡在上市资料中表示，如果未能实施和维持有效的内部控制制度，可能无法准确报告其经营成果、履行其报告义务或防止欺诈，投资者信心和美国存托股的交易价格可能会受到重大不利影响。瑞幸咖啡表示，就截至2018年度的合并财务报表审计而言，瑞幸咖啡及其独立注册会计师发现了瑞幸咖啡在财务报告内部控制方面的两个重大缺陷，只是并未引起足够重视。

要求：试回答，内部控制是什么？企业应如何实施内部控制？

## 第一节 内部控制的概念、发展和理论

### 一、内部控制的概念

内部控制概念的正式提出始于1936年，美国会计师协会（American Institute of Accountants，AIA）在《独立公共会计师对财务报表的审查》（*Examination of Financial Statements by Independent Public Accountants*）中将内部控制定义为："为了保护公司现金和其他资产的安全、检查账簿记录的正确性而在公司内部实施的各种手段和方法。"其后，美国注册会计师协会（American Institute of Certified Public Accountants，AICPA）下属的审计程序委员会（Committee on Auditing Procedure，CAP）在1949年发表了《内部控制：一种协调制度要素及其对管理当局和独立注册会计师的重要性》（*Interna Control：Elements of Coordinated System and Its Importance to Management and the Independent Public Accountants*），认为"内部控制包括组织机构的设计和企业内部采取的所有相互协调的方法和措施。这些方法和措施都用于保护企业的财产，检查会计信息的准确性，提高经营效率，推动企业坚持执行既定的管理政策"。由此，内部控制从会计控制延伸到了资产保护、经营效率提高等其他领域。

上述内部控制概念的解释对后续内部控制理论体系的形成产生了深远的影响，但是容易造成"决策过程中的任何程序和记录都可以包括在内部控制的保护资产概念中"之类的误解。因此，1972年，AICPA对内部控制的会计控制和管理控制提出了具体定义，定义指出，会计控制是"组织计划和所有与下面直接有关的方法和程序：

(1) 保护资产，即在业务处理和资产处置过程中，保护资产免遭过失错误、故意致错或舞弊造成的损失；(2) 保证对外界报告的财务资料的可靠性"。

此后，一些国家和组织对内部控制的概念提出了更为全面的解释，较为典型的主要有以下几种。

1976年，加拿大特许会计师协会（Canadian Institute of Chartered Accountants，CICA）在《审计推荐草案》中指出：内部控制由组织体制的设计和企业管理人员制定的所有协调制度组成，就其实用方面而言，是为了取得确定的管理目标，促进企业的业务有秩序和有效率地进行，保证资产的安全、会计记录的可靠和及时地提供准确的财务资料。

1986年，国际最高审计机关组织（International Organization of Supreme Audit Institutions，INTOSAI）在第十二届国际审计会议上发表的《关于绩效审计、公营企业审计和审计质量的总声明》中重新定义了内部控制，即"内部控制作为完整的财务和其他控制体系，包括组织结构、方法程序和内部审计。目的在于帮助企业的经营活动合理化，具有经济性、效率性和效果性；保证管理决策的贯彻；维护资产和资源的安全；保证会计记录的准确和完整，并提供及时、可靠的财务和管理信息"。

1988年，AICPA发布的《审计准则公告第55号》（Statements on Auditing Standards No.55 Consideration of the Internal Control Structure in a Financial Statement Audit，SAS No.55）指出：企业的内部控制结构包括为合理保证企业特定目标的实现而建立的各种政策和程序。

1992年，美国反虚假财务报告委员会下属的发起人委员会（The Committee of Sponsoring Organizations of the Treadway Commission，COSO）发布了《内部控制——整合框架》（Internal Control-Integrated Framework），即COSO报告。该报告将内部控制定义为：公司的董事会、管理层及其他人士为实现以下目标提供合理保证而实施的程序：运营的效益和效率，财务报告的可靠性和遵守适用的法律法规。

1996年，中国注册会计师协会（简称中注协）发布的《独立审计具体准则第9号——内部控制与审计风险》指出：内部控制是指被审计单位为了保证业务活动的有效进行，保护资产的安全和完整，防止、发现、纠正错误与舞弊，保证会计资料的真实、合法、完整而制定和实施的政策与程序。

2008年，中华人民共和国财政部（简称财政部）同中国证券监督管理委员会（简称证监会）、中华人民共和国审计署（简称审计署）、中国银行业监督管理委员会（简称银监会）[①]、中国保险监督管理委员会（简称保监会）[②]制定的《企业内部控制基本规范》称，内部控制，是由企业董事会、监事会、经理层和全体员工实施的、旨在实现控制目标的过程。内部控制的目标是合理保证企业经营管理合法合规、资产安全、财务报告及相关信息真实完整，提高经营效率和效果，促进企业实现发展战略。

---

① 2018年3月，中国银行业监督管理委员会撤销。
② 2018年3月，中国保险监督管理委员会撤销。

基于以上背景,本书将内部控制理解为:内部控制是企业为了实现其经营的效率和效果,达到制定的战略目标,保障资产的安全完整,保证会计信息的安全可靠,以及对法律法规的遵守而对企业内部采取的自我调整、约束、规划、评价和控制的一系列方法、手段与措施的总称。内部控制制度在现代管理理论中占据重要地位,它强调预防为主,通过对企业制度和规则的完善来防止和降低企业发生错误和舞弊的可能,从而提高经营管理效率和效果。

## 二、国际内部控制的发展

内部控制是社会经济发展的必然产物,它是随着外部竞争的加剧和内部强化管理的需要而不断丰富和发展的。整体来看,内部控制理论的发展大致经历了内部牵制、内部控制制度、内部控制结构、内部控制整合框架、风险管理框架五个阶段。

### (一)内部牵制阶段——20世纪30年代末之前

如前所述,内部控制概念的产生始于1936年,但在此之前,人类社会发展史中早已存在内部控制的初级形式,即内部牵制。例如,西周时期在天官冢宰下分设大府、玉府、内府、外府、职币等机构,分管王朝财物;古罗马时代对会计账簿实施双人记账制,定期核对双方账簿记录以检查差错或舞弊,等等。《柯氏会计辞典》(*Kohler's Dictionary for Accountant*)提出:内部牵制是指用以提供有效的组织和经营,并防止错误和其他非法业务发生的业务流程设计,其主要特点是以任何个人或部门不能单独控制任何一项或一部分业务权力的方式进行组织上的责任分工,每项业务通过正常发挥其他个人或部门的功能进行交叉检查或交叉控制。设计有效的内部牵制使各项业务能完整正确地按照规定的程序处理,在这些规定的处理程序中,内部牵制机能永远是一个不可缺少的组成部分。一般可将内部牵制机能的执行分为实物牵制、机械牵制、体制牵制、簿记牵制四类(表1-1)。

表1-1 内部牵制的分类

| 名称 | 定义 | 举例 |
| --- | --- | --- |
| 实物牵制 | 两个以上人员共同掌管必要的实物工具,共同完成一定程序 | 将保险柜的多把钥匙交由不同人员保管 |
| 机械牵制 | 只有按照正确的程序操作机械,才能实现操作目的 | 只有按照既定的程序操作才能打开银库的大门,否则大门无法打开,甚至会自动报警 |
| 体制牵制 | 为防止错误和舞弊发生,把每项经济业务交由不同的部门或人员分别处理 | 安排不同人员分别负责出纳和记账 |
| 簿记牵制 | 核对原始凭证与记账凭证、会计凭证与账簿、账簿与账簿、账簿与会计报表是否一致 | 定期核对银行存款日记账和银行对账单 |

(二)内部控制制度阶段——20世纪40年代到70年代

随着传统内部牵制思想和古典管理理论的结合,逐渐发展出了内部控制制度(也称内控制度)的概念。内部控制制度思想认为,内部控制应分为内部会计控制和内部管理控制,该"两分法"主要源自1953年CAP发布的《审计程序公告第19号——客户陈述》(Statement on Auditing Standards No.19: Client Representations, SAP No.19),AICPA颁布的其他准则对内部会计控制和内部管理控制的关系进行了说明:"会计控制和管理控制并非完全独立,因为一些控制制度和记录既包括在会计控制中,也属于管理控制。"

随着内部控制制度理论的不断完善,1973年,AICPA下属的审计准则委员会(Auditing Standard Board, ASB)发布了《审计准则公告第1号——审计准则和程序汇编》(Statements on Auditing Standards No.1: Codification of Auditing Standards and Procedures, SAS No.1),提出了内部会计控制和内部管理控制的具体定义:"内部会计控制由组织计划以及与保护资产和保证财务资料可靠性有关的程序和记录构成。内部会计控制旨在保证:经济业务的执行符合管理部门的一般授权或特殊授权的要求;经济业务的记录必须有利于按照一般公认会计原则或其他有关标准编制财务报表,以及落实资产责任;只有在得到管理部门批准的情况下才能接触资产;按照适当的间隔期限,将资产的账面记录与实物资产进行对比,一旦发现差异,应采取相应的补救措施。内部管理控制包括但不限于组织计划以及与管理部门授权办理经济业务的决策过程有关的程序及其记录。这种授权活动是管理部门的职责,它直接与管理部门执行该组织的经营目标有关,是对经济业务进行内部控制的起点。"

(三)内部控制结构阶段——20世纪80年代

西方学术界在对内部会计控制和内部管理控制的研究中,逐渐发现两者是密不可分、互相联系的。1980年,凯罗鲁斯在"内部审计师协会"代表大会上发言,将内部控制的"两分法"描述为"将美玉击成了碎片",他认为"在这块美玉完全修复之前,我们不可能有一个对管理人员有用、被管理人员理解的内部控制定义"。因此,AICPA在1988年发布的《审计准则公告第55号》(SAS No.55)中,以"内部控制结构"替代了"内部控制制度"的概念,并指出"内部控制结构由控制环境、会计系统和控制程序三个要素组成"(见图1-1)。这一发展阶段将控制环境这一概念引入内部控制的理论中,对会计控制和管理控制不再做详细区分,这是内部控制理论研究的一项突破性成果。

(四)内部控制整合框架阶段——20世纪90年代

1992年,美国COSO委员会发布的《内部控制——整合框架》更为权威地定义了内部控制明确了内部控制框架中企业履行职责的五个要素:控制环境、风险评估、控制活

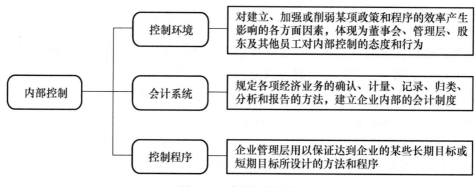

图 1-1 内部控制结构

动、信息与沟通、监督,是内部控制理论发展的又一个里程碑。

1. 控制环境

控制环境决定了企业基调,直接影响员工的控制意识。它提供了内部控制的基本规则和构架,是其他要素的基础。控制环境包括员工的诚信度、职业道德和才能,管理层的管理哲学和经营风格,企业权责分配方法和人事政策、董事会的经营重点和目标等。

2. 风险评估

每个企业都面临诸多来自内部和外部有待评估的风险。风险评估的前提是使经营目标在不同层次上相互衔接、保持一致。风险评估是指识别、分析相关风险以实现既定目标,从而形成风险管理的基础。鉴于经济、产业、法规和经营环境不断变化,企业需要确立一套机制来识别和应对由这些变化带来的风险。

3. 控制活动

控制活动是指那些有助于管理层决策顺利实施的政策和程序。控制行为有助于确保实施必要的措施以管理风险,从而实现经营目标。控制行为体现在整个企业的不同层次和不同部门中,包括诸如批准、授权、查证、核对、复核经营业绩、资产保护和职责分工等活动。

4. 信息与沟通

公允的信息必须被确认、捕获并以一定形式及时传递,以便员工履行职责。信息系统提供涵盖经营、财务和遵循性信息的报告,以便经营和管理企业。信息系统不仅处理内部产生的信息,还处理与企业经营决策和对外报告相关的外部事件、行为和条件等。有效的沟通从广义上说是信息的自上而下、横向及自下而上的传递。所有员工必须从管理层获取明确的信息,认真履行控制职责;必须理解自身在整个内控系统中的位置,理解个人行为与其他员工工作的相关性;必须有向上传递重要信息的途径。同时,企业与外部诸如客户、供应商、管理当局和股东间也需有效地沟通。

5. 监督

监督是对内部控制系统有效性进行评估的过程,可通过持续性的监控行为、独立评估或两者的结合来实现对内控系统的监督。持续性的监控行为发生在企业的日常经营过程中，包括企业的日常管理和监督行为、员工履行各自职责的行为。独立评估活动的广度和频度有赖于预估风险和日常监控程序的有效性。

(五) 风险管理框架阶段——21世纪

在 1992 年《内部控制——整合框架》的基础上，结合美国 2002 年颁布的《萨班斯—奥克斯利法案》(Sarbanes-Oxley Act)，即 SOX 法案的相关要求，COSO 委员会在 2004 年发布了《企业风险管理——整合框架》(Enterprise Risk Management-Integrated Framework)，即 ERM 框架。该框架认为"企业风险管理是一个过程，它由一个主体的董事会、管理当局和其他人员实施，应用于战略制定并贯穿于企业中，旨在识别可能会影响主体的潜在事项，管理风险以使其在该主体的风险容量之内，并为主体目标的实现提供合理保证"。该框架拓展了内部控制风险管控的范围，使内部控制更有力且更广泛地关注于企业风险管理这一更加宽泛的领域。风险管理框架包括八大要素：内部环境、目标设定、事项识别、风险评估、风险应对、控制活动、信息与沟通、监督。此后，COSO 委员会于 2017 年 9 月发布了更新版企业风险管理框架《企业风险管理——与战略和业绩的整合》(Enterprise Risk Management Framework: Integrating with Strategy and Performance)。

## 三、我国内部控制的起源与发展

重视历史、研究历史、借鉴历史是中华民族五千多年文明史的优良传统之一。历史是最好的教科书和清醒剂，知所由来，方知所往。作为时代新人，应当且必须了解、理解和接受中华民族内部控制制度发展的悠久历史和灿烂文化，坚定文化自信，自觉延续文化基因，从我国早已存在的内部控制基本思想和初级形式中汲取营养和智慧，认清历史事实、厘清历史脉络、把握时代脉动，传承和弘扬中华民族优秀的传统文化，增强民族自尊心、自信心和自豪感。

我国最早的内部控制制度可以追溯到西周时期，主要体现在统治者对政权的控制中。《周礼》曾记载，在西周时期，天下最高的统治者是周王，其下设六大官职，分别是天官冢宰、地官司徒、春官宗伯、夏官司马、秋官司寇和冬官考工。从官厅内部控制的角度来讲，西周时期就具备了内部控制产生的空间条件。西周时期的会计组织和人员均由司会统一管理，具体职责包括会计、出纳、税务、财物保管、考核（钩考）、人口与土地统计，与业务部门间已分工明确。据《周礼》记载，西周时期的内部牵制主要包括：财物分管，即在天官冢宰下分设大府、玉府、内府、外府、职币等机构，分管王朝财物；职务分离，即会计记账、收入核算、支出核算和实物保管分别由不同官员实施；内部稽核，即宰夫行使稽核职权，负责组织对财物保管部门年度、月度、旬度的财物出入和经济收支情况进行详细、全面的稽核，并以稽核结果作为评定官吏政绩优劣的依据。

自西周时期起,我国内部控制制度主要包括机构分设控制、职务分离控制、岗位轮换控制、账簿组织控制、内部稽核控制等方面。

### (一) 机构分设控制

机构分设是内部牵制乃至内部控制的基本手段与措施。我国古代内部控制在机构分设控制方面主要有以下做法。

1. 收入管理与支出管理分设

在西周时期,国家财计机构大体分为两个系统:一个是相当于现代税务系统的负责管理财政收入的地官司徒系统;另一个是相当于现代财政、审计系统的负责管理财政支出、会计核算、审计监督等的天官冢宰系统。

2. 皇家和国家的财政分设

在西周时期,天官冢宰系统负责管理皇室财政与国家财政。到了秦朝,中央政府在会计机构设置上已将皇室财政从国家财政中独立出来,建立财计部门分别进行核算与管理。

3. 会计信息核算与稽核分设

在隋朝时期,尚书省作为全国最高行政机构,其下设都官与度支等管理系统,分别承担核算和稽核职能。

4. 军队财政与国家财政分设

在唐朝时期,国家将军队财政与国家财政相互分离,分别实行独立核算与管理,并赋予刑部下设的比部以军队审计职能,加强了对军队财政的监督。

### (二) 职务分离控制

职务分离控制是内部牵制的重要内容和措施,受到历代统治者的高度重视,采取的主要措施有以下几项。

1. 会计与财物保管职务相分离

《周礼》中记载,西周的国家财政会计工作由司会、司书、职内、职岁等负责,财产物资保管则分别由大府、玉府、内府、外府等负责,实物账目管理由廪人负责。

2. 会计人员职务分离

西周会计系统里,相当于国家财务活动总负责人的司会对国家财务收支进行"月计岁会";相当于现代记账会计的司书掌管会计账簿;相当于现代收入会计的职内"掌邦之赋入,辨其财用之物而执其总";相当于现代支出会计的职岁"掌邦之赋出";相当于现代出纳的职币"掌式法,以敛官府、都鄙与凡用邦财者之币,振掌事者之余财"。

3. 经济监察与财政会计相分离

从秦朝开始，统治者为了加强统治集团的内部控制和政府官吏间的相互牵制，设立了丞相和御史大夫两个职位。御史大夫为副丞相，对丞相进行牵制和制约，在官厅内部形成了一种典型的牵制关系。

4. 会计稽核与出纳职务相分离

南宋郑伯谦在《太平经国之书》中提出，"出纳移用之权"（主管财务官吏的职能）和"纠察钩考之权"（主管会计官吏的职能）应分别由不同的"官司"享有，也就是主张会计和出纳、稽核职务相分离，以便实施会计监督。

（三）岗位轮换控制

分岗设置、间隔轮换是一种重要的内部控制方法。自古以来，无论是官厅会计还是民间会计，都会通过这样的方法实施一定程度的内部控制。根据史实记载，在北宋时期，政府为了防止官员舞弊，特别做出"主库吏三年一易"的规定，也就是主管仓库的官员必须三年更换一次，这是我国较早有文字记载的岗位轮换控制措施。

（四）账簿组织控制

就整个会计核算体系来说（凭证-账簿-报表），账簿居于核心地位，因此对账簿体系的控制显得尤为重要，它是内部牵制乃至内部会计控制的重要方法。这里的账簿体系指包括凭证、账簿、报表等在内的会计账簿组织体系。西周时期产生的"三账"和明末清初的"龙门账"都是我国古代具有代表性的账簿控制方式。

（五）内部稽核控制

内部稽核控制作为内部控制的重要组成部分，与内部牵制一样受到管理者的重视，在内部控制中得到了广泛应用。我国古代内部控制中的内部稽核控制方式主要有西周时期的"钩考"、汉代的"校见"，以及《周礼》中记载的宰夫的稽查职责。

## 四、内部控制的相关理论

内部控制与公司治理间存在着密切关系，两者都遵循相互牵制、相互制衡的原则，通过对制度的执行实现企业目标。Hoitash, Hoitash, and Bedard（2009）发现高质量的公司治理能够提高内部控制的有效性。程晓陵、王怀明（2008）以年终股东大会出席率、董事监事规模、董事长总经理两职兼任度量公司的内部治理结构，证实了公司治理对内部控制具有显著影响。从广义上理解，公司治理制度可以等同于企业管理制度。企业的治理和管理制度中都渗透着内部控制思想，体现着控制职能的要求。从狭义上来看，公司治理是居于企业所有权层次，研究如何授权给职业经理人并对职业经理人履职行为行使监管职能的科学；内部控制则是为了保证生产经营效率效果、提高会计信息的真实可靠性、保护企业财产安全、保证企业既定方针贯彻执行而建立的措施和程序。虽然两者的作用存在本质差异，但总体而言，公司治理是内部控制功能得以有效发挥的条件和基础，内部控制是提高公司治理效率、完善公司治理结构的有效手段，与内部控制联系密切的公司治理相关理论如下。

（一）控制论

控制论形成于 1948 年，其奠基性著作是美国数学家 Wiener 出版的《控制论：或关于在动物和机器中控制与通信的科学》(*Cybernetics: or Control and Communication in the Animal and the Machine*)。控制论是一门研究生命体、机器和组织的内部或彼此间的控制和通信的科学，是跨工程学、生理学、心理学、数学、逻辑学、社会学等众多学科的交叉学科（张广照、吴其同，2003）。控制论将"控制"定义为：为了"改善"某个或某些受控对象的功能或发展，需要获得并使用信息，以这种信息为基础而选出的、于该对象上的作用。也就是说，控制的基础是信息，一切信息传递都是为了控制，进而任何控制又都有赖于信息反馈来实现。

管理是控制论应用的一个重要领域，管理系统是一种典型的控制系统，它通过信息反馈揭示成效与标准的差距，并采取纠正措施，使系统稳定运行在预定的目标状态上。在此基础上，控制论清晰地反映了内部控制"确定控制目标—信息导入—信息应用—信息反馈—改善系统"的运行过程，该过程以信息的传递和沟通为基础，目的是实现组织预先设定的目标。其中，最为重要的一个环节是如何运用信息对影响目标完成的因素进行调节，也就是企业的管理层、股东及其他员工等控制主体如何采取手段对资产、资源、有用信息等控制客体进行保护、监督和调节，以达到提高运营的效益和效率、提高财务报告的可靠性和遵守适用的法律法规的目的。从上述内容来看，控制论指导了内部控制的运行机制和控制设计。

（二）委托代理理论

委托代理理论是制度经济学的重要理论之一。委托代理理论源自 1933 年美国经济学家 Berle and Means 出版的《现代公司与私有财产》(*The Modern Corporation and Private Property*) 一书。Berle and Means（1933）认为，企业所有者兼任经营者的做法存在极大弊端，因此，提出了"管理权与控制权相分离"这一命题，倡导所有权和经营权分离，企业所有者仅保留剩余索取权，将经营权让渡。

委托代理理论认为，委托人和代理人各自追求自身利益最大化，具有不同的效用函数，必然导致利益冲突和代理成本问题。Jensen and Meckling（1976）认为，如果没有有效的内部控制制度，代理人可能会为了自己的利益损害委托人的权益。委托代理视角下的内部控制不但授予经营者对企业正常经营管理的权限，更规范了经营者的经营行为，防止经营者违反相关规定侵害企业所有者利益。可以说，内部控制制度是委托代理的重要保障，而委托代理的出现和应用，促进了企业内部控制的产生和完善，是内部控制实行的前提和基础，其变化与发展也将继续影响内部控制理论的发展和完善。

（三）利益相关者理论

"利益相关者"一词的提出最早可追溯到1984年，Freeman在《战略管理：利益相关者方法》(Strategic Management: A Stakeholder-Based Approach) 一书中提出了利益相关者理论。与传统的股东至上主义相比，该理论认为任何一个公司的发展都离不开各利益相关者的投入或参与，企业追求的是利益相关者的整体利益，而不仅仅是某些主体的利益。企业的利益相关者包括企业的股东、债权人、雇员、消费者、供应商等交易伙伴，也包括政府部门、本地居民、本地社区、媒体、环保主义者等压力集团，甚至包括自然环境、人类后代等受到企业经营活动直接或间接影响的客体。

利益相关者理论指明，企业的经营管理是为综合平衡各个利益相关者的利益要求而进行的管理活动。内部控制能够在一定程度上解决如何平衡的问题，比如，反舞弊机制能够防止管理层挪用公款，侵害股东权益；董事会、监事会及股东大会的相关议事规则能够制约大股东的权力，防止其在经营决策时侵犯小股东的权益。由于存在信息不对称等问题，外部监管机构、企业债权人等利益相关者更需要行之有效的内部控制制度对企业内部运行加以规范，保护外部利益相关者的权益。

## 第二节　内部控制的目标、原则和要素

### 一、内部控制的目标

按照《企业内部控制基本规范》的规定，内部控制的目标包括：合理保证企业经营管理合法合规、资产安全、财务报告及相关信息真实完整，提高经营效率和效果，促进企业实现发展战略。根据COSO委员会发布的《内部控制——整合框架》，可以将以上内控目标概括为：运营的效率和效果，财务报告的可靠性和遵守适用的法律法规。

就各控制目标间的关系而言，有学者认为，财务报告可靠性控制是基础（或前提），经营活动效率和效果控制是主导，法规遵循控制是保证，经营活动效率和效果控制是内部控制的关键，也是组织内部管理控制的核心（张先治，2003）。从内部控制目标的需求方来说，企业经营的效率效果目标也是董事会和高级管理层要求的目标，合

法合规目标是企业外部立法与监管部门对企业的规定，财务报告的可靠性目标对内是企业经营效率效果的保证，是企业管理者追求的目标；对外是企业外部投资者及相关利益方所希望的，是企业外部立法及监管部门制定相关法律法规的原因。财务报告可靠性既要为企业经营的效率效果目标服务，也要为企业的合法合规目标服务。因此，从管理者的角度看，经营的效率效果目标是内部控制的核心；从保护投资者利益的角度看，财务报告可靠性目标是内部控制系统中最重要和最基础的目标。对内部控制目标间关系的理解应根据内部控制需求方的不同具体分析（贺欣，2007）。

## 二、内部控制的原则

内部控制的原则指企业内部控制设计与运行时必须遵照执行的基本规定和所要达到的预期要求。按照《企业内部控制基本规范》的规定，企业建立与实施内部控制，应当遵循以下五个原则。

1. 全面性原则

内部控制应当贯穿决策、执行和监督全过程，覆盖企业及其所属单位的各种业务和事项。企业内部控制系统，必须包括内部环境、风险评估、控制活动、信息与沟通、内部监督五项要素。换言之，各项控制要素、各业务循环或部门的子控制系统，必须有机构成企业内部控制的整体架构。这要求各子系统的具体控制目标必须对应整体控制系统的一般目标。

2. 重要性原则

内部控制应当在全面控制基础上，关注重要业务事项和高风险领域，并采取更为严格的控制措施，确保不存在重大缺陷。重要性原则的应用需要一定的职业判断，企业应当根据所处行业环境和经营特点，从业务事项的性质和涉及金额两方面考虑是否控制及如何实行重点控制。

3. 制衡性原则

兼顾运营效率的同时，内部控制应当在治理结构、机构设置及权责分配、业务流程等方面实现相互制约与监督。制衡性原则要求履行内部控制监督职责的机构或人员具有良好的独立性，且企业完成某项工作必须经过互不隶属的两个或两个以上岗位和环节。

4. 适应性原则

内部控制应当与企业经营规模、业务范围、竞争状况和风险水平等相适应，并随情况的变化及时加以调整。适应性原则要求企业建立与实施内部控制应当具有前瞻性，适时对内部控制系统进行评估，发现可能存在的问题，并及时采取措施予以整改。

5. 成本效益原则

世界万事万物都存在着矛盾，矛盾是事物自身包含的既对立又统一的关系。实施内部控制的矛盾在于内部控制制度的建立、实施、监督和完善必须花费大量支出,管理层必须解决收益和成本如何配比的问题。而矛盾的特殊性要求我们要坚持具体问题具体分析,因此,管理层应当根据企业实际情况,权衡内部控制的实施成本与预期效益,以适当的成本实现有效控制。成本效益原则要求企业力争以最小的控制成本取得最大的控制效果。实施内部控制所花费的代价不能超过由此获得的效益,否则应舍弃该控制措施。

## 三、内部控制的要素

在COSO委员会发布的《内部控制——整合框架》基础上,我国《企业内部控制基本规范》将内部控制要素归纳为内部环境、风险评估、控制活动、信息与沟通、内部监督五个方面。

### (一) 内部环境

内部环境是影响、制约企业内部控制建立与执行的各种内部因素的总称,是企业实施内部控制的基础,一般包括治理结构、机构设置及权责分配、内部审计、人力资源政策、企业文化和法制观念等,涵盖了对企业内部控制系统的建立和实施有重大影响的各种因素。内部环境表现为一种氛围,影响员工的内部控制意识,是其他所有控制要素的基础,决定了内部控制的实施效果。

为营造良好的内部环境,企业应当把握以下要点。

(1) 企业应编制内部管理手册,使全体员工掌握内部机构设置、岗位职责、业务流程等情况,明确权责分配,以正确行使职权。

(2) 企业应加强内部审计工作,保证内部审计机构设置、人员配备和工作的独立性。

(3) 企业应制定和实施有利于可持续发展的人力资源政策。

(4) 企业应加强文化建设,培育积极向上的价值观和社会责任感,倡导诚实守信、爱岗敬业、开拓创新和团队协作精神,树立现代管理理念,强化风险意识。董事、监事、经理及其他高级管理人员应当在企业文化建设中发挥主导作用。

(5) 企业应加强法治教育,增强董事、监事及其他高级管理人员和全体员工的法治观念,严格依法决策、依法办事、依法监督,建立健全法律顾问制度和重大法律纠纷案件备案制度。

### (二) 风险评估

风险评估要求企业根据设定的控制目标,全面、系统、持续地收集相关信息,及时识别、系统分析经营活动中与内部控制目标相关的内外部风险,确定相应的风险承受度。同时，采用定性与定量相结合的方法，按照风险发生的可能性及其影响程度等，对识别的风险进行分析，并根据风险分析的结果，结合风险承受度，权衡风险与收益，合理确定风险应对策略，实现对风险的有效控制。

风险应对策略主要包括风险规避、风险降低、风险分担和风险承受。

1. 风险规避

风险规避是指企业对超出风险承受度的风险，通过放弃或停止与该风险相关的业务活动以避免和减轻损失的策略。

2. 风险降低

风险降低是指企业在权衡成本效益后，准备采取适当的控制措施降低风险或减轻损失，将风险控制在风险承受度以内的策略。

3. 风险分担

风险分担是指企业准备借助他人力量，采取业务分包、购买保险等方式和适当的控制措施，将风险控制在风险承受度以内的策略。

4. 风险承受

风险承受是指企业对风险承受度以内的风险，在权衡成本效益后，不准备采取控制措施降低风险或减轻损失的策略。

### （三）控制活动

控制活动是企业根据风险评估结果，为将风险控制在可承受度以内采取的一系列控制措施。控制措施一般包括以下几个方面。

1. 不相容职务分离控制

要求企业全面系统地分析、梳理业务流程中涉及的不相容职务，实施相应的分离措施，形成各司其职、各负其责、相互制约的工作机制。

2. 授权审批控制

要求企业根据常规授权和特别授权的规定，明确各岗位办理业务的权限范围、审批程序和相应责任。

3. 会计系统控制

要求企业严格执行国家统一的会计准则，加强会计基础工作，明确会计凭证、会计账簿和财务会计报告的处理程序，保证会计资料真实完整。

4. 财产保护控制

要求企业建立财产日常管理制度和定期清查制度，采取财产记录、实物保管、定期盘点、账实核对等措施，确保财产安全。

5. 预算控制

要求企业实施全面预算管理制度，明确各责任单位在预算管理中的职责权限，规范预算的编制、审定、下达和执行程序，强化预算约束。

6. 运营分析控制

要求企业建立运营情况分析制度，经理层应当综合运用生产、购销、投资、筹资、财务等方面的信息，运用因素分析、对比分析、趋势分析等方法，定期开展运营情况分析，发现存在的问题，及时查明原因并加以改进。

7. 绩效考评控制

要求企业建立和实施绩效考评制度，科学设置考核指标体系，对企业内部各责任单位和全体员工的业绩进行定期考核和客观评价，将考评结果作为确定员工薪酬及职务晋升、评优、降级、调岗、辞退等的依据。

（四）信息与沟通

信息与沟通要求企业及时、准确地收集、传递与内部控制相关的信息，确保信息在企业内部、企业与外部间得到有效传递。有效的信息与沟通系统能使企业管理层、内部员工在执行、管理和控制企业经营过程中得到所需的信息，并交换这些信息。为使职员更好地执行其职责，必须识别、捕捉、交流外部和内部信息。沟通能使员工了解其职责，保持对财务资料的控制，包括使员工了解在会计制度中他们的工作应如何与指标相联系，如何向上级报告例外情况等。沟通的方式有政策手册、财务报告手册、备查簿、流程图、口头交流或管理示例。信息收集与沟通包括内部收集与沟通和外部收集与沟通。

企业应当对收集的各种内外部信息进行合理筛选、核对、整合，提高信息的有用性，并将内部控制相关信息在企业内部各管理层级、责任单位、业务环节间，以及企业与外部投资者、债权人、客户、供应商、中介机构和监管部门等有关方面之间进行沟通和反馈。对信息沟通过程中发现的问题，应当及时报告并加以解决。

（五）内部监督

内部监督要求企业对内部控制的建立与实施情况进行监督检查，评价内部控制的有效性，发现内部控制缺陷应当及时加以改进。内部监督分为日常监督和专项监督。日常监督指企业对建立与实施内部控制的情况进行常规、持续的监督检查。专项监督指在企业发展战略、组织结构、经营活动、业务流程、关键岗位员工等发生较大调整或变化的情况下，对内部控制的某一或某些方面进行有针对性的监督检查。

企业应结合内部监督情况，定期对内部控制的有效性进行自我评价，主要有以下几种评价方法。

1. 内部控制调查法

内部控制调查法是指通过内部调查,识别、考察内部控制各要素的设置是否合理、规范是否健全、执行是否有力,并在工作底稿中准确、恰当地记录所获得的信息,包括询问法、观察法、调查表法等。

2. 内部控制描述法

内部控制描述法是在调查基础上对内部控制制度的执行情况进行描述,包括文字说明法、制表法、流程图法等。

3. 内部控制测试法

内部控制测试法是指评价人员对企业的经营活动进行测试,评价内部控制制度的适用性和执行的有效性,确认有关管理人员疏忽和不能实现目标的可能性,包括会计资料检查法、重复执行法、实地观察法等。

马克思主义认为,任何事物内部各要素间都存在相互影响、相互制约和相互作用的关系,应该用联系的观点看问题。内部控制的五个要素不是相互独立的,而是相互支撑、紧密联系的逻辑统一体,掌握五要素间的具体联系对内部控制工作的开展具有重要意义。具体而言,内部环境是内部控制的基础,决定了其他要素能否有效运行;风险评估是内控建设的方向,是采取控制活动的依据;控制活动是内部控制的关键和核心,是其他四个要素意志的集中体现;信息与沟通在五要素中处于承上启下、沟通内外的关键地位,是其他四个要素相互联结的纽带;内部监督是对控制活动的再控制,它检查并纠正内部环境、风险评估、控制活动以及信息与沟通过程中的漏洞,从而实现内部控制的自我完善。

## 第三节 内部控制的意义、局限和类型

### 一、内部控制的意义

企业建立和实施内部控制的意义主要体现在以下几方面。

(一)有助于提供更加真实可靠的会计信息资料

为了向利益相关者提供真实可靠的财务报告,必须保证会计记录的真实完整。内部控制制度的健全,可以有效保障各项经济业务被真实、完整、无误地记录下来,更真实地反映企业的生产经营活动,及时对发现的错误和弊端采取一定的修正措施。因此,内部控制制度的建立和实施有助于企业提供更加真实可靠的会计信息资料。

### (二) 有助于保护企业财产和资源的安全完整

财产和资源是企业从事生产经营活动的物质基础。内部控制可通过适当的方法对货币资金的收入、支出、结余及各项财产物资的采购、计量、验收、保管、领用、销售等流程进行科学有效的制约和监督,防止贪污、盗窃、滥用、毁坏等行为,保证企业财产和资源的安全完整。

### (三) 有助于降低企业的生产和经营风险

内部控制通过确定职责分工,严格规范各种手续、制度、工艺流程、审批程序、检查监督手段等,对企业的生产和经营活动进行全面的控制和监督,可以有效防止出现偏差,纠正失误和弊端。内部控制可能无法消除所有生产经营风险,但管理部门可采取控制措施有意识地减少和避免风险。同时,内部控制能够对生产经营风险进行全面有效的评估,并对薄弱环节加以控制,达到防微杜渐的作用。因此,内部控制制度的建立和实施有助于降低企业的生产和经营风险。

### (四) 有助于保障企业既定方针更好地贯彻执行

企业决策层不但要制定管理经营方针、政策、制度,而且要狠抓贯彻执行。内部控制可以通过制定办法、审核批准、监督检查等手段促使全体职工贯彻和执行既定的方针、政策和制度。内部控制能够推动企业生产、营销、财务等各个环节的密切配合,最大限度发挥协同效应,实现企业目标。内部控制可以促使企业领导和有关人员执行国家的方针、政策,在遵守国家法律法规的前提下认真贯彻企业的既定方针。

### (五) 有助于为审计工作提供良好基础

审计监督必须以真实可靠的会计信息为依据,检查错误、揭露弊端、评价经济责任和经济效益,只有制定并落实了完备的内部控制制度,才能保证信息准确、资料真实,并为审计工作提供良好的基础。

## 二、内部控制的局限性

内部控制在企业生产经营过程中发挥着重要作用,但它不是万能的,存在固有局限。对企业来说,无论怎么设计和执行内部控制,都只能尽可能地预防和纠正错误和舞弊。内部控制的固有局限包括以下几个方面。

### (一) 成本效益问题

企业内部控制的建立和实施需要投入一定的人力、物力和财力,这些成本的支出可以降低企业风险、提高沟通效率、节约其他成本。但随着内部控制成本的不断增加，可能会使单位成本实现的内控效率效果降低。同时，随着社会主义市场经济的不断规范和发展，企业内部控制体系也将越来越复杂、越来越健全，内部控制成本越来越高。此时，企业出于成本效益原则考虑，可能放弃一些自认为不重要的内部控制环节，结果反而给企业带来更大损失。

### （二）人为失误问题

内部控制可能出现因制度由人制定并执行，受限于个人的判断、眼界、专业能力和知识水平等，在决策时可能出现因人为判断错误而导致内部控制失效的情况。例如，由于负责复核信息的人员不了解复核的目的或没有采取适当的措施，内部控制生成的信息（如例外报告）没有得到有效使用。

### （三）人员素质问题

内部控制执行人员的素质不适应岗位要求也会影响内部控制功能的正常发挥。内部控制制度的执行效果取决于内部控制执行人员的素质（如心理素质、职业道德）等，若内部控制执行人员的素质不适应岗位要求，时常误判内部控制风险或未良好执行内控措施，即使内控制度设计有效，也很难发挥出应有的作用。

### （四）串通舞弊问题

控制可能由于两个或更多人员串通或管理层不当地凌驾于内部控制之上而被规避。例如，按照企业的制度规定，各部门分工明确、各司其职，但如果多部门串谋违反规定，内部控制制度就无法起到应有的效果。

### （五）非经常事项的不适应性问题

内部控制一般都是针对经常或重复发生的业务设置的，如果出现不经常发生或未预计到的业务，原有的控制就可能不适用了。

## 三、内部控制的类型

### （一）财务报告内部控制与非财务报告内部控制

按照控制与财务报告相关程度的不同，可将内部控制分为财务报告内部控制与非财务报告内部控制。

财务报告内部控制，指公司的董事会、监事会、经理层及全体员工实施的旨在合理保证财务报告及相关信息真实、完整而设计和运行的内部控制，以及用于保护资产安全的内部控制中与财务报告可靠性目标相关的控制。例如，规定公司所有固定资产的处置必须经过管理层的授权。

非财务报告内部控制，指针对除财务报告目标之外的其他目标的内部控制。例如，战略目标、合规目标等。对企业财务报告使用者来说，非财务报告内部控制也很重要。

### (二) 一般控制和应用控制

按照控制内容的不同，可将内部控制分为一般控制和应用控制。

一般控制，又称环境控制，指对企业进行生产经营活动的内部环境实施的总体控制。它包括组织控制、人员控制、业务记录及内部审计等内容，会对企业所有环节产生影响，但不直接作用于具体经营活动。

应用控制，又称业务控制，指直接作用于企业生产经营活动的具体控制。

一般控制是实施应用控制的前提，应用控制是一般控制的深化。审计人员应先检查一般控制，确定其能否为应用控制提供充分发挥作用的条件，进而做出是否需要进一步评价应用控制的决定。

### (三) 会计控制和管理控制

按照控制目的的不同，可将内部控制分为会计控制和管理控制。

会计控制，指与保证财产物资的安全性、会计信息的准确性及财务活动的合法性有关的控制。例如，记账程序的设计，会计凭证的保管、整理、归档的程序设置等。

管理控制，指与保证经营决策的贯彻执行、经济活动效率和效果的提升及经营目标的实现有关的控制。例如，人事内部控制、新产品研究、开发内部控制等。

会计控制与管理控制并不是相互排斥、互不相容的关系，有些控制措施既可用于会计控制，也可用于管理控制。例如，按产品分类的销售记录和成本记录，一方面保证了产品销售资料的完整性；另一方面也可以为制定企业产品价格提供管理控制的依据。

### (四) 主导性控制和补偿性控制

按照控制地位的不同，可将内部控制分为主导性控制和补偿性控制。

主导性控制，指企业为实现某项控制目标而实施的控制。一般情况下，该类控制能够防止错弊的发生，但如果主导性控制存在缺陷而无法正常运行，就必须有其他控制措施进行补充。例如，对凭证进行连续编号以确保企业业务记录的完整即为主导性控制。

补偿性控制，指能够完全或部分弥补主导性控制缺陷的控制。例如，若凭证没有连续编号，部分业务活动可能会记录不全，此时通过账证、账账之间的核对，可在一定程度上确保业务得到完整记录。

### (五) 预防式控制和侦查式控制

按照控制功能的不同，可将内部控制分为预防式控制和侦查式控制。

预防式控制，指为防止错误和非法行为的发生，或尽量降低错误发生的可能性所进行的控制，重点关注"如何能在初始阶段就防止错弊的发生"。例如，限制接近、双人守库等。

侦查式控制，指为及时查明已发生的错误和非法行为，或增强发现错弊机会的能力所进行的各项控制，主要解决"在错弊发生的情况下，如何才能快速准确地查明其发生原因"的问题。例如，在现金短缺时查账。

### (六) 事前控制、事中控制和事后控制

按照控制时间的不同，可将内部控制分为事前控制、事中控制和事后控制。

事前控制，又称原因控制，指企业为防止人力、物力、财力等资源在质和量上发生偏差而在行为发生前实施的控制。例如，费用报销之前的审批。

事中控制，又称过程控制，指企业在经营活动过程中对正在发生的行为进行的控制。例如，对产品质量的再检验。

事后控制，又称结果控制，指企业对生产经营活动的最终结果采取的各项控制。例如，核对生产的产品数量是否和记录在册的一致。

## 第四节 我国内部控制规范体系

我国企业内部控制规范体系的建设经历了循序渐进、逐步完善的发展过程，各监管机构制定了一系列的法律法规和指引，并陆续进行了增补和修订。根据制定部门及适用范围不同，本节将从上市公司内部控制规范、行业性内部控制规范、中央企业内部控制规范、基本内部控制规范等方面介绍我国内部控制规范的建设情况。

### 一、上市公司内部控制规范

上市公司内部控制规范主要由上市公司监管机构发布。

1. 证监会于1999年6月发布的《关于上市公司做好各项资产减值准备等有关事项的通知》和2002年1月证监会和国家经济贸易委员会联合发布的《上市公司治理准则》，对内部控制披露主体做出了规定，将披露责任归于监事会或审计委员会。

2. 证监会于2000年11月发布《公开发行证券公司信息披露编报规则》第1至6

号,要求申请上市的金融企业建立健全内部控制制度,并委托聘请会计师事务所对内部控制制度的完整性、合理性和有效性进行评价,提出改进建议,公布内部控制评价报告。

3. 证监会于 2001 年修订的《公开发行证券公司信息披露的内容与格式准则第 2 号〈年度报告的内容与格式〉》规定,在年报摘要中,如果监事会认为公司决策程序合法,建立了完善的内部控制制度,公司董事、经理执行公司职务时无违反法律法规、公司章程或损害公司利益的行为,可免于披露。可见,此时上市公司内部控制信息披露为自愿披露。

4. 证监会于 2006 年 5 月发布《首次公开发行股票并上市管理办法》,要求发行人的内部控制在所有重大方面是有效的,并由注册会计师出具了无保留结论的内部控制鉴证报告。深圳证券交易所和上海证券交易所随即分别出台了《深圳证券交易所上市公司内部控制指引(征求意见稿)》和《上海证券交易所上市公司内部控制指引》。

5. 深圳证券交易所于 2007 年 12 月发布《中小企业板上市公司内部审计工作指引》,要求上市公司在股票上市后六个月内建立内部审计制度,由内部审计部门负责审查和评价内部控制制度的完整性、合理性及实施的有效性。上市公司应当在公告中披露内部控制存在的重大缺陷或重大风险、已经或可能导致的后果,以及已采取或拟采取的措施。

6. 中国上市公司协会 2020 年 8 月发布《独立董事促进上市公司内部控制工作指引》,要求独立董事充分了解上市公司内部控制的基本原则,上市公司运作的法律框架,上市公司的关联交易、对外担保、重大投资、融资活动、募集资金使用、并购重组、高管薪酬、利润分配、信息披露及控股子公司的内控等内部控制重点环节相关监管规定。

## 二、行业性内部控制规范

1. 中国人民银行于 1997 年 5 月发布的《加强金融机构内部控制的指导原则》是我国第一个关于内部控制的行政规定。

2. 中国保监会于 1999 年 8 月发布《保险公司内部控制制度建设指导原则》,要求企业建立组织机构系统、决策系统、执行系统、监督系统、支持保障系统等控制系统,内部控制要素包括组织机构控制、授权经营控制、财务会计控制、资金运用控制、业务流程控制、单证和印鉴管理控制、人事和劳动管理控制、计算机系统控制、稽核监督控制、信息反馈等。

3. 证监会于 2000 年 4 月发布的《关于加强期货经纪公司内部控制的指导原则》将内部控制制度概括为内部控制机制和内部控制文本制度两个方面。内部控制机制指期货经纪公司的内部组织、组织结构及其相互间的制约关系;内部控制文本制度指期货经纪公司为规范自身经营行为、防范风险而制定的一系列业务操作程序、管理办法和各项措施的总称。

4. 证监会于 2001 年 1 月发布《证券公司内部控制指引》，指明公司内部控制的主要内容包括环境控制、业务控制、资金管理控制、会计系统控制、电子信息系统控制、内部稽核控制等。

5. 证监会于 2002 年 12 月发布的《证券投资基金管理公司内部控制指导意见》指出，公司内部控制制度由内部控制大纲、基本管理制度、部门业务规章等部分组成。

6. 中国人民银行于 2002 年 9 月发布的《商业银行内部控制指引》较为完整地借鉴了 COSO 的内控框架，并充分吸收了 1998 年巴塞尔银行监管委员会发布的《银行金融机构内部控制系统的框架》的核心内容。银监会分别于 2007 年和 2014 年对该指引进行了修订。

7. 银监会于 2004 年 12 月发布《商业银行内部控制评价试行办法》，要求银行对其自身内部控制体系进行评价。

8. 保监会于 2005 年 2 月发布《保险中介机构内部控制指引（试行）》，要求保险中介机构建立涵盖各项业务的全系统的风险管理系统。

9. 保监会于 2006 年 1 月发布《寿险公司内部控制评价办法（试行）》，要求寿险公司通过建立统一、规范的内部控制评价标准，对内部控制体系的建设、实施和运行结果进行调查、测试、分析和评估。

10. 证监会于 2006 年 6 月发布《证券公司融资融券业务试点内部控制指引》，要求证券公司建立健全业务隔离制度、决策与授权体系、客户选择与授信制度、客户档案管理制度等内部控制机制。

11. 银监会于 2006 年 9 月发布《银行业金融机构信息系统风险管理指引》，要求银行业金融机构通过建立有效的风险管理机制，实现对信息系统风险的识别、计量、评价、预警和控制，推动银行业金融机构业务创新，增强核心竞争力和可持续发展能力。

12. 银监会于 2007 年 5 月发布《商业银行操作风险管理指引》，要求商业银行按照指引要求，建立与本行业务性质、规模和复杂程度相适应的操作风险管理体系，有效地识别、评估、监测和控制/缓释操作风险。

## 三、中央企业内部控制规范

中央企业的内部控制规范主要由国务院国有资产监督管理委员会（简称国资委）负责组织制定并实施，包括以下内容。

1. 国资委于 2006 年 6 月出台《中央企业全面风险管理指引》，要求企业围绕总体经营目标，通过在企业管理的各个环节和经营过程中执行风险管理的基本流程，培育良好的风险管理文化，建立健全全面风险管理体系，包括风险管理策略、风险理财措施、风险管理的组织职能体系、风险管理信息系统和内部控制系统，为实现风险管理的总体目标提供合理保证。

2. 国资委于 2007 年 12 月发布的《中央企业财务内部控制评价工作指引（2007 年度试行）》指出，企业财务内部控制评价工作的目的是促进企业内部建立健全运作规范化、管理科学化、监控制度化的财务内部控制体系。企业财务内部控制评价指通过独立的调查、测试分析企业在一定经营期间内采取的各项财务内部控制政策、程序、措施，评价企业财务内部控制体系的建设、实施情况及运行的有效程度。

3. 国资委于 2019 年 11 月发布《关于加强中央企业内部控制体系建设与监督工作的实施意见》，对中央企业内控体系建设与监督工作提出规范性要求，突出以下工作重点：一是建立健全内控体系；二是加强内控体系有效执行；三是加强内控信息化，强化刚性约束；四是突出"强监管、严问责"。

## 四、基本内部控制规范

1. 中注协于 1996 年 12 月发布《独立审计具体准则第 9 号——内部控制与审计风险》，首次在我国提出内部控制的概念，要求注册会计师审查企业的内部控制，并对内部控制的定义、内部控制的内容（包括控制环境、会计系统和控制程序）等做出了规定。

2. 全国人民代表大会常务委员会于 1999 年 10 月修订了《中华人民共和国会计法》第二十七条，要求各单位应当建立、健全本单位内部会计监督制度。

3. 财政部在 2001 年至 2004 年间先后发布了《内部会计控制规范——基本规范（试行）》《内部会计控制规范——采购与付款（试行）》《内部会计控制规范——工程项目（试行）》《内部会计控制规范——对外投资（试行）》等一系列具体会计控制的规范性文件。《内部会计控制规范》是《中华人民共和国会计法》的配套法规之一，是我国统一会计制度的组成部分。

4. 中注协于 2002 年 2 月发布《内部控制审核指导意见》，要求注册会计师按照意见的要求，了解、测试和评价内部控制，并出具审核报告。

5. 中国内部审计协会于 2003 年 4 月发布的《内部审计具体准则第 5 号——内部控制审计》认为，内部控制指组织内部为实现经营目标、保护资产完整、保证对国家法律法规的遵循、提高组织运营的效率及效果而采取的各种政策和程序，包括控制环境、风险管理、控制活动、信息与沟通、监督五个要素。

6. 中国内部审计协会于 2005 年 5 月发布的《内部审计具体准则第 16 号——风险管理审计》指出，风险管理是组织内部控制的基本组成部分，内部审计人员对风险管理的审查和评价是内部控制审计的基本内容之一。

7. 财政部于 2006 年 2 月发布了《中国注册会计师审计准则第 1211 号——了解被

审计单位及其环境并评估重大错报风险》,其第四章重点规范了有关内部控制及其审计的内容。

8. 财政部会同证监会、审计署、银监会、保监会于 2008 年 5 月联合发布了《企业内部控制基本规范》,在形式上借鉴了 COSO《内部控制——整合框架》的五要素,在内容上体现了 COSO《企业风险管理——整合框架》八要素的实质,构建了以内部环境为重要基础、以风险评估为重要环节、以控制活动为重要手段、以信息与沟通为重要条件、以内部监督为重要保证,相互联系的五要素内部控制框架。《企业内部控制基本规范》确立了我国企业建立和实施内部控制的基础框架,标志着我国企业内部控制规范体系建设取得了重大突破。

9. 财政部会同证监会、审计署、银监会、保监会于 2010 年 4 月联合发布了《企业内部控制配套指引》,它与《企业内部控制基本规范》共同构成了中国企业内部控制规范体系(见图 1-2),标志着"以防范风险和控制舞弊为中心、以控制标准和评价标准为主体"的企业内部控制建设与应用体系已经建成。这是全面提升上市公司和非上市大中型企业管理能力与竞争力的重要举措,也是我国企业应对国际金融危机和复杂竞争形式的有效手段。《企业内部控制配套指引》由 18 项应用指引、《企业内部控制评价指引》和《企业内部控制审计指引》组成。其中 18 项企业内部控制应用指引主要是对企业如何按照内控原则、如何根据内部控制"五要素"建立健全企业内部控制所提供的具体指引,在配套指引乃至整个内部控制规范体系中占据主体地位;《企业内部控制评价指引》是为企业管理层对本企业内部控制的有效性进行自我评价而提供的指引;《企业内部控制审计指引》是为注册会计师和会计师事务所执行内部控制审计业务提供的执业准则。三者既相互独立,又相互联系,形成一个有机整体。

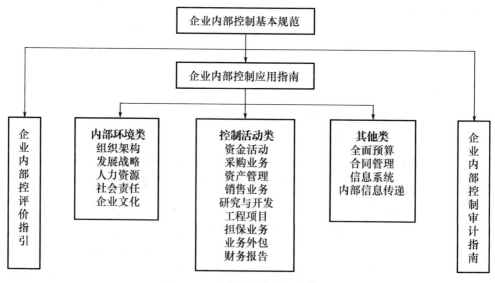

图 1-2 企业内部控制规范体系

10. 中注协于2011年10月发布了《企业内部控制审计指引实施意见》,指导注册会计师执行内部控制审计业务,明确工作要求,提高执业质量,维护公众利益。

11. 财政部于2017年6月发布了《小企业内部控制规范(试行)》,该规范适用于尚不具备执行《企业内部控制基本规范》及其配套指引条件的小企业。

【第一章 案例拓展】

# 第二章 内部控制审计概论

## 学习目标

- 理解内部控制审计的概念及其理论基础;
- 理解内控审计与内控评价、财报审计,内部控制与内部审计的联系与区别;
- 掌握整合审计的概念、目标、要求与意义;
- 了解国际与我国内控审计制度的发展历程;
- 掌握内部控制审计的范围、目标、步骤与方法。

## 思维导图

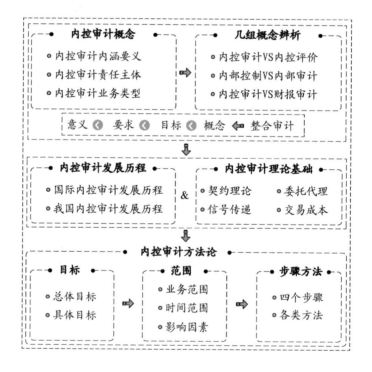

> **案例导读**

中国共产党第十一届中央委员会第三次全体会议决定恢复重建党的纪律检查机关，多年来，中国共产党不断深化对党风廉政建设和反腐败斗争特点和规律的认识，探索出一条具有中国特色的廉洁政治建设道路，为党和国家各项事业的持续发展和进步提供了坚实保障。中国海洋石油公司作为中央特大型国有企业，积极响应党的号召，把惩防体系建设融入企业生产经营管理，扎实推进廉洁风险防控工作，于2007年正式通过了中介机构的遵循 SOX 法案第 404 条款（简称 SOX404）专门测评、纽约资本市场先后两批咨询，成为我国第一批通过该法案的大型国企。

然而，就是这样一家廉洁风险管理体系和内部控制制度体系被认为是行业标杆的企业，却存在着外界难以想象的内控漏洞。其在工程招标、利用库存、调节利润、汽车租赁及资产认定等方面均存在问题。资料显示，中海油集团旗下中联煤 2011 年虚增工程量 6.37 亿元，这直接导致该公司 2011 年会计报表中资产和负债均虚增 6.37 亿元，占当年资产总额的 22% 和负债总额的 63%。

要求：根据上述材料谈谈目前国有企业党风廉政建设的要点，以及上市公司内部控制审计的必要性。

## 第一节 内部控制审计的概念、发展和理论

### 一、内部控制审计的概念

我国《企业内部控制审计指引》将内部控制审计（也称内控审计）定义为：会计师事务所接受委托，对特定基准日内部控制设计与运行的有效性进行审计。该指引规定，建立健全和有效实施内部控制与评价内部控制的有效性是企业董事会的责任；在实施审计工作的基础上对内部控制的有效性发表审计意见是注册会计师的责任。因此，注册会计师应当对发表的审计意见独立承担责任，该责任不因利用了企业内部审计人员、内控评价人员和其他相关人员的工作而减轻。

内部控制审计是注册会计师针对被审计单位的内部控制实施合理保证的鉴证业务。鉴证业务分为基于责任方认定的业务和直接报告业务。在直接报告业务中，注册会计师直接对鉴证对象进行评价或计量，或从责任方获取鉴证对象评价或计量的认定，若该认定无法为预期使用者获取，预期使用者只能通过阅读鉴证报告获取鉴证对象的信息。我国的内部控制审计基本属于直接报告业务。

按照《企业内部控制审计指引》规定，注册会计师在执行内部控制审计这一鉴证业务时，应当事先与委托人就内部控制审核范围达成一致意见。凡是业务约定书确定

的内部控制审核范围，注册会计师都应审核。注册会计师执行内部控制审计工作，应当获取充分、适当的证据，为发布内部控制审计意见提供合理保证。

## 二、内部控制审计的发展

### （一）《萨班斯—奥克斯利法案》的颁布

2001 年及 2002 年美国安然、世通两大公司舞弊丑闻的曝光彻底击垮了美国投资者对美国资本市场的信心，引发了民众对原有会计、审计制度的极度不信任。为了解决财务舞弊事件暴露出来的公司和证券监管问题，2002 年 7 月，美国国会颁布了《萨班斯—奥克斯利法案》（简称 SOX 法案），对企业内部控制提出了一系列规定。比如，法案的第 302 条款规定，公司首席执行官和财务主管在内的企业管理层，对公司财务报告的内部控制按季度和年度就以下事项发表声明：对建立和维护与财务报告有关的内部控制负责；设计了所需的内部控制，保证这些管理人员能知道该公司及其并表子公司的所有重大信息；与财务报告有关的内部控制的任何变更都已得到恰当的披露。法案的第 404 条款规定，管理层在其年度文件中提供关于与财务报告有关的内部控制的年度评估报告；会计师事务所发表的财务审计报告应包括管理层对与财务报告有关的内部控制有效性评估的证明报告。自此，开启了美国上市公司内部控制报告披露由自愿披露转向强制披露的新时代。

为了进一步贯彻实施 SOX 法案，美国公众公司会计监管委员会（Public Company Accounting Oversight Board，PCAOB）于 2004 年 3 月发布了《审计准则第 2 号——与财务报表审计协同进行的对财务报告内部控制的审计》(Auditing Standard No.2: An Audit of Internal Control Over Financial Reporting Performed in Conjunction with An Audit of Financial Statements，AS.2)，就审计人员根据公众公司管理层对内部控制有效性的评估报告进行审计做出了具体、详细的规定，该准则要求公众公司审计人员在执行财务报表审计的同时进行财务报告内部控制审计，并提出了整合审计的理念。

### （二）AS.2 到 AS.5 的变迁

上市公司对 SOX 法案及 AS.2 的履行，导致其披露成本大幅增加，引发了学术界及实务界的激烈讨论。Li（2014）研究发现，对于交叉上市的外国私人发行人而言，无论短期还是长期，遵循 SOX 法案的成本显著大于收益。DeFond and Lennox（2011）的研究表明，SOX 法案使不少小型事务所因成本上升被迫退出市场。

PCAOB 了解到公司为了遵循 SOX 法案内部控制的要求，付出了比预期多得多的努力和成本，同时，为评价内部控制审计的每个重大方面，审计人员可能执行了不必要的审计程序。2007 年 6 月 12 日，PCAOB 发布了《审计准则第 5 号——与财务报表审计相整合的财务报告内部控制审计》(Auditing Standard No.5: An Audit of Internal Control Over Financial Reporting That Is Integrated with An Audit of Financial Statements, AS. 5),要求外部审计人员使用自上而下的、风险导向的审计方法执行内部控制审计,允许减少业务流程层次的测试,帮助审计人员将审计资源集中于风险最高的领域,减少不必要的审计程序,节约审计成本。

(三) 中国内部控制审计制度

中注协会于1996年12月发布的《独立审计具体准则第9号——内部控制和审计风险》首次在我国提出了内部控制审计。美国SOX法案出台后,我国进一步重视和加强企业内部控制,大力发展内部控制审计事业。2006年2月,我国财政部发布的《中国注册会计师审计准则》中明确提出,注册会计师应当按照风险导向审计理念,高度重视企业内部控制。此后,为了进一步促进我国注册会计师行业的多元化发展,建立和健全社会主义市场经济体制,2010年4月15日,我国财政部会同证监会、审计署、银监会、保监会颁布《企业内部控制审计指引》,将内部控制审计工作正式提上日程,完成了我国内部控制审计从认识、吸收到付诸实践的过程。

需要注意的是,党的二十大报告提出"必须坚持自信自立",中国的问题必须从中国基本国情出发,由中国人自己来解答。我国的内部控制审计制度正是在中国特色社会主义道路、中国特色社会主义理论体系、中国特色社会主义制度的指引下,结合其他国家的经验教训,在实践基础上不断总结提升、改革创新而来的。该制度是社会主义经济制度的重要组成部分,符合我国社会主义市场经济体制的建设需要,切合我国以中国式现代化全面推进强国建设、民族复兴的战略布局,也必将在制度自信的坚守下继续发展、不断深化。

## 三、内部控制审计的相关理论

内部控制审计的理论依据包括从20世纪30年代起较有影响力的契约理论、委托代理理论、信号传递理论和交易成本理论等。

(一) 契约理论

契约理论分析不同合同人在特定交易环境中的经济行为和结果,一般需通过简化交易属性、建立假设模型来分析和得出理论观点。契约理论有两个核心问题,一是信息不对称下的收入转移;二是拥有不同风险态度的各方的风险分担(Hart and Holmström, 1987)。

现代公司以契约的经济组织形式建立,在公司融资、投资、经营等活动中都体现着契约精神。从外部来看,银行等债权人向公司提供资金,公司必须支付契约代价,如支付利息费用或签订限制条款等;从内部角度看,员工以脑力(体力)劳动换取劳动报酬,与公司订立契约,股东作为所有者,与经营者以委托授权和受托管理的形式订立契约。

自公司这一组织形式出现后,所有权与经营权的分离也随之出现,导致了公司股东和管理层的利益冲突,这是现代企业的主要契约矛盾之一。Berle and Means(1933)最早提出了公司治理问题:股份制企业股权分散导致所有权高度分散,公司管理层成为公司实际控制者,为满足自身利益不惜牺牲公司股东利益。Shleifer and Vishny(1997)发现,部分发达国家和发展中国家公司的股权相对集中,控股股东的出现直接导致所有者和经营者出现身份重合,使公司的主要冲突由所有者和经营者的矛盾演变为控股股东和中小股东的矛盾,实质上,这也是契约矛盾的另一种体现。

内部控制审计侧重对公司内部控制进行外部监管,协调各利益主体间的冲突,平衡各契约主体的权利义务关系,使公司的组织结构平衡、信息披露公开透明。

### (二) 委托代理理论

委托代理理论由一些对 Arrow-Debreu 体系中企业"黑箱"理论存在异议的经济学家通过研究发展而来,研究委托人如何在利益冲突和信息不完全的环境中订立最优契约是委托代理理论的核心任务。

现代公司治理中所有权和经营权的分离使所有者与经营者存在利益冲突,由于管理者与股东目标不一致,管理者难以全心全意对股东负责。内部控制审计指对内部控制制度设计和运行的有效性进行测试、评估,继而提出审计意见。内部控制审计评估公司内部控制体系的完善性和有效性,识别内部控制缺陷并对缺陷进行分类,对上市公司高管具有监督和鉴证作用,能够督促管理者完善公司内部控制规范体系。一方面,管理者以无保留的内部控制审计报告彰显自身的管理才能和忠诚度,获取投资者的信任;另一方面,投资者通过审计报告了解公司经营状况,优化投资结构。由此,内部控制审计在协调"所有权"和"经营权"的委托代理关系上发挥着重要作用。

### (三) 信号传递理论

20 世纪 80 年代,美国经济学家 Spence 提出了信号传递理论。信号传递理论指双方在信息传播中都能获得公共信息,掌握信息的一方可将信息传递给另一方,提高市场运作效率。高质量企业的管理者具有及时向投资者传递公司高质量信号(比如,更乐观的绩效、更有效的内部控制和风险预警信息)的动机,并聘请审计师进行审计,提高信息披露的可信度,从而影响投资者的决策,最终提高公司股票价格(Scott,2006)。

但是,如果没有第三方监督,投资者可能会质疑这些内部控制自我评价报告的可信度。因此,内部控制体系较完善的公司可以将内部控制外部鉴证作为可靠的信号向市场传递,达到提高投资者对公司价值判断的目的,与债权人维持长期稳定的债权债务关系,吸引潜在投资者,降低资本成本。同时,管理层可利用注册会计师出具的无保留意见的内部控制审计报告向市场和股东传递其经营绩效水平信息、证明其管理能力和对公司的忠诚度等。基于信号传递理论,部分内部控制质量较高的公司愿意定期出具内部控制审计报告,以及时向市场传递有益于公司的信息。

(四)交易成本理论

1937年,英国经济学家 Coase 在其重要论文《论企业的性质》(The Nature of the Firm)中提出了交易成本理论。Coase 认为,交易成本是获取高质量的市场信息、谈判和订立契约所花费的费用。

在企业层面,降低交易成本是企业进行外部审计的原因之一,无保留意见的审计报告预示着企业良好的发展前景,无疑会吸引众多潜在投资者,同时节约企业取得顾客、供应商和债权人信任的成本。总体而言,无保留意见的审计报告节约了企业同利益相关者建立经常性契约的成本。在外部层面,投资者、债权人、政府等利益相关者难以获取企业财务、内控等经营信息,会计师事务所作为独立第三方,其客观性和公允性得到普遍认可,注册会计师审计大大提高了财务报告和内部控制评价报告的可信度,因此节约了利益相关者获得准确市场信息所需的费用;在社会层面,企业定期披露财务报表审计报告和内部控制审计报告,有助于投资者发现市场上的劣质企业,推动资本市场优胜劣汰,提高资金利用率,避免资本市场资源浪费,节约交易成本。

## 第二节 内部控制审计的范围和目标

### 一、内部控制审计的范围

(一)内部控制审计的业务范围

内部控制的审计范围可划分为对财务报告内部控制的审计和对非财务报告内部控制的审计。其中,财务报告内部控制指企业为了合理保证财务报告及相关信息真实完整而设计和运行的内部控制,以及用于保护资产安全的内部控制中与财务报告可靠性目标相关的控制,主要包括以下政策和程序。

1. 保存充分、适当的记录,准确、公允地反映企业的交易和事项。
2. 合理保证按照企业会计准则的规定编制财务报表。
3. 合理保证收入和支出的发生以及资产的取得、使用或处置经过适当授权。

4. 合理保证及时防止或发现并纠正未经授权的、对财务报表有重大影响的交易和事项。

非财务报告内部控制,指除财务报告内部控制外的其他控制,通常指为了合理保证经营的效率效果、遵守法律法规、实现发展战略而设计和运行的控制,以及用于保护资产安全的内部控制中与财务报告可靠性目标无关的控制。

### (二) 内部控制审计的时间范围

内部控制审计的时间范围包括:(1) 对特定基准日内部控制的有效性进行审计,针对特定时点相关内部控制的有效性发表意见;(2) 对特定时期内部控制的有效性进行审计,针对特定时期相关内部控制的有效性发表意见;(3) 对特定时期内部控制设计与运行的有效性进行审计,针对特定基准日相关内部控制的有效性发表意见。我国《企业内部控制审计指引》在程序上要求注册会计师在特定期间对内部控制进行了解和测试,在结果上要求注册会计师针对特定时点(例如,会计年度结束日或中期结束日)内部控制的有效性发表意见。

### (三) 内部控制审计范围的确定

内部控制审计范围的确定需考虑以下因素。

1. 投资者的需求。向社会公众宣告上市公司内部控制设计和运行有效性的情况是注册会计师出具内部控制审计报告的主要目的之一,因此,投资者及其他利益相关方作为内部控制审计报告的使用者,注册会计师理应尽力满足其对内控审计范围的要求。

2. 注册会计师的胜任能力。如果注册会计师难以胜任内部控制所涉及的监管范围,将置注册会计师于高风险的境地,同时难以合理界定会计师事务所的审计责任。

3. 非财务报告内部控制审计的需要。《企业内部控制审计指引》规定,注册会计师应当对财务报告内部控制的有效性发表审计意见,对内部控制审计中注意到的非财务报告内部控制重大缺陷,在内部控制审计报告中增加"非财务报告内部控制重大缺陷描述段"予以披露。

4. 成本效益的约束。内部控制审计范围过大会导致审计的工作量和企业付费大幅增加,可能会面临除上述问题外的其他问题。

### (四) 内部控制评价和内部控制审计

内部控制评价指企业内部自设的审计机构和人员按照科学的标准和必要的程序,审核、检查和评价所在企业内部控制设计和运行的有效性及直接影响其有效性因素的审计活动。实施内部控制评价,可以揭露和评价企业内部控制各环节、各领域和各层次的弊端和问题，并提出改进和调整办法，确保企业各项内部控制活动的健康运行，提高生产经营活动的效率和效果，增强财务报告的可靠性，保障企业各种资产和各项财产的安全完整，提高企业经济核算质量和管理水平，并为企业制定新的发展规划及管理决策提供科学的依据。

内部控制审计是会计师事务所接受委托，对特定基准日被审计单位内部控制设计和运行的有效性进行审计的活动。它是一种独立、客观的保证和咨询活动，其目的是增加组织的价值和改善组织的经营。内部控制审计通过系统、规范的方法评价和改善组织的风险管理、控制活动和管理过程的有效性，并重点就财务报告内部控制的有效性发表审计意见。内部控制评价属于企业董事会的自我评价，内部控制审计属于注册会计师外部评价。两者存在本质区别，主要表现为以下几个方面。

1. 责任主体不同。《企业内部控制评价指引》明确指出，企业应当根据国家有关法律法规和《企业内部控制基本规范》的要求，结合企业实际情况，对企业的经营目标、经营管理的效率和效果目标、财务报告及相关信息真实完整目标、资产安全目标、合法合规目标等单个或整体控制目标的实现进行评价。《企业内部控制审计指引》则规定，建立健全和有效实施内部控制、评价内部控制的有效性是企业董事会的责任。按照该指引的要求，注册会计师的责任是在实施审计工作的基础上对内部控制的有效性发表审计意见。

2. 评价依据不同。企业内部控制评价的依据是《企业内部控制评价指引》，内部控制审计的依据是《企业内部控制审计指引》。

3. 评价内容不同。内部控制评价的具体内容应当从内部环境、风险评估、控制活动、信息与沟通、内部监督等要素入手，结合企业业务特点和管理要求确定，并建立内部控制评价的核心指标体系，对内部控制设计与运行情况进行全面评价。会计师事务所则侧重对财务报告内部控制设计与运行的有效性发表意见。

4. 处理方式不同。内部控制评价部门根据发现的内部控制缺陷的重要程度，将缺陷上报经理层或董事会，及时采取应对策略，督促相关单位或部门整改，并追究有关部门或相关人员的责任，核查并确认整改结果，确保风险低于可承受的上限。而内部控制审计对于发现的财务报告内控缺陷，注册会计师应识别其严重程度并考虑对审计结论的影响。

5. 评价结论不同。内部控制评价是企业董事会对内部控制整体有效性发表意见，并在内部控制评价报告中出具内部控制有效性结论。内部控制审计仅是注册会计师对财务报告内部控制的有效性发表意见，并在内部控制审计报告中增加"非财务报告内部控制重大缺陷描述段"，披露在审计过程中注意到的非财务报告内部控制重大缺陷。

6. 使用目的不同。根据内部控制评价报告，政府监管部门可以了解有关内控法律法规的实施情况，并通过分析比较不同企业、行业，发现与内部控制相关的法律法规在实施过程中存在的问题，将这些问题作为进一步健全内部控制法律法规体系的整改点。根据内部控制审计报告，投资者及其他利益相关者可以从第三方鉴证的角度更为客观地了解企业内部控制水平，评估企业抗风险能力和持续经营能力，为投资决策和正确行使相关权利奠定基础。

(五) 内部控制和内部审计

1. 内部控制与内部审计的定义

COSO委员会对内部控制的定义是"公司的董事会、管理层及其他人士为实现以下目标提供合理保证而实施的程序：运营的效果和效率，财务报告的可靠性和遵守适用的法律法规"。

2003年6月，中国内部审计协会发布的《内部审计准则》指出："内部审计是组织内部的一种独立客观的监督和评价活动，它通过审查和评价经营活动及内部控制的适当性、合法性和有效性来促进组织目标的实现。" 2011年1月，国际内部审计师协会（Institute of Internal Auditors，IIA）发布的新版《国际内部审计专业实务框架》(International Professional Practice Framework，IPPF) 给出了内部审计的全新定义：内部审计是一种独立、客观的确认和咨询活动，旨在增加组织的价值和改善组织的运营。它通过应用系统的、规范的方法，评价并改善风险管理、控制及治理过程的效果，帮助组织实现其目标。

从内部控制与内部审计的定义来看，内部控制与内部审计相辅相成、相互渗透。内部审计在企业内部天然的监督作用使其自然成为内部控制方式之一，同时又是对内部控制执行情况的一种监督形式，是对内部控制的控制（曹伟、桂友泉，2002）。内部审计对内部控制起到监督作用，为内部控制系统提供改进建议，而内部控制系统的不断完善则拓宽了内部审计系统的作用空间。

2. 内部审计在内部控制中的作用

(1) 审计监督作用

经济监督是内部审计的基本职能和作用。内部审计监督是企业管理层的"眼、鼻、耳"，对企业管理起着举足轻重的作用。企业内部审计是监督内部控制是否执行及执行是否有效的重要过程。通过审计监督规范企业经营行为，使企业自身的经济活动与国民经济整体运行协调一致，从而实现自我约束。企业内部审计的着眼点，主要是保护股东或企业的利益，维护企业的合法权益。具体来说，要对企业的财务收支进行监督；要对企业的重点部门、重点资金、重要经济活动进行监督；要对企业运行过程的合法性、有效性进行监督；要对企业风险的防范和控制进行监督；要对企业内部管理制度的执行情况进行监督。通过监督和对问题的揭示与查处，促使企业内部各单位、各部门规范经营，科学管理，堵塞漏洞，提高效益，为企业实现经营目标提供服务，促使企业的经营活动实现良性循环。

(2) 评价鉴证作用

评价过程的实质是对审核检查中发现的问题和缺陷进行评议，肯定成绩，指出不足。鉴证是对企业财务管理及其经济活动的鉴别和证明，据以得出审计结论。通过内部审计评价企业的决策、目标和计划是否先进可行，以及内部控制的适当性、合法性和有效性，经济效益水平高低及影响因素，经营管理者是否有效管理了企业，是否切实承担了其应尽的经济责任。由于内部审计机构不直接参与企业经营管理，在组织、人员、工作和经费等方面具有独立性，因此在评价企业内部控制时具有较强的客观性、公正性和权威性。通过开展内控制度审计，可以对企业内部控制机制健全有效与否进行评价，对审计出的问题进行综合分析、测算和研究，并报告审计结果，为完善内部控制提供依据。

(3) 咨询服务作用

国际内部审计师协会发布的 IPPF 框架将咨询服务定义为：咨询及相关的客户服务活动，其性质和范围需与客户协商确定，目的是在内部审计师不承担管理职责的前提下，为组织增加价值并改进组织的治理、风险管理和控制过程。

随着经济水平的不断发展，内部审计范围逐渐扩展至风险管理、公司治理等领域，其在内部控制评价中的重要作用得到了加强。内部审计不仅需要以检查者的身份对被审计单位的风险和控制进行评价，更要以一个咨询顾问的身份，促进并组织被审计单位对自身业务的风险和控制进行自我评价，使风险的防范和控制成为所有管理层共同承担的责任，并针对内控制度存在的问题提出解决方案和改进建议。

3. 内部控制与内部审计的关系

(1) 内部审计有助于营造良好的内部控制环境

《中国内部审计准则第 2301 号内部审计具体准则——内部审计机构的管理》中规定，内部审计机构应当接受组织董事会或者最高管理层的领导和监督，在日常工作中保持有效的沟通，向其定期提交工作报告，适时提交审计报告。审计委员会是公司董事会中一个主要由非执行董事组成的专门委员会，在公司内部对公司的信息披露、会计信息质量、内部审计及外部独立审计等方面，执行控制和监督职能。因此，审计委员会在公司整体组织架构中的地位高于内部审计部门，内部审计部门受审计委员会监督，向审计委员会报告。但在内部控制体系中，审计委员会是内部控制环境要素中"内部审计机构设置"要求的具体表现，对内部控制的有效运行至关重要。从这个角度来看，内部审计职能的发挥有助于营造良好的内部控制环境。

(2) 内部审计有助于加强企业风险管理

国际内部审计师协会于 2001 年修订并颁布的《内部审计实务标准》(*Standards for the Professional Practice of Internal Auditing*，SPPIA) 中认定，内部审计是一种独立、客观的保证和咨询活动，其目的是为组织增加价值和提高组织的运作效率。它通过系统化和规范化的方法，评价和改进风险管理、控制及治理过程的效果，帮助组织实现其目标。该定义将内部审计范围延伸至风险管理和公司治理领域，认为内部审计是对风险管理、控制及治理过程的有效性进行评价和改善所必需的。风险管理已成为内部审计的一项重要内容，在内部审计中，须深入了解企业实际发展状况，通过科学的审计程序和频繁的定期检查，对企业日常经营中可能存在的风险进行识别评估，从而有效防范企业内部风险，提高企业抗风险能力。

(3) 内部审计有助于完善内部控制体系构建

企业内部控制体系的进一步完善往往有赖于良好的内部控制环境、准确的风险识别与评估、科学的控制活动安排、及时高效的信息沟通及全面细致的内部监督。根据《中国内部审计准则第 2201 号内部审计具体准则——内部控制审计》，内部审计机构可参考《企业内部控制基本规范》及配套指引的相关规定，根据组织的实际情况和需要，通过审查内部环境、风险评估、控制活动、信息与沟通、内部监督等要素，对组织层面内部控制的设计与运行情况进行审查和评价，出具客观、公正的审计报告，促进组织改善内部控制及风险管理。因此，内部审计工作的开展，有助于企业及时发现并修正内部控制管理中存在的问题，提高企业内部控制的有效性，规避企业潜在风险，完善内部控制体系构建。

## 二、内部控制的审计目标

审计目标指审计人员通过审计活动所期望达到的目的和要求，它是指导审计工作的指南。审计目标分为审计总体目标和审计具体目标两个层次，审计总体目标是适应审计委托人审计目的的需要并不断变化和扩展；审计具体目标则是审计总体目标的进一步具体化。

### (一) 内部控制审计的总体目标

内部控制审计的总体目标是检查并评价内部控制的合法性、充分性、有效性及适宜性，就基准日企业内部控制设计与运行的有效性获取合理保证。注册会计师对企业内部控制设计与运行的有效性进行评价，但对内部控制设计与运行的有效性本身不负任何责任。内部控制设计的有效性指企业设计的内控体系能够保障目标的实现。具体到财务报告目标来说，判断内部控制设计有效的标准是能够防止或发现并纠正财务报告重大错报。具体到实务中，设计有效性的主要标准体现在设计的合规性和适宜性，运行的有效性指内控体系能被准确无误地理解，能按照设计意图有效发挥作用。对内控体系进行运行有效性评价，是在设计有效性评价基础上进行的。若内部控制的设计不符合有效性标准，则对其进行运行有效性评价无意义。因为即使内部控制体系的执行有效，无效的设计也必然产生无效的结果，最终对运行有效性的评价结果还是无效的。

### (二) 内部控制审计的具体目标

内部控制审计的具体目标可以概括为检查并评价内部控制能否确保资产和资金的安全，即保障资产和资金的存在、完整、所有权、金额准确、处于增值状态。

## 第三节 内部控制审计的步骤和方法

注册会计师应按照一定的步骤、采用适当的方法进行内部控制审计,以保证内部控制审计报告的质量。一般而言,审计师应按照如下顺序,根据审计具体目标的不同,分别采用适当的方法进行审计。

### 一、了解企业内部控制情况并做相应记录

了解企业内部控制情况并做相应记录是内部控制审计的第一步,其主要目的是通过一定手段,了解被审计单位已经建立的内部控制制度及执行情况,并做记录、描述。审计人员应考虑被审计单位的经营规模及业务复杂程度、数据处理系统类型及复杂程度、审计重要性、相关内部控制类型、相关内部控制记录方式、固有风险的评估结果等因素,对内部控制的程序、控制环境、会计系统采取有效的方法进行审计。主要方法包括以下几种。

1. 查阅前期审计报告或审计工作底稿。
2. 询问被审计单位有关人员,并查阅相关内部控制文件。
3. 检查内部控制生成的文件和记录。
4. 观察被审计单位的业务活动和内部控制的运行情况。
5. 选择若干具有代表性的交易和事项进行"穿行测试"。

通过查阅复核以前年度的审计情况,可以了解以前年度产生内部控制缺陷的原因及缺陷是否已得到纠正和改进,通过查阅相关规章制度、方针及政策等文件,查看组织机构系统图,与相关人员交谈等,对内部控制获得足够的了解,以便进行程序设计和方案制定。

### 二、初步评价内部控制的健全性,确认内部控制的可依赖性

在对控制环境、控制程序和会计系统进行调查了解,在对被审计单位内部控制有了初步认识的基础上,应对内部控制风险和内部控制的可依赖程度做出初步评价。初步评价实际上是评价企业会计与内部控制防止或发现和纠正错弊的有效性的过程,通常出现以下情况之一时,应将重要账户或交易类别的某些或全部认定的控制风险评估为高水平。

1. 企业内部控制失效。
2. 难以对内部控制的有效性做出评价。
3. 不拟进行符合性测试。

对某项会计报表认定而言,如果同时出现以下情况,则不应评价其控制风险处于

高水平。
1. 相关内部控制可能防止或发现和纠正重大错弊。
2. 拟进行符合性测试。

## 三、实施符合性测试程序，证实有关内部控制设计和执行的效果

通过对内部控制进行初步评价，可基本掌握被审计单位内部控制的强弱环节，为进行符合性测试奠定基础。审计人员只对那些准备信赖的内部控制执行符合性测试，只有当信赖内部控制而减少的实质性测试的工作量大于符合性测试的工作量时，符合性测试才是必要和经济的。符合性测试是为了确定内部控制制度的设计和执行是否有效而实施的审计程序，其基本对象包括控制设计测试和控制执行测试。控制设计测试是测试被审计单位控制政策和程序是否设计合理、适当，能否防止或发现和纠正特定会计报表认定的重大错报或漏报。控制执行测试是测试被审计单位的控制政策和程序是否实际发挥作用。被审计单位的控制设计必须依靠有效的执行来发挥作用。

内部控制符合性测试常用的方法主要有以下四种。

1. 询问法，指审计人员为了解被审计单位各项业务操作是否符合控制要求而向有关人员询问某些内部控制和业务执行情况。比如，审计人员通过询问计算机管理人员，了解是否有未经授权的人员接触计算机文件。

2. 观察法，指审计人员亲临被审计单位工作现场，实地观察有关人员的实际工作情况，以确定既定控制措施是否得到严格执行。比如，审计人员亲自到现场观察材料验收和入库情况，了解材料是否严格验收并及时入库，库存材料是否有序摆放，是否安全存放。

3. 证据检查法，指审计人员抽取一定数量的账表、凭证等书面证据和其他有关证据，检查企业是否认真执行相关控制制度，以判断是否有效执行内部控制。比如，检查货款的支付是否有相关责任人和经办人的批准和签字，来判断实际工作中是否执行了批准控制程序。

4. 重复执行法，指按照被审计单位的业务程序，审计人员重复执行某项内部控制制度的所有或部分流程，以验证既定的控制措施是否被贯彻执行。

## 四、评估内部控制风险水平，根据内部控制风险点制定审计方案

通过前述步骤，审计人员已了解被审计单位内部控制制度是否建立、健全，哪些方面还存在薄弱环节，哪些内部控制制度得到了有效执行，哪些内部控制制度虽然建立但没有执行或执行不力，哪些内部控制是有效的，哪些内部控制是无效的。接下来，注册会计师需估计被审计单位的内部控制风险水平，充分利用专业判断进行调整并做出综合评价，然后利用评价结果制定审计方案。综合评价的主要内容有以下几点。

1. 内部控制有效实施，评价控制风险为低，计划仅对各项账户余额和交易进行有限的实质性测试。

2. 重新调整内部控制的可依赖程度，制定实质性审计程序。审计人员在经过内部控制测试后，若发现部分内部控制没有得到有效执行，则应重新调整估计的内控风险水平及其可靠性，适当扩大实质性测试的范围。

3. 针对内部控制缺陷，确定实质性测试的时间、范围和程序。通过符合性测试，审计人员根据掌握的具体内部控制缺陷和不足，制定下一步实质性测试方案，其范围应涵盖在初步评价和符合性测试中发现的存在缺陷的内部控制内容。

4. 就发现的内部控制缺陷向被审计单位管理当局提出改进建议。审计人员对在审计中发现的内部控制问题进行汇总、整理，分析问题产生的原因和可能带来的后果，提出有效的改进措施，以管理建议书的方式，反映给被审计单位管理部门。

## 第四节 内部控制审计与财务报表审计

### 一、内部控制审计与财务报表审计的区别与联系

2011年10月，中注协发布了《企业内部控制审计指引实施意见》，中注协负责人就该意见答复了记者的一系列问题，其回答详细阐明了内部控制审计与财务报表审计的区别与联系。

(一) 内部控制审计与财务报表审计的联系

企业内部控制的了解和测试，及其有效性评估是制定财务报表审计策略、实施进一步审计程序的基础和前提。因此，内部控制审计和财务报表审计存在着诸多联系，主要体现在以下五个方面。

1. 两者的最终目的一致，虽然各有侧重，但最终目的均为提高财务信息质量，提高财务报告的可靠性，为利益相关者提供高质量信息。

2. 两者都采取风险导向审计模式，注册会计师首先实施风险评估程序，识别和评估重大缺陷（或错报）存在的风险。基于此，有针对性地采取应对措施，实施相应的审计程序。

3. 两者都要了解和测试内部控制，对内部控制有效性的定义和评价方法相同，都可能用到询问、检查、观察、穿行测试、重新执行等方法和程序。

4. 两者均要识别重点账户、重要交易类别等重点审计领域。注册会计师在财务报告审计中，需评价这些重点账户和重要交易类别是否存在重大错报。在内部控制审计中，需要评价这些账户和交易是否被内部控制所覆盖。

5. 两者确定的重要性水平相同。注册会计师在财务报表审计中确定重要性水平，旨在检查财务报告中是否存在重大错报；在财务报告内部控制审计中确定重要性水平，旨在检查财务报告内部控制是否存在重大缺陷。由于审计对象、判断标准相同，因此，两者在审计中确定的重要性水平亦相同。

（二）内部控制审计与财务报表审计的区别

虽然内部控制审计与财务报表审计存在着诸多联系，但财务报表审计是为了提高财务报告的可信赖程度，重在审计"结果"；内部控制审计是对保证企业财务报告质量的内在机制的审计，重在审计"过程"。审计对象、重点等的不同，使两者存在实质性差异，内部控制审计独立于财务报表审计。两者差异主要体现在以下五个方面。

1. 对内部控制了解和测试的目的不同。注册会计师在财务报表审计中评价内部控制的目的是判断是否可以相应减少实质性程序工作量，及是否支持财务报告的审计意见类型。在内部控制审计中评价内部控制，则是为了对内部控制本身的有效性发表审计意见。

2. 内部控制测试范围存在区别。注册会计师在财务报表审计中，根据成本效益原则可能采取不同的审计策略，对于某些审计领域，可以绕过内部控制测试程序进行审计。但在内部控制审计中，注册会计师不能绕过内部控制测试程序进行审计，注册会计师应当针对每一审计领域获取控制有效性的证据，以便对财务报告内部控制整体的有效性发表意见。

3. 内部控制测试结果所要达到的可靠程度不完全相同。在财务报表审计中，对控制测试的可靠性要求相对较低，注册会计师测试的样本量也有一定弹性。在内部控制审计中，注册会计师则需获取内部控制有效性的高度保证，因此对控制测试的可靠性要求较严，样本量选择弹性相对较小。

4. 两者对控制缺陷的评价要求不同。在财务报表审计中，注册会计师仅需将审计过程中识别出的内部控制缺陷区分为值得关注的内部控制缺陷和一般缺陷。但在内部控制审计中，注册会计师需对内部控制缺陷进行严格评估，将值得关注的内部控制缺陷进一步区分为重大缺陷和重要缺陷。重大缺陷将影响审计意见的类型。

5. 审计报告的内容不同。在财务报表审计中，注册会计师一般不对外报告内部控制的情况，除非内部控制影响到对财务报告发表的审计意见。在内部控制审计中，注册会计师应报告内部控制的有效性。

## 二、整合审计的概念和目标

从上述内容可以看出，内部控制审计与财务报表审计主要在具体目标、保证程度、评价要求、报告类型等属性上存在实质差异，这些实质差异决定了内部控制审计独立于财务报表审计。但在技术层面和实务中，两者的审计模式、程序、方法等存在相同之处，风险识别、评估、应对等大量工作内容相近，很多基础工作可以共享，在一项审计中发现的问题可以为另一项审计提供线索和思路。因此，内部控制审计与财务报表审计可以整合进行，由同一家事务所审计，即为整合审计。整合审计不仅有利于提高审计效率，降低审计成本，减少重复劳动，而且可以避免审计判断出现不一致的情形，降低企业聘请不同事务所实施审计的负担。

目前，美国 SOX 法案和日本《金融商品交易法》均要求由出具财务报表审计报告的会计师事务所对企业财务报告内部控制进行审计，将企业内部控制审计定位在整合审计。美国的一项调查也显示，企业执行 SOX 404 条款第二年的成本比第一年下降 46%，将两项审计工作更好地整合进行是其成本下降的主要原因之一。为此，我国《企业内部控制审计指引》也提倡将两者整合进行。

整合审计中，注册会计师应当对内部控制设计与运行的有效性进行测试，以同时实现两方面审计目标：（1）获取充分、适当的审计证据，支持其在内部控制审计中对内部控制有效性发表的意见；（2）获取充分、适当的证据，支持其在财务报表审计中对控制风险的评估结果。

## 三、整合审计的意义

### （一）整合审计有利于提高审计效率

财务报表审计与内部控制审计均属于鉴证业务的范畴，两者不论是在审计目标还是在具体审计流程方面均具有高度一致性。整合审计充分利用了两者的密切关系，并发挥两种审计各自的优势以弥补对方的工作缺口，通过两者的相互衔接与高度契合，共同实现两方面审计目标。财务报表审计可以利用内部控制审计的结果，修改实质性程序的性质、时间安排和范围，为分析程序中适用信息的完整性和准确性提供支持。内部控制审计可以利用财务报表审计中发现的问题，重点考虑其对内部控制有效性的影响。整合审计的实施，显著提高了注册会计师审计业务的执行效率。

### （二）整合审计有助于降低审计成本

若企业选择一家会计师事务所进行整合审计，整体费用比单独财报审计高，但要远低于聘请两家会计师事务所分别执行审计所付出的审计费用。同时，企业选择两家不同的会计师事务所分别执行财务报表审计业务与内部控制审计业务，易出现两家会计师事务所的审计项目组沟通上存在障碍与交流不通畅等问题，使得许多审计证据需要重复获取，不仅浪费审计资源，同时也加大了审计成本。

### （三）整合审计能够兼顾各方利益

整合审计的实施能够同时实现内控审计与财报审计目标，不仅能帮助企业管理人员把握本企业内部控制是否有效执行，尽早获知可能存在的缺陷，及早进行整改，而且能够为债权人、投资者及政府监管部门等利益相关者提供高质量的鉴证意见，为其经济决策提供参考。因此，基于以上分析，整合审计是一种科学、合理、高效的审计模式，能够同时兼顾企业、利益相关者与事务所的利益。

## 四、整合审计的要求

### （一）总体要求

整合审计要求注册会计师在实施审计时将对财务报表的审计及对财务报告内部控制的审计结合起来，从整体角度考虑，财务报告内部控制审计和财务报表审计的目标不同，注册会计师应当计划和执行测试工作，以同时实现两者的目标。

1. 支持注册会计师在与财务报告内部控制相关的审计中对财务报告内部控制的有效性发表的意见。

2. 注册会计师在实施财务报表审计时，要以对内部控制的风险评估结果作为选择实质性测试方式的依据之一。

3. 财务报表审计的结果会影响财务报告内部控制审计的结果。

因此，注册会计师需在审计计划、审计方案及审计方法制定及实施的各个阶段，将两类审计工作紧密结合起来。

### （二）关于实质性程序的要求

在内部控制审计中识别出了控制缺陷，说明其对应的重大交易及账户中存在重大错报漏报的可能，因此，注册会计师应当评价该项缺陷对财务报表审计中拟实施的实质性程序的性质、时间和范围的影响。注册会计师在财务报表审计过程中，必须对所有重大的各类交易、账户余额及列报实施实质性程序。

注册会计师应当评价财务报表审计中实施的实质性程序的结果对控制有效性结论的影响。评价内容应当包括以下四个方面。

1. 注册会计师做出的、与选择和实施实质性程序相关的风险评估，尤其是与舞弊相关的风险评估。

2. 发现的违法违规行为和关联方交易方面的问题。

3. 表明管理层在选择会计政策和做出会计估计时存在偏见的情况。

4. 实施实质性程序发现的错报。

内部控制审计中的控制有效性测试与财务报表审计中的实质性程序不能相互替代。注册会计师应当通过直接测试某项控制获取该控制是否有效的证据，不能根据实质性程序没有发现错报推断该项控制的有效性。

### (三) 内部控制审计中对控制有效性的测试

注册会计师应获得充分的证据支持财务报表涵盖期间内部控制有效运行的结论，这说明虽然注册会计师出具的审计报告是关于审计基准日的，但是审计证据应涵盖财务报表期间。注册会计师在实施财务报表审计时应对某项财务报表认定相关控制的风险程度进行评估，并根据评估结果判断所需测试的控制范围及需得到控制有效运行证据的期间，如果将某项财务报表认定的控制风险评估为低于最高水平，注册会计师需获取拟信赖的相关控制在整个期间有效运行的证据。注册会计师不必将所有相关认定的控制风险评估为低于最高水平，因此，可能不会对所有控制的运行有效性进行测试，可以采取实质性测试的方式。

内部控制审计中需测试的控制是针对财务报表相关认定所设计的控制。这一范围与仅对财务报表发表审计意见时注册会计师需测试的控制不同。注册会计师在对内部控制有效性形成结论及评估控制风险时，应当同时考虑另一审计工作中实施的、所有针对控制设计和运行有效性测试的结果。

【第二章　知识链接】

# 第三章　内部控制审计人员职业道德规范

**学习目标**

- 掌握内部控制审计人员应具备的职业品质与专业胜任能力的具体内容；
- 掌握内部控制审计人员进行职业判断的必要性、相关要求与衡量标准；
- 理解内部控制审计人员法律责任的成因与类型。

**思维导图**

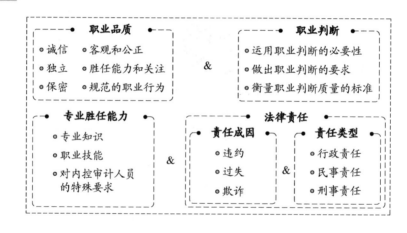

> **案例导读**

中国共产党第十九次全国代表大会（简称十九大）以来，我国审计体制改革步伐加快，审计监督职能在国家治理体系中发挥着越来越重要的作用。同时，党的二十大报告指出，要"加快构建新发展格局，着力推动高质量发展"。鉴于此，必须全面提升审计工作质量和水平，以高质量监督保障经济社会高质量发展。然而，目前仍存在少数会计师事务所和注册会计师未能有效履行审计监督职责。

瑞华会计师事务所（特殊普通合伙）（简称瑞华）是由原中瑞岳华和原国富浩华在平等协商基础上于2013年联合成立的一家专业化、规模化、国际化大型会计师事务所，作为重要的中介机构，事务所是否做到勤勉尽责并保证审计过程的独立性与专业性十分重要。2019年，上市公司财务风波接连上演，瑞华在这些风波中经历了至暗时刻，上半年，*ST康得百亿元存款"失踪"，审计机构瑞华饱受质疑，其业务受到强烈冲击。2019年7月，瑞华被证监会立案调查，一年内，近300家上市公司与其解约，上千名会计师"出走"。在*ST康得带来的负面影响不断发酵之时，瑞华又被卷入辅仁药业现金"蒸发"事件。两家上市公司相继因涉嫌财务造假被证监会调查，瑞华的业务大受影响，多个IPO项目被喊停，品牌形象受到较大程度损害。

要求：试讨论审计机构应如何规范审计师执业行为？审计师个人应如何践行职业道德？

## 第一节 内部控制审计人员的职业品质与判断

### 一、内部控制审计人员的职业品质

《中国注册会计师职业道德守则》规定了注册会计师的职业道德基本原则和概念框架。内部控制审计人员应当根据守则要求，遵守职业道德基本原则，保持必要的职业品质与职业判断。与其他职业的职业道德要求类似，品德、纪律、责任、能力等内容都是内部控制审计人员必备的职业品质，同时，注册会计师为了实现执业目标，应遵守一些前提和基本准则，包括诚信、独立、客观和公正、专业胜任能力和应有的关注、保密、规范的职业行为。

（一）诚信

"凡交，近则必相靡以信，远则必忠之以言。"人无信不可，民无信不立，国无信不威。诚信是安身立命之本，也是注册会计师在执业过程中应遵循的基本原则。内部控制审计人员在职业与商业关系中应当坚持诚实守信、实事求是原则。一方面，利益驱动是内部控制审计人员失信的根本原因。另一方面，非诚信行为的收益高、成本低、风险小，内外监督约束机制不健全和不到位，易使内部控制审计人员忽略诚信原则。

在内部控制审计实务中，如果发现业务报告、申报资料或其他信息存在下列问题，注册会计师不得与这些信息发生关联：（1）含有严重虚假或误导性的陈述；（2）含有缺乏充分依据的陈述或信息；（3）存在遗漏或含糊其辞的信息。

诚信是审计人员的立业之基，失去诚信的审计人员和会计师事务所将无法立足于行业内。为避免由于执业质量低或个别审计师失信导致的经营不善或倒闭，事务所应加强内部治理机制，努力提高执业质量。此外，行业协会应当发挥自身职能，建立完善的从业人员失信惩戒机制和诚信褒奖机制。同时，政府作为权威机构应当充分发挥监督职责，引导行业健康发展。

### （二）独立

作为企业的外部监督者，内部控制审计人员坚守独立原则是执行鉴证业务的根本。经济监督是审计的根本职能，这一职能决定了审计人员必须在执业过程中坚持独立原则，做到实事求是，不受外部势力控制，按照规定办事。实质独立和形式独立是独立原则的两种表现形式。实质独立是一种内心状态，形式独立是一种外在表现。实质独立要求注册会计师在工作中时刻保持独立的精神态度和意志，秉持客观公正的原则和应有的职业怀疑态度。形式独立要求注册会计师应独立于委托人及被审计单位之外。另外，审计机构与被审计单位也应当相互独立。这种相互独立关系包括组织上的独立、人员上的独立、工作上的独立和经济上的独立（见表 3-1）。若某内部控制审计人员与被审计单位存在经济利益关系，例如，注册会计师拥有被审计单位 3%的股权，则该注册会计师与被审计单位实质上不独立，因此，该注册会计师不能负责该公司的审计工作。

表 3-1 审计机构与被审计单位的相互独立关系及表现

| 相互独立关系 | 表现 |
| --- | --- |
| 组织上的独立 | 审计机构与被审计单位不存在组织上的从属关系 |
| 人员上的独立 | 审计人员不能受到被审计单位的干涉和影响 |
| 工作上的独立 | 审计人员独立行使监督权、做出职业判断，公正地报告审计结果 |
| 经济上的独立 | 审计机构及其人员与被审计单位间不存在私人经济利益往来 |

现实中，导致内部控制审计人员独立性受到破坏的影响因素包括以下几个方面。

1. 对自身利益的考虑。内部控制审计人员的独立性受到其对自身利益考虑的影响，当鉴证人员与客户存在一定的利益关系时，可能会损坏其独立性。

2. 对自我评价的考虑。内部控制审计人员的独立性受其对自身评价的考虑的影响，例如，当鉴证业务项目组成员现在或近期是客户的高层管理人员或董事时，可能会影响独立性。

3. 过度推介威胁。当鉴证业务项目组成员在诉讼中担任该鉴证客户的辩护人，会导致过度推介威胁。

4. 密切关系威胁。当审计项目组成员和被审计单位职工有密切的亲属关系，且这位职工的工作可以影响鉴证业务时,会对独立性产生一定威胁。

5. 外界压力威胁。鉴证业务的外部环境会对独立性产生影响,例如,当审计项目组坚定认为审计客户某项会计处理不正确的情况下,审计客户可能会将自己的某些业务委托给其他事务所,这时会形成外界压力,对注册会计师的独立性产生一定威胁。

### (三) 客观和公正

"一公则万事通,一私则万事闲。"客观公正原则要求内部控制审计人员对有关事项的调查、判断和意见的发表应当以客观事实为依据,做到实事求是,不因利害关系、个人成见或他人而影响其审计过程与审计结果。在提供专业服务时,内部控制审计人员如果从客户处获得经济利益,或与客户董事、高级管理人员及员工存在家庭和私人关系或商业关系,应当确定是否会对客观和公正原则产生不利影响,并在必要时采取防范措施消除不利影响或将其降至可接受的低水平。例如,内部控制审计人员退出项目组、实施督导程序(被审计单位的审计经理和各审计项目组长对实施审计的审计人员进行监督与指导)、终止产生不利影响的经济利益或商业关系、与会计师事务所内部较高级别的管理人员讨论有关事项、与客户治理层讨论有关事项。进一步地,如果以上防范措施仍然无法消除不利影响或将其降至可接受的低水平,内部控制审计人员应当拒绝接受业务委托或终止业务。

### (四) 专业胜任能力和应有的关注

专业胜任能力和应有的关注指注册会计师根据自身的专业知识、技能和经验,按照执业准则和职业道德规范要求,在执行审计工作中保持职业怀疑态度,勤勉尽责、经济有效地完成客户委托的业务。注册会计师应当通过教育、培训和执业实践获取和保持专业胜任能力,持续了解并掌握当前法律、技术和实务的发展变化,将专业知识和技能始终保持在应有的水平,确保为客户提供具有专业水准的服务。

### (五) 保密

保密指注册会计师不能对外泄露在专业服务中获得的客户信息。除专门的信息披露授权,或法定、专业披露责任外,注册会计师应当始终遵守保密原则,不得泄露客户信息。例如,内部控制审计项目组成员利用工作中获知的信息进行投资,获取利益,则严重违背保密原则。

审计人员对客户的有关信息给予一定的隐私保护,不得在法律法规不允许的情况下泄露客户信息,但内部控制审计人员可以为法律诉讼出示文件或提供证据、向有关监管机构报告发现的违法行为及出于会员履行必要义务的情况下,披露客户的有关信息。

### (六) 规范的职业行为

规范的职业行为指注册会计师应当遵法守法,防止发生任何可能有损职业声誉的行为。如果注册会计师的某一行为可能对其职业声誉产生负面影响，则注册会计师应当避免此类行为的发生。注册会计师履行对客户、社会和同行的必要责任也是职业行为要求的一部分。例如，注册会计师应尽心尽力为客户服务，对执业过程中知晓的商业秘密予以绝对保密；应致力于维护社会公众利益；应当与同行保持良好的合作竞争关系等。

除以上列举的几点职业品质外，内部控制审计人员也应当在其他方面（收费与佣金、广告、业务宣传及承揽业务等）保持正确的职业品质和判断。例如，收取费用的高低不应取决于服务成果的大小或实现特定的目的；对可能有损其诚信、独立性、客观性或职业声誉的相关活动或业务应予以拒绝；在应对同行竞争时，不应以牺牲审计品质来降低收费；不应利用各种媒介对其能力进行广告宣传，招揽业务不得采用逼迫、欺骗、诱惑等方式；不应以个人名义承接业务。

## 二、内部控制审计人员的职业判断

职业判断是注册会计师行业的精髓，指在审计准则、会计准则和职业道德要求的框架下，注册会计师运用相关专业知识和经验，做出适合审计业务具体情况、有根据的行动决策。2015年，中注协正式印发《注册会计师职业判断指南》，对注册会计师的职业判断做出了规定，倡导注册会计师提高职业判断的意识和能力，并为如何做好职业判断、提高职业判断能力提供参考和建议。

### （一）职业判断的必要性

一方面，在实践中，不少事项具有不同程度的不确定性，企业内部控制人员在面对这些不确定性时，需进行一定程度的估计和相应的内部控制职业判断。由于内部控制审计人员需要对内部控制发表审计意见，因此，注册会计师需对企业内部控制人员的判断进行再判断。随着实体经济活动和交易事项的日趋丰富和复杂，审计工作量迅速增大，审计的复杂程度也不断增加。这要求内部控制审计人员具备一定的审计经验，拥有相应的职业判断能力。

另一方面，内部控制审计人员与被审计单位间存在信息不对称的情况，需要审计人员运用职业判断。内部控制审计人员对于被审计单位来说是外部人员，不可能时刻观察被审计单位的经营活动，也不可能无限量地获取被审计单位的信息，同时，还需要考虑审计效率和报告时限等因素。因此，内部控制审计人员在执行其认为必要的审计工作以获取相关信息发表意见时，需要运用职业判断。

### （二）内部控制审计人员如何做出职业判断

从本质上讲，会计和审计实务是由一系列判断行为构成的。内部控制审计人员需要在相关法律法规、职业标准的框架下，以具体事实和情况为依据做出职业判断。如果有关职业判断的决策不被该业务的具体事实和情况所支持或者缺乏充分、适当的审计证据，职业判断并不能作为不恰当决策的理由。内部控制审计人员的职业判断决策过程通常可划分为五个步骤。

1. 确定职业判断的问题和目标。确定问题和目标是职业判断的起点，内部控制审计人员实施职业判断时，首先应当明确职业判断的对象，以及要达到的目标。

2. 收集和评价相关信息。收集和评价相关信息是职业判断的基础。在确定问题和目标的阶段，内部控制审计人员可能已经完成了一部分信息的收集工作。一般来说，需要收集的信息至少包括事实依据、行业及被审计单位的情况等。在收集和评价相关信息时，与被审计单位进行沟通将有助于内部控制审计人员确定关键问题及可能存在的偏见。

3. 识别可能采取的解决方案。就某一具体职业判断问题而言，解决方案可能不是唯一的。为了做出决策，内部控制审计人员需要识别尽可能多的解决方案，以便对每一种方案进行评价，找出优点和不足。

4. 评价可供选择的方案。内部控制审计人员在评价可能的方案时，主要工作是把所要判断的对象与确定的判断标准进行比较，确定其与标准的符合程度。此外，内部控制审计人员还应考虑方案的可操作性。

5. 得出职业判断结论并做出书面记录。在对各种可能方案做出评价的基础上，内部控制审计人员需做出肯定或否定形式的判断或选择性判断。例如，对于合规性，内部控制审计人员需要做出合规或不合规的判断；对于审计意见，注册会计师需要做出发表无保留意见、保留意见、否定意见或无法表示意见的判断。内部控制审计人员需要在整个审计过程中运用职业判断，并就职业判断做出适当记录。注册会计师编制的审计工作底稿，应当使未曾接触该项审计工作的有经验的专业人士清楚地了解在对重大事项得出结论时做出的重大职业判断。

值得注意的是，上述决策过程的各步骤并不是严格的依次继起关系，有时内部控制审计人员需要重复先前的步骤。

### （三）内部控制审计人员职业判断的质量

衡量注册会计师职业判断质量的标准通常包括下列三个方面。

1. 准确性和意见一致性

准确性指职业判断的结论与特定标准或客观事实的相符程度。意见一致性指不同职业判断主体针对同一职业判断问题所做判断的彼此认同程度。在实务中，可用于衡量判断质量的特定标准或客观事实并不存在，此时，职业判断的质量可以通过意见一致性来衡量。对某一职业判断问题，会计师事务所内部的技术手册一般代表了该事务所意见的一致性；业界对某一问题的主流看法，一般体现了行业大多数意见的一致性。具体而言，对同一职业判断问题，不同审计师或会计师事务所的意见可能达成高度共识，也可能存在差异甚至分歧。当存在差异和分歧时，还需结合其他因素对内部控制审计人员的职业判断质量加以衡量。例如，该职业判断是否为业界的主流意见，或做出判断的主体是否在该职业判断领域有足够经验、专业权威,等等。

2. 决策一贯性和稳定性

决策一贯性用于衡量同一注册会计师针对同一项目的不同判断问题做出的判断之间的关系。在实务中,内部控制审计人员对重大错报风险的评估结果与对所需收集审计证据数量和质量的判断需要具有内在一贯性。稳定性用于衡量注册会计师针对相同的职业判断问题在不同时点所做出的判断之间的关系。例如,在实务中,内部控制审计人员在不同时点,基于相同或相似的情况得出的职业判断结论相同或相似,则该职业判断具有较高的稳定性。

3. 可辩护性和书面记录

可辩护性指内部控制审计人员能够证明自己的工作。可辩护性可以从三个方面进行衡量:理由的充分性、思维的逻辑性和程序的合规性。书面记录是记录职业判断中观察、思维和决策的主要手段,对职业判断进行详细的书面记录可提高判断决策的可辩护性。例如,在审计工作中,对下列事项进行书面记录,有利于提高职业判断的可辩护性:(1) 对职业判断问题和目标的描述;(2) 解决职业判断相关问题的思路;(3) 收集到的相关信息(包括咨询专家的意见);(4) 得出的结论及得出结论的理由;(5) 就决策结论与被审计单位进行沟通的方式和时间。

## 第二节　内部控制审计人员的专业胜任能力

为满足行业做大做强和国际化战略对提高注册会计师胜任能力的要求,2007 年中注协颁布了《中国注册会计师胜任能力指南》,全面指导注册会计师教育、考试、培训等人才建设工作,进一步明确注册会计师应当具备的专业素质和实务经历,加强行业人才的培养、选拔和继续教育。

内部控制审计人员的专业胜任能力指内部控制审计人员能够在实务工作环境中按照设定的标准完成工作任务,以注册会计师的专业素质为基础。内部控制审计是一项具有专业性和技术性的鉴证工作,因此,从事内部控制审计的人员应当具备足够的专业胜任能力,自身拥有工作必备的专业知识和职业技能。

### 一、内部控制审计人员应具备的专业知识

从事内部控制审计的注册会计师应当具备足够的专业知识,以便能够在日益复杂、不断变化的职业环境中胜任工作。内部控制审计人员除通过学历教育阶段的学习外,还应当具备会计、审计、税务、财务、相关法律知识、信息技术知识、组织和企业知识等(见表 3-2)。专业知识的获得与掌握,有助于内部控制审计人员培养相应

的职业技能。

表 3-2　内部控制审计人员应当具备的专业知识及具体涵盖学科

| 专业知识 | 具体涵盖学科领域 |
| --- | --- |
| 会计、审计、税务、财务及相关法律知识 | 财务会计与报告、管理会计与内部控制、税务、经济法与商法、审计和审阅及其他鉴证业务、金融与财务管理、资产和负债估价、职业价值观与道德 |
| 信息技术知识 | 信息技术基本知识、信息技术内部控制相关知识、应用信息技术相关知识、信息系统的评价设计和管理知识 |
| 组织和企业知识 | 经济学、商业环境、公司治理、金融市场、定量方法、组织行为、管理和战略决策、市场营销、国际商务与全球化 |

## 二、内部控制审计人员应具备的职业技能

随着经济社会的不断发展，企业发展面临着复杂的经济环境，企业内部控制的内容越来越丰富，这就要求内部控制审计人员在职业环境中能够合理、有效地运用专业知识，并保持职业价值观、道德与态度等各类职业技能。

内部控制审计项目已覆盖经济、社会、政治、文化、生态文明等各个方面，内部控制审计人员的职业技能也应当包括智力技能、技术和应用技能、个人技能、人际和沟通技能、组织和企业管理技能等多方面（见表 3-3）。普通教育、职业教育和实务经历等途径都能够帮助内部控制审计人员获得职业技能，并通过终身学习不断拓展。

表 3-3　内部控制审计人员应当具备的职业技能及具体表现

| 职业技能 | 具体表现 |
| --- | --- |
| 智力技能 | 知悉、理解、应用、分析、综合、评价 |
| 技术和应用技能 | 数理能力、信息技术能力、决策建模和风险分析、计量、报告、遵守法规 |
| 个人技能 | 自我管理、创造力、影响力、自学能力、预见和适应能力、职业怀疑态度、工作统筹能力 |
| 人际和沟通技能 | 冲突解决能力、团队工作能力、有效表达能力、跨文化环境沟通能力、有效听读能力 |
| 组织和企业管理技能 | 战略规划能力、项目管理能力、人力管理能力、资源管理能力、决策制定能力、领导能力、职业判断能力、洞察力 |

### 三、对内部控制审计人员的特殊要求

内部控制审计目标能否实现,取决于审计质量的高低。内部控制审计人员,尤其是内部控制审计项目负责人,应切实履行审计监督职责,在内部控制审计实务中充当好联络员、调查员、质检员、辅导员、书记员、协调员等角色,不断提升审计质量,确保审计目标顺利实现。这就要求内部控制审计负责人应具备更高水平的专业知识、职业技能、职业价值观、道德与态度及实务经历,对高质量完成审计业务具有领导责任意识,能够在遵循独立性要求的情况下形成结论,同时具备承接审计业务、保持客户、合理分配工作任务以最终完成审计工作并出具审计报告的能力。能够按照审计准则及相关法律法规的要求,指导、监督和执行审计业务,在充分、适当的审计证据的基础上出具恰当的审计报告。

### 四、对特定环境或特定行业审计业务的特殊要求

在执行特定环境(如跨境审计业务)或特定行业(如金融业)的内部控制审计业务时,审计人员应当具备与该特定环境或特定行业相关的专业知识和实务经历。注册会计师执行跨境审计业务至少应当具备下列几个方面的专业知识:适用的会计准则和审计准则;多地点审计与集团审计的方法;适用的上市要求;适用的公司治理要求;适用的当地监管规定;全球的和当地的经济与商业环境。在执行跨境审计业务时,注册会计师应当意识到对职业价值观、道德与态度的应用可能受到不同文化背景的影响而更加复杂。

需要注意的是,内部控制审计人员应当对不同行业被审计单位加以区分,根据不同行业的财务会计与报告标准及惯例,针对特定行业的具体情况获取相应的专业知识。

在执行特定环境或特定行业的历史财务信息审计业务前,内部控制审计人员应当具备在该特定环境或特定行业中的审计实务经历,且审计实务经历的期间和强度应当足以证明其已具备必要的专业知识、职业技能、职业价值观、道德与态度。

### 五、内部控制审计人员的职业继续教育

专业胜任能力的保持和提高对内部控制审计人员从事审计工作至关重要,树立终身学习的职业理念是每位审计工作者必须具备的意识,职业继续教育是资格前职业教育的延伸,内部控制审计人员通过职业继续教育保持并不断提高胜任能力,以提供高质量的专业服务。

从事内部控制审计需具备的专业知识不断变化,从事特定环境或行业所需的专业知识存在差异,内部控制审计人员应当持续更新专业知识,树立终身学习的理念,维

持并提升自身专业胜任能力。在内部控制审计知识获取过程中明确学习目标，掌握正确的学习方法，养成学习习惯，在巩固原有知识的基础上，积极主动地学习新知识，寓学习于工作中，缩短从学习到提高业务能力的时间，促进胜任能力的实质性提升。

除内部控制审计人员自身不断学习、提升专业胜任能力外，会计师事务所应当对审计项目的胜任能力要求和审计人员的胜任能力现状进行调研分析，明确审计人员能力提升的需求，制订多元化的提升计划，有针对性地建立长期有效的培训机制。同时，行业协会应当为审计人员不断学习和提高提供适当的机会与资源，并予以规范、指导及评估。

虽然内部控制审计人员具有较强的学习和探索能力，具备审计、会计、财务、税务、经济、金融、统计、管理等专业知识。但在某些特定情况下，对于某些专业知识，可以请教相关专家，以确保专业服务的质量。

## 第三节　内部控制审计人员的法律责任

内部控制审计人员除了必需的职业品质和判断及必备的专业胜任能力外，还受到法律法规、行业规范等限制。职业品质和判断要求内部控制审计人员必须抵御各种威逼利诱，客观公正地做出判断。法律责任要求内部控制审计人员严格履行合同条款，保持应有的职业谨慎，对出具的审计报告负责。

### 一、内部控制审计人员法律责任的成因

违约、过失和欺诈是注册会计师法律责任产生的主要原因。

（一）违约

违约指合同的一方或多方未能达到合同条款的要求，因违约导致他人发生损失。例如，内部控制审计人员未能及时完成审计业务，给企业造成经济损失，此时，审计人员应承担违约后果。

（二）过失

过失指审计人员没有保持应有的职业怀疑态度从而导致审计失败。此时，审计人员需承担过失责任。按照程度的高低，可将过失分为一般过失和重大过失。

1. 一般过失

一般过失又称普通过失，指审计人员在工作过程中仅部分遵守审计准则的要求。例如，出具审计报告时未对特定审计项目获得合理、充分的审计证据。

2. 重大过失

重大过失指审计人员完全不遵守审计准则或不依据专业准则的相关要求进行审计工作。

（三）欺诈

欺诈又称舞弊，指审计人员在已知财务报表整体不能被认为不存在重大错报，且无法对其提供合理保证的情况下，仍然提供载有和事实不符的审计意见的审计报告，以此欺瞒或坑骗他人。

## 二、内部控制审计人员法律责任的类型

内部控制审计人员法律责任的类型主要包括行政责任、民事责任、刑事责任。

（一）行政责任

行政责任指审计人员不遵守有关部门的规定，同时给有关各方造成了经济等方面的损失，政府主管部门或自律组织对其追究的具有行政性质的责任。对审计人员个人而言，行政责任主要包括警告、吊销注册会计师证书、暂停执业等；对会计师事务所而言，行政责任包括警告、撤销、罚款、没收违法所得、暂停执业等。

（二）民事责任

民事责任指审计人员或机构因违反合同或法定民事义务所引起的法律后果，依法承担赔偿相关经济损失的法律责任，主要指赔偿受害人的损失。

（三）刑事责任

刑事责任指审计人员由于重大过失、欺诈行为违反刑法有关规定而应承担的法律责任。刑事责任包括拘役、管制、没收相关所得、剥夺政治权利和罚金等。

一般情况下，违约或过失会使审计人员负有行政责任和民事责任，如果审计人员产生欺诈行为，则可能承担民事责任和刑事责任。

【第三章　知识链接】

# 第四章 计划企业内部控制审计工作

## 学习目标

- 掌握制定总体审计策略四个层次的考虑因素；
- 掌握具体审计计划的内容；
- 理解风险识别与评估程序的具体内容；
- 掌握如何利用内部审计人员与专家的工作。

## 思维导图

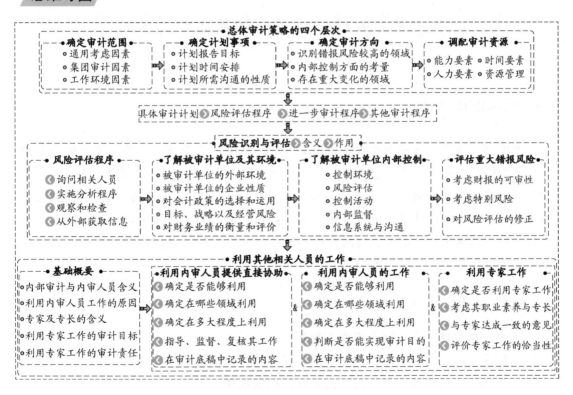

**案例导读**

美国联区金融集团（简称联区金融）是一家从事金融服务的企业。美国证券交易委员会对塔奇·罗丝会计师事务所在联区金融某年审计中的表现极为不满，认为事务所在编制联区金融审计计划及制定审计程序时没有充分考虑该公司的审计风险。美国联邦机构指责该年度的审计"没有进行充分的计划和监督"。美国证券交易委员会发现，该年的审计计划"大部分是以前年度审计计划的延续"。该审计计划缺陷包括：(1) 未对超期应收租赁款账户的内部会计控制加以测试；(2) 审计计划要求测试小部分（8%）未收回应收租赁款；(3) 未要求审计人员确定"对客户坏账核销政策进行复核"是否被实际执行；(4) 事务所分派的审计人员大多对联区金融及租赁行业的情况非常陌生。

要求：试讨论本案例中审计人员在审计计划工作方面存在的问题及其改进方案，并结合本案例谈谈你对审计计划和审计目标两者之间关系的认识。

## 第一节 总体审计策略和具体审计计划

### 一、总体审计策略

考虑到注册会计师的专业技能和职业道德，在决定接受被审计单位委托审计其财务报表及内部控制时，注册会计师需与其签订《审计业务协议书》。同时，为了规范审计工作，确保更好地制订具体审计计划，企业应制订总体审计策略。值得注意的是，虽然通常在具体审计计划之前制订总体审计策略，但两者紧密联系，相互影响。总体审计策略用以确定审计范围、时间安排和审计方向，并指导具体审计计划的制订。在制订总体审计策略时，应当考虑以下事项。

（一）通用考虑因素

1. 财务信息所依据的财务报告编制基础。
2. 特定行业的报告要求。例如，某些行业监管机构要求提交相应报告。
3. 对利用以前审计工作中获取的审计证据的预期。

（二）集团审计因素

1. 预期审计工作涵盖的范围，包括应涵盖的组成部分的数量及所在地点。
2. 明确母公司和集团组成部分间的控制关系，以确定编制合并财务报表的方法。

3. 由组成部分注册会计师对组成部分财务信息执行审计工作。
4. 拟审计经营分部的性质,包括是否需具备专门知识。
5. 除为合并目的执行的审计外,对个别财务报表进行法定审计的需求。

(三) 工作环境因素

1. 外币折算,包括外币交易的会计处理、外币财务报表的折算和相关信息的披露。
2. 内部审计工作的可获得性及注册会计师拟信赖内部审计工作的程度。
3. 被审计单位聘用服务机构的情况,及注册会计师取得有关服务机构内部控制设计和运行有效性证据的方法。
4. 信息技术对审计程序的影响,包括数据的可获得性和对使用计算机辅助技术的预期。
5. 协调审计工作与中期财务信息审阅的预期涵盖范围和时间安排,以及中期审阅所获取的信息对审计工作的影响。
6. 与被审计单位人员的时间协调和相关数据的可获得性。

(四) 报告目标、时间安排及所需沟通的性质

1. 被审计单位对外报告的中间阶段和最终阶段时间表。
2. 与管理层和治理层讨论审计工作性质、时间安排和范围。
3. 与管理层和治理层讨论注册会计师拟出具的报告类型和时间安排及对其他事项进行沟通(口头或书面沟通),包括审计报告、管理建议书和向治理层通报的其他事项。
4. 与管理层讨论预期整个审计业务中审计工作的进展。
5. 与组成部分注册会计师讨论拟出具报告的类型和时间安排,及与组成部分审计相关的其他事项。
6. 项目组成员间沟通的预期性质和时间安排,包括项目组会议的性质和时间安排,及复核的时间安排。
7. 预期是否需和第三方进行与审计相关的法定的报告责任或约定的报告责任等其他沟通。

(五) 确定审计方向

项目组的工作方向即为审计方向,确定审计方向需考虑初步风险识别、内部控制、重大变化等方面。

1. 初步风险识别

(1) 对重要性的确定或重新考虑。

(2) 重大错报风险较高的审计领域。

(3) 评估的财务报表层次重大错报风险对指导、监督及复核的影响。

(4) 项目组人员的选择和分工,包括向重大错报风险较高的审计领域分派具备适当经验的人员。

(5) 项目预算,主要为重大错报风险可能较高的审计领域分配适当的工作时间。

(6) 向项目组成员强调在收集和评价审计证据过程中保持职业怀疑的必要性。

2. 内部控制

(1) 以往审计中对内部控制运行有效性的评价结果,包括所识别的控制缺陷的性质及应对措施。

(2) 管理层重视设计和实施健全内部控制的相关证据,包括这些内部控制得以适当记录的证据。

(3) 根据交易规模和审计效率,确定内部控制是否可以依赖。

(4) 对内部控制重要性的重视程度。

3. 重大变化

(1) 信息技术、业务流程、关键管理人员变化及收购、兼并和分立等影响被审计单位经营的重大发展变化。

(2) 行业法规变化和新的审计报告规定等重大行业发展情况。

(3) 会计准则及会计制度的变化。

(4) 其他重大变化,例如,影响被审计单位的法律环境的变化。

(六) 审计资源的分配

1. 向具体审计领域调配的资源,包括向高风险领域分派有适当经验的项目组成员,就复杂的问题利用专家工作等。

2. 向具体审计领域分配资源的多少,包括分派到重要地点监盘存货的项目组成员的人数,集团审计中复核组成部分注册会计师工作的范围,向高风险领域分配的审计时间预算等。

3. 何时调配这些资源,包括是在期中审计阶段还是在关键的截止日期调配资源等。

4. 如何管理、指导、监督这些资源,包括预期何时召开项目组预备会和总结会,预期项目合伙人和经理如何进行复核,是否需要实施项目质量控制复核等。

## 二、具体审计计划

注册会计师应当为审计工作制订比总体审计策略更为详细的具体审计计划。具体审计计划的内容包括项目组成员拟实施的审计程序的性质、时间安排和范围,以获取充分适当的审计证据,将审计风险降到可接受的低水平。风险评估程序、进一步审计程序和其他审计程序均为具体审计计划的内容。

### （一）风险评估程序

风险评估程序是通过了解被审计单位及其环境以识别和评估重大错报风险的程序，是注册会计师在每个审计项目中都应当实施的程序。注册会计师需依照风险评估的参考标准，选定需测评的控制项目与类型，并搜集与整理相关数据和资料。注册会计师需对可能出现危机的内控领域给予高度重视，并据此确定与之相适应的风险评估程序的性质、范围和时间。

### （二）进一步审计程序

风险评估程序主要针对企业整体控制实施，与之相比，进一步审计程序更具针对性和细节性，包括调查（了解）控制设计、测试控制运行（也称控制测试）及用于识别和发现报表错报的实质性程序。其中，第三类程序在整合审计中一般不必实施，可在项目组的协调下直接从其他注册会计师处获得审计结果。若注册会计师认为必要且无法从其他注册会计师获取，则需单独审计企业内部控制。

注册会计师应严格遵循审计重要性原则，着重对被审单位的关键业务和事项实施测评。为取得更加充分、适当的证据，需全面分析企业内控存在的风险，并以此为依据确定审计流程的性质、范围和时间。

在开展审计工作前，审计人员需专门制定一套包含各项流程的"进一步审计表"。在审计中，根据具体审计表，逐项记录审计数据和结论，形成进一步审计程序的工作底稿。

### （三）计划其他审计程序

根据现行国家审计法规，具体审计计划通常包含审计人员制定的一系列审计流程，亦包括上述进一步程序计划中未提及的，但又必须实施的审计程序。

### （四）审计过程中对计划的更改

计划审计工作贯穿整个审计业务流程，在必要时注册会计师应更新并修改总体审计策略和具体审计计划。例如，修改重要性水平，评估某类交易、账户余额和披露的重大错报风险，更新和修改进一步审计程序等，应当在审计工作底稿中记录做出重大修改的理由。

### （五）指导、监督与复核

指导、监督与复核通常由以下关键因素决定：被审计单位的规模和业务复杂程度，审计领域，评估的重大错报风险，执行审计工作项目组成员的专业素质和胜任能力。

## 第二节　风险识别和评估

### 一、风险识别和评估的含义

风险识别和评估是指注册会计师通过实施风险评估程序，识别财务报表层次和认定层次的重大错报风险，并对重大错报发生的可能性及后果的严重程度进行评估。风险评估程序包括了解被审计单位及其环境，了解被审计单位的内部控制，以及评估重大错报风险。

### 二、风险识别与评估的程序及作用

在实施风险评估程序之前，内控审计师需要了解被审计单位及其环境，主要体现在询问被审计单位管理层及财务负责人、治理层以及内部审计人员（或称内审人员）等与内部控制设计和运行有效性有关的事项，重点关注被审计单位对会计政策的选择和运用、重大和异常交易的会计处理方法以及对财务业绩的衡量和评价的结果是否反映了未预料到的结果或趋势以及指标的可靠性等事项。值得注意的是，良好的内部控制应当根据设定的控制目标以及在目标设定的基础上及时评估来自行业状况、法律监管以及环境监管相关的外部风险，并将各类风险进行分类整理，形成风险清单。

基于对被审计单位及其环境的了解可以帮助审计师估计重大风险，确定容易发生风险的关键账户。对已确定的关键账户实施分析程序，对其余额、趋势和财务比率关系等方面形成合理预期，将合理预期与被审计单位记录的金额、比率或趋势相比较。若比较结果不一致，且管理层无法合理解释或者无法取得支持性文件证据，则表明可能存在重大错报风险。最后，审计师基于对被审计单位与风险评估过程相关的内部控制的了解和测试，确定重要性水平，并恰当评价所获取审计证据的充分性和适当性。

### 三、了解被审计单位的内部控制

#### （一）控制环境

控制环境是指治理职能和管理职能，以及治理层和管理层对内部控制及其重要性的态度、认识和措施。治理职能指治理层即董事会对被审计单位内部控制建设以及日常经营的参与程度。内控审计师在了解被审计单位的管理职能时需要关注管理层是否建立了完善的人力资源政策与实务，明确划分职权与责任，在日常工作中重视员工的胜任能力，及时与员工沟通和交流其工作职责和期望。还需关注管理层的理念和经营风格是否促使其建立适当的内部控制机制,对内控给予了适当的关注。良好的控制环境还体现在治理层和管理层建立了强调诚信和道德价值观念的企业文化并身体力行。

良好的控制环境设定了企业的内部控制基调,为其他要素提供了适当的基础,影响员工对内部控制的认识,同时也为以前年度和期中所测试的控制继续有效运行提供支持。但是控制环境并不能绝对防止舞弊,不能防止或发现并纠正各类交易、账户余额和披露认定层次的重大错报,但有助于降低发生舞弊的风险。注册会计师在评估被审计单位的控制环境时应当考虑各个要素是否得到执行,采取询问与其他程序相结合的方式来评估其内部控制的风险,并获取充分适当的审计证据。

(二)风险评估过程

风险评估过程包括识别与财务报告相关的经营风险,内控审计师需要考虑被审计单位是否已建立识别风险、估计风险的重大性、评估风险发生的可能性以及确定需要采取的应对措施的风险评估过程。通过向管理层询问和检查有关文件确定对管理层已经识别的重大错报风险。若识别出管理层未能识别的重大错报风险,应当考虑被审计单位的风险评估过程为何没有识别出这些风险,是否适用于具体环境以及是否存在值得关注的内部控制缺陷。同时还需要考虑被审计单位是否已建立识别和应对包括会计准则、经营环境和监管环境在内的对企业产生重大且普遍影响的变化的机制。

(三)与财务报告相关的信息系统和沟通

与财务报告相关的信息系统是指用来生成、记录、处理和报告交易、事项和情况,对相关资产、负债和所有者权益履行经营管理责任的程序和记录。内控审计师需要了解与财务报告相关的信息系统是否在交易生成的会计期间识别与及时、详细、准确地记录及恰当分类所有的有效交易并在财务报表中恰当列报。与财务报告相关的沟通包括使员工了解各自在与财务报告有关的内部控制方面的角色和职责,员工之间的工作联系及向适当级别的管理层报告例外事项的方式。内控审计师在了解相关沟通时应当了解被审计单位内部如何对财务报告的岗位职责以及与财务报告相关的重大事项进行沟通,还应当了解管理层与治理层之间的沟通及与外部的沟通。

(四)控制活动

控制活动指授权、业绩评价、信息处理、实物控制和职责分离等活动在管理层授权范围内进行,包括一般授权和特殊授权。内控审计师应当了解一项控制活动单独或连同其他控制活动,是否能够以及如何防止或发现并纠正各类交易、账户余额和披露存在的重大错报,但如果多项控制活动能够实现同一目标,不必了解与该目标相关的每项控制活动。

### (五) 对控制的监督

对控制的监督指被审计单位评价内部控制在一段时间内运行有效性的过程，涉及及时评价控制的有效性并采取必要的纠正措施。监督方式包括贯穿于日常重复活动的常规管理和监督工作，以及利用内部审计人员对内部控制的评价。内控审计师在评估控制的监督情况时，应考虑被审计单位是否定期对内部控制进行评价、管理层是否根据内部审计和审计师的建议及时纠正内部控制运行中的偏差、员工在履行正常职责时会在多大程度上获得内部控制是否有效运行的证据，以及与外部的沟通会在多大程度上证实内部产生的信息或者指出存在的问题。

## 四、评估重大错报风险

评估重大错报风险是一个连续和动态地搜集、更新与分析信息的过程，贯穿审计过程的始终。内控审计师在评估重大错报风险时，应当在了解被审计单位及其环境的整个过程中，在财务报表层次和认定层次识别风险，并评价其是否更广泛地与财务报表整体相关，进而潜在地影响多项认定还是与认定层次可能发生错报的领域相联系。同时还应当在相关内控程序层面考虑特别风险，用于预防、发现或减轻已识别风险的，恰当设计并执行的内控程序，以及仅通过执行控制测试应对的风险，并识别对于降低事件发生可能性非常关键的管理层风险应对要素。如果审计师通过对内部控制的了解发现被审计单位会计记录的状况和可靠性存在重大问题，不能获取充分、适当的审计证据，或对管理层的诚信存在严重疑虑，应当考虑出具保留意见或无法表示意见的内控审计报告。

对于非常规交易和判断事项导致的风险，内控审计师需从该风险是否涉及重大关联方交易及计量结果是否具有高度不确定性等方面判断其是否属于特别风险，但不应考虑识别出的控制对相关风险的抵消效果。对于特别风险，内控审计师应评价特别风险相关控制的设计情况，并确定其是否已得到执行。若管理层未能实施控制以恰当应对特别风险，内控审计师应认为内部控制存在值得关注的内部控制缺陷，并考虑其对风险评估的影响，并就此类事项与治理层进行沟通。

## 第三节  利用其他相关人员的工作

闻道有先后，术业有专攻。内部控制审计过程中，出于审计效率及专业能力限制的考虑，内部控制审计人员很可能需利用其他相关人员的工作。那么内部控制审计人员在利用他人的工作时，需考虑哪些因素呢？

总体而言，内部控制审计人员首先应考虑利用他人的工作能否实现审计目的。若能，则进一步考虑在多大程度上利用及如何利用。

尽管内部控制审计人员能够通过利用其他相关人员的工作来提高审计工作效率，但不管如何利用，均不能因为利用其他相关人员工作而减轻内部控制审计人员的审计责任，审计人员应当对发表的审计意见独立承担责任，其责任不因利用企业内部审计人员、内部控制评价人员和其他相关人员的工作而减轻。同时，无论发表何种审计意见，注册会计师均不能提及前任注册会计师和组成部分注册会计师的工作，在发表无保留意见的审计报告时，不能提及利用专家的工作，法律法规另有规定的除外。

在企业内部控制审计实务中，内部控制审计人员应当对企业内部控制的自我评价工作进行评估，判断是否利用企业内部审计人员、内部控制评价人员和其他相关人员的工作及利用的程度，相应减少可能本应由内部控制审计人员执行的工作。

内部控制审计人员利用企业内部审计人员、内部控制评价人员和其他相关人员的工作，应当对其专业胜任能力和客观性进行充分评价。事实上，与某项控制相关的风险越高，可利用程度越低，内部控制审计人员应当越多地亲自对该项控制进行测试。

## 一、利用内部审计人员的工作

注册会计师在审计过程中，通常需了解和测试被审计单位的内部控制，由于内部审计是被审计单位内部控制的一个重要组成部分，因此，注册会计师应考虑内部审计活动及其在内部控制中的作用，以评估财务报表重大错报风险及其对注册会计师审计程序的影响。通过了解与评估内部审计工作，注册会计师利用可信赖的内部审计工作相关部分的成果，或利用内部审计人员提供直接协助，可以减少不必要的重复劳动，提高审计工作效率。

注册会计师在审计中对内部审计人员工作的利用主要体现在获取审计证据的过程中，以及在注册会计师的指导、监督和复核下利用内部审计人员提供直接协助。注册会计师应当确定是否利用、在哪些领域利用，以及在多大程度上利用内审人员提供直接协助。

在利用内部审计人员为审计提供直接协助之前，注册会计师应当从拥有相关权限的被审计单位代表人员处获取书面协议，允许内审人员遵循注册会计师的指令，且被审计单位不干涉内审人员为注册会计师执行的工作。从内部审计人员处获取书面协议，表明其将按照注册会计师的指令对特定事项保密，并将对其客观性受到的任何不利影响告知注册会计师。

注册会计师在确定是否能够利用内部审计人员提供直接协助时，应考虑内审人员的专业胜任能力，以及被审计单位是否存在对内审人员客观性的不利影响及其严重程度。若被审计单位存在对内部审计人员客观性的重大不利影响，或内部审计人员对拟执行的工作缺乏足够的胜任能力，则注册会计师不得利用内部审计人员提供直接协助。此外，注册会计师不得利用内部审计人员提供直接协助以实施具备以下特征的审计程序：在审计中涉及做出重大判断和较高重大错报风险；涉及内审人员已参与且已经或将要由内审向管理层或治理层报告的工作;涉及注册会计师按规定就内审及利用内审工作或利用内审人员提供直接协助做出决策。

如果以上条件都满足,注册会计师计划利用内部审计人员提供直接协助,则应对内部审计人员的工作给予适当地指导、监督和复核。在此过程中,注册会计师应充分认识到内审人员不独立于被审计单位的事实,且指导、监督及复核的性质、时间安排和范围应匹配涉及判断的程度、评估的重大错报风险、拟提供直接协助的内审人员客观性和胜任能力的评价结果。同时,复核程序应包括由注册会计师检查内审人员执行的部分工作所获取的审计证据。

注册会计师利用内审人员为审计提供直接协助时,应在审计工作底稿中记录关于是否存在对内审人员客观性的不利影响及其严重程度的评价,及关于提供直接协助的内审人员的胜任能力的评价。此外,还应当记录内部审计人员执行工作的性质和范围、做出决策的基础、所执行工作的复核人员及复核的日期和范围。注册会计师从拥有相关权限的被审计单位代表人员和内部审计人员处获取的书面协议,以及在审计业务中提供直接协助的内部审计人员编制的审计工作底稿也应当记录在注册会计师的审计底稿中。

值得注意的是,尽管内部审计工作的某些部分或利用内部审计人员提供直接协助可能会对注册会计师的工作有所帮助,但注册会计师必须对与内部控制审计有关的所有重大事项独立做出职业判断,而不应完全依赖内部审计工作。审计过程中涉及的职业判断,如重大错报风险的评估、重要性水平的确定、样本规模的确定、对会计政策和会计估计的评估等,均应当由注册会计师负责执行。注册会计师对发表的审计意见独立承担责任,这种责任并不因利用了内部审计工作或内部审计人员对该项审计业务提供直接协助而减轻。

## 二、利用专家工作

此处的"专家"是指在会计或审计以外的某一领域具有专长的个人或组织,并且其工作被注册会计师利用,以协助注册会计师获取充分、适当的审计证据。专家既可能是会计师事务所内部专家(如会计师事务所或其网络事务所的合伙人或员工,包括临时员工),也可能是会计师事务所外部专家。在实务中,专家通常是工程师、律师、资产评估师、精算师、环境专家、地质专家、IT专家及税务专家,还可能是这些个人所从属的组织,如律师事务所、资产评估公司及各种咨询公司等。

在利用专家工作之前,注册会计师应当注意以下事项:首先,明确可能需要利用专家工作的审计程序范围来判断所开展的审计工作是否能够利用专家工作;其次,凭借工作经验或通过与专家及其他有关人士进行讨论以考察专家的职业素养、了解其专长领域,评价专家的工作是否足以实现审计目的,以确定是否利用专家的工作;再次,注册会计师应当就专家的工作性质、范围和目标,注册会计师和专家各自的角色与责任,注册会计师和专家之间沟通的性质、时间安排和范围,对专家遵守保密规定的要求与专家达成一致意见，并根据需要形成书面协议（见表4-1）。

表4-1 考虑是否利用专家工作

| 可能需要利用专家工作的审计程序范围 | 对专家职业素养和专长领域的考察项目 | |
|---|---|---|
| 对评估的认定层次风险，设计和实施进一步审计程序，包括控制测试和实质性程序 | 胜任能力、专业素质和客观性 | 职业素养 |
| | 对外部专家客观性产生不利影响的利益和关系 | |
| 对评估的财报层次风险，确定并实施总体应对措施 | 与审计相关的、管理层的专家专长领域的进一步细分信息 | 专长领域 |
| 识别和评估重大错报风险 | 职业准则或其他准则以及法律法规是否适用 | |
| 了解被审计单位及其环境 | 专家使用的内外部数据或信息的性质 | |
| 对财务报表形成审计意见时，评价已获取审计证据的充分性和适当性 | 专家使用的假设和方法及其在专家的专长领域是否得到普遍认可，对实现财报目的是否适当 | |

利用专家工作后，注册会计师应对专家的工作进行评价，即对专家的工作结果或结论的相关性和合理性、使用的数据和假设做客观评价。注册会计师可以通过询问专家本人、复核专家的工作底稿和报告、与管理层讨论专家的报告、实施用于证实的程序（如观察专家工作；检查已公布数据并确认其是否来源于信誉高、权威渠道的统计报告；向第三方询证相关事项；执行详细的分析程序；重新计算）、必要时与有相关专长的其他专家讨论，来判断专家的工作是否足以实现审计目的。

若对专家的工作不满意，注册会计师可要求专家重新执行工作，对其拟执行的进一步工作范围和程序与专家达成一致意见，还可根据具体情况实施追加的审计程序。如果专家重新执行工作后仍无法达到注册会计师的要求，或聘用其他专家仍不能达到审计目的，则应当考虑发表非无保留意见的审计报告。值得注意的是，事务所内的专家工作需记录于审计工作底稿中，事务所外的专家则不需要。

注册会计师按照审计准则的规定利用了专家工作，并认为专家的工作足以实现审计目的，注册会计师可以接受专家在其专业领域的工作结果或结论，并作为适当的审计证据。但注册会计师对发表的审计意见独立承担责任，这种责任并不因利用专家的工作而减轻。

【第四章 知识链接】

# 第五章 实施企业内部控制审计工作

学习目标

- 了解企业层面内部控制的具体内容；
- 理解如何识别业务层面内部控制；
- 掌握测试内控设计与运行有效性的含义、程序、时间与范围；
- 掌握如何获取内部控制审计证据；
- 理解内控审计工作底稿的内容与编制要求。

思维导图

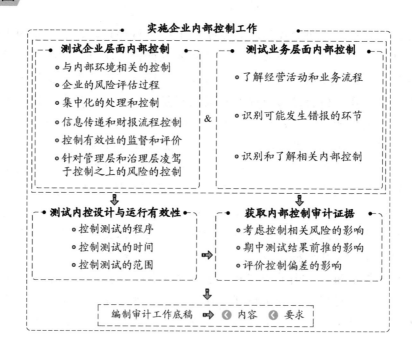

## 案例导读

2019年4月30日，ST康美（600518.SH）突然曝出300亿元货币资金"不翼而飞"，引起市场哗然一片。早在2018年，ST康美就收到证监会的《调查通知书》并被立案调查。ST康美在《2018年年度报告》中存在虚增固定资产、在建工程、投资性房地产的情形，财务报告连续三年存在重大遗漏，有"未按规定披露控股股东及其关联方非经营性占用资金的关联交易"的情况。最终，证监会给予ST康美警告，责令其改正，并处以60万元罚款。对马兴田、许冬瑾、邱锡伟三位核心当事人采取终身证券市场禁入措施。证监会将ST康美造假案定义为"有预谋、有组织，长期、系统实施财务造假行为，恶意欺骗投资者"，并指出"康美药业等公司肆意妄为，毫无敬畏法治、敬畏投资者之心，丧失诚信底线，触碰法治红线，动摇了上市公司信息披露制度根基"，措辞严厉程度史无前例。

要求：结合案例讨论注册会计师应如何实施企业内部控制审计工作以降低审计风险？

## 第一节　测试企业层面和业务层面内部控制

（一）测试企业层面内部控制

1. 企业层面内部控制的含义

企业层面的内部控制通常在比业务流程更高的层面乃至整个企业范围内运行，通常指为了应对企业财务报表整体层面的风险而设计的控制措施。比如控制环境、管理层是否存在潜在舞弊等。企业层面内部控制的作用较为广泛，一般不局限于某个具体认定。

2. 测试企业层面内部控制的主要内容

一般而言，测试企业层面内部控制包括以下内容。

（1）与内部环境相关的控制

控制环境包括企业内部形成的治理和管理职能，以及管理层和治理层对于内部控制及其重要性的态度、认知和行为。内控审计师需在对被审计单位控制环境有初步了解和认识的基础上，考虑管理层是否身体力行营造了良好的内部控制环境，以及治理层是否起到监督作用，选取可能影响内控审计报告结论的控制环境相关的内部控制进行测试。

（2）针对董事会、经理层凌驾于控制之上的风险而设计的控制

内控审计师应了解企业是否针对重大异常交易、关联方交易、重大会计估计、薪

酬及激励机制等容易滋生舞弊，以及对财务报表具有重大影响的事项建立了相应的控制，并对这些控制的设计及运行的有效性进行测试，以确定这些控制是否能有效降低管理层和治理层凌驾于内部控制之上的风险。

（3）企业的风险评估过程

风险评估过程包括管理者分析和识别企业经营管理及财务报告等方面相关的风险，以及就这些问题采取的措施和方法。内控审计师在了解和测试被审计单位与风险评估相关的内部控制时，应当考虑企业是否根据设定的控制目标，识别各种风险，并结合风险评估结果和应对策略，综合运用控制措施，将风险控制在可承受的范围之内。

（4）对内部信息传递和财务报告流程的控制

内控审计师应当评价期末财务报告的编制流程、参与人员、所使用信息技术的难度，以及治理层的监督过程是否可以确保管理层按照适当的会计准则编制合理、可靠的财务报告。

（5）对控制有效性的内部监督（即监督其他控制的控制）和内部控制评价

在了解被审计单位对控制有效性的内部监督及测试其有效性时，内控审计师应当考虑管理层是否建立了相应的内部控制以保证内部审计活动的有效性、内部控制评价的有效性，以及监督性控制能够在一个集中的地点有效进行。同时，亦可考虑管理层是否定期核对会计系统中记录的数额与实物资产的一致性。

（6）集中化的处理和控制（包括对共享服务中心的控制）

内控审计师在对被审计单位专门用于提供日常会计处理及财务报表编制服务的共享服务中心执行内控审计时，应当了解其服务对象及服务范围，分析其内部控制的性质及影响，并执行相应控制测试。

（7）监督经营成果的控制

内控审计师在了解并测试与监督经营成果相关的企业层面内部控制时，应考虑管理层对各单位或业务部门经营情况、控制环境及风险评估流程方面的监控这一因素。

3. 企业层面控制对其他控制及其测试的影响

采用自上而下的方法实施审计工作，易使企业层面控制对其他控制及其测试产生影响，注册会计师对企业层面控制的评价，可能增加或减少本应对其他控制进行的测试。

第一，与控制环境相关的企业层面控制对及时防止或发现重大错报有重要影响，可能影响注册会计师拟测试的其他控制和对其他控制所执行程序的性质、时间安排和范围。例如，被审计单位是否营造了合适的工作氛围与工作基调。虽然这些和控制环境相关的控制与某个财务报表认定没有直接关联，但由于这些控制可能会影响其他控制的有效运行，因此，注册会计师需考虑这些控制是否存在缺陷。

第二，某些企业层面控制能够监督其他控制的有效性，但并非精确到足以及时防止或发现相关认定的重大错报，当这些控制运行有效时，注册会计师可减少对其他控制的测试。例如，被审计单位财务总监定期审阅经营收入的详细月度分析报告。该控制缺乏足够的精确度以及时防止或发现财务报表相关认定的重大错报，因此，该控制不可完全替代注册会计师对其他控制的测试,但如果该控制有效,则可使注册会计师减少拟对其他控制进行的测试。

第三,某些企业层面控制能精确到足以及时防止或发现并纠正相关认定的错报。如果一项企业层面控制足以应对已评估的错报风险,注册会计师可不测试与该风险相关的其他控制。例如,被审计单位设立了银行余额调节表的监督审阅流程,并对下属所有分支机构进行定期检查。若该控制程序有足够的精确度以复核各下属单位的工作,则注册会计师可考虑测试这个企业层面的控制,且不必对下属每个单位的相关控制进行测试。

(二)测试业务层面内部控制

1. 了解被审计单位的经营活动和业务流程

在实务中,为了更有效地了解和评估重要业务流程及相关控制,内控审计师通常将被审计单位的整体经营活动划分为销售与收款循环、采购与付款循环、生产与存货循环、筹资与投资循环及货币资金循环等部分。内控审计师可通过询问相关人员和检查相关文件,更好地了解各个业务循环生成、记录、处理和报告交易的业务流程及其所影响的重要账户和相关认定。

2. 识别可能发生错报的环节

内控审计师应询问相关人员关于控制目标是否实现的问题,以识别被审计单位某项业务流程中需要加以控制的环节,在设计相关问题时,内控审计师需要综合考虑业务流程的复杂程度及业务流程中发生错报而未能被发现的概率等因素。

3. 识别和了解相关控制

内控审计师应针对识别出的可能发生错报的环节,进一步确认被审计单位是否建立或遗漏了可防止或发现并纠正错报的有效的预防性控制和检查性控制。预防性控制通常用于正常业务流程的每一项交易,用以防止错报的发生,检查性控制则用来监督业务流程和相应的预防性控制能否有效地发挥作用。

## 第二节 测试内部控制设计与运行的有效性

### 一、内部控制设计的有效性测试

若某项内部控制由拥有有效执行控制所需的授权和专业胜任能力的人员按规定的程序和要求执行,则表明该项内部控制的设计有效。内控审计师应当测试被审计单位的控制政策和程序是否设计适当,是否可防止和发现特定财务报表认定的重大错报。通过内部控制设计的有效性测试,可确定被审计单位在哪些环节、采用何种措施进行控制，内部控制系统中必须具备的控制点是否齐全、是否存在缺陷与不足等。例如，被审计单位要求将有价证券存放在银行保险箱中，表明该项内部控制可防止或降低有价证券"存在或发生"认定产生错报的风险。

## 二、内部控制运行的有效性测试

若某项内部控制已按设计执行且执行人员拥有必要授权和专业胜任能力，能够实现控制目标，则表明该项内部控制的运行有效。内部控制运行的有效性强调控制能在各个不同时点按照既定设计得以一贯执行。

如果被审计单位利用第三方的帮助完成一些财务报告工作，注册会计师在评价财务报告及相关控制负责人员的专业胜任能力时，可一并考虑第三方的专业胜任能力。

注册会计师获取的有关内部控制运行有效性的审计证据包括：第一，控制在所审计期间相关时点是如何运行的；第二，控制是否得到一贯执行；第三，控制由谁或以何种方式执行。

## 三、测试内部控制有效性的程序

审计人员在了解被审计单位业务流程及其相关控制时，可以运用穿行测试追踪某笔交易从发生到最终反映再到财务报表中的整个处理过程以及相关控制如何执行，确定被审计单位的交易流程和相关控制是否与之前通过其他程序所获得的了解一致，并确定相关控制是否得到执行。审计人员在测试内部控制设计与运行的有效性时，应当根据测试控制的性质、范围等的不同，综合运用检查、观察、询问和重新执行等方法获取审计证据，具体如表 5-1 所示。

表 5-1 控制测试程序的主要类别

| 程序类别 | 程序含义 | 审计对象 |
| --- | --- | --- |
| 检查 | 审查记录、文件、资产 | 记录、文件和实物（例如，现金） |
| 观察 | 观看正在从事的活动或实施的程序 | 相关人员正在从事的活动或实施的程序 |
| 询问 | 书面或口头获取信息，并对其进行评价 | 从内外部知情人处获取的财务和非财务信息 |
| 重新执行 | 重新执行内部控制的部分程序或控制 | 被审计单位内部控制 |

## 四、控制测试的时间选择

（一）涵盖期间

涵盖期间，指对控制有效性测试涵盖的时间。内控审计人员应获取审计证据的数量与涵盖时间相关,控制测试的涵盖时间越长,需获取的控制有效性的审计证据越多。

内控审计人员应当获取基准日前某一充分均匀时间内的内部控制运行有效的审计证据(在整合审计中,控制测试所涵盖的期间应当尽量与财务报表审计中拟信赖内部控制的期间保持一致)。内部控制审计的任务是对基准日内部控制的有效性出具报告,如果在期中已获取有关控制运行有效性的审计证据,注册会计师应当确定还需获取哪些补充审计证据,以证实剩余期间控制的运行情况。

(二) 实施时间

控制测试的实施时间越接近基准日,提供的控制有效性的审计证据越有力。为了获取充分、适当的审计证据,审计人员需考虑以下因素以确定控制测试的时间。

1. 执行测试的日期越接近内控自我评价的基准日越好。
2. 测试的时间跨度要足够大。

执行控制测试时,审计人员在期中实施相应程序的概率最高。但是,审计人员不可忽略在剩余时段内(期中至期末)取得充分、适当的审计证据。

审计人员既可以执行控制测试,也可以利用先前取得的相关审计证据,但不可以无限期或过长时间内不实施控制测试。如果距离上次测试的时间超过了两年,应执行新的控制测试。

## 五、确定控制测试的范围

内控审计师确定的人工控制和自动化控制的测试范围,应当足以使其能够获取充分、适当的审计证据以支持内控审计结论。

(一) 人工控制

对于人工控制,内控审计师应根据控制运行的频率,合理确定应当测试的最小样本规模区间,相关具体要求如表5-2所示。

表5-2 人工控制测试的最小样本规模区间

| 运行频率 | 每年1次 | 每季1次 | 每月1次 | 每周1次 | 每天1次 | 每天多次 |
| --- | --- | --- | --- | --- | --- | --- |
| 测试次数 | 1 | 2 | 2~5 | 5~15 | 20~40 | 25~60 |

如果某项人工控制涉及的账户及其认定相关的固有风险和舞弊风险为低水平,或者存在有效的补偿性控制等,则表明该控制的风险水平较低,内控审计师可以选择最小样本规模区间的最低值进行测试。

## （二）自动化控制

信息技术处理具有内在一贯性，如果某项自动化控制正在运行，内控审计师通常无须扩大测试的范围，但需要通过测试与该应用控制有关的一般控制和系统变动控制的运行有效性，以确定该控制持续有效运行。

## （三）是否测试被取代的控制

如果被审计单位建立了能够满足控制目标的新控制，且该新控制已经运行足够长的时间，内控审计师可以不测试被取代的控制。若新控制运行时间较短，且被取代的控制对控制风险评估具有重要影响，则应当测试被取代的控制。

# 第三节　获取内部控制审计证据

## 一、考虑与控制相关的风险的影响

测试控制有效性时，审计人员需评估与控制相关的风险，根据风险确定需获取的证据，兼顾成本与效率，保证审计证据的质量。与控制相关的风险包括控制可能无效的风险和因控制无效可能导致重大错报的风险，风险越高，需获取的证据越多。与某项控制相关的风险受以下因素的影响：该项控制防止或发现并纠正的错报的性质及其重要程度；相关账户、列报及其认定的固有风险；相关账户或列报是否曾经出现错报；交易的数量和性质是否发生变化，是否对控制设计或运行的有效性产生不利影响。

## 二、获取内控审计证据

### （一）将期中测试结果前推至基准日时，如何确定需获取的补充审计证据

如果已获取有关控制在期中运行有效的审计证据，内控审计师应当考虑期中测试的特定控制的风险、性质和测试的结果、剩余期间的长短及控制环境等因素，评价期中测试获取的审计证据的充分性和适当性，从而确定将期中测试结果前推至基准日时应获取的补充审计证据。

### （二）评价控制偏差对获取证据的影响

控制偏差指内部控制运行偏离设计的情况。审计人员应当确定发现的偏差对风险

评估、需获取的证据及控制运行有效性结论的影响,同时,审计人员应当运用职业判断,考虑所发现的某项控制偏差发生的频率、严重程度、影响范围,评价该偏差是否为控制缺陷。

## 三、编制审计工作底稿

### (一) 编制审计工作底稿的要求

审计工作底稿作为内控审计过程中形成的审计工作记录资料,在编制上应满足以下几个方面的要求。

1. 资料翔实。即记录在审计工作底稿上的各类资料来源应真实可靠,内容完整。
2. 重点突出。即审计工作底稿应力求反映对审计结论有重大影响的内容。
3. 繁简得当。即审计工作底稿应当根据记录内容的不同,对重要内容详细记录,对一般内容简单记录。
4. 结论明确。即按审计程序对审计项目实施审计后,注册会计师应在审计工作底稿中对该审计项目明确表达其最终的专业意见。
5. 要素齐全。即构成审计工作底稿的基本内容应全部包括在底稿内。
6. 格式规范。即审计工作底稿采用的格式应规范、简洁。虽然审计准则未对审计工作底稿格式做出规范设计,但有关审计工作底稿的执业规范指南给出了参考格式。
7. 标识一致。即审计符号的含义应前后一致,并明确反映在审计工作底稿中。
8. 记录清晰。即审计工作底稿记录的内容应连贯,文字应端正,计算应准确。

### (二) 审计工作底稿的内容

审计工作底稿不能代替被审计单位的会计记录,工作底稿和会计记录缺一不可。

1. 审计工作底稿通常包括的内容

(1) 业务约定书;
(2) 总体审计策略、具体审计计划;
(3) 分析表(执行分析程序的记录分析表)、核对表(为核对某些特定审计工作或程序完成情况的表格)和问题备忘录(对某一事项或问题概要的汇总记录);
(4) 重大事项的往来函件(包括电子邮件);
(5) 管理层书面声明;
(6) 被审计单位文件记录的摘要或复印件;
(7) 管理建议书;
(8) 内部或外部会议记录;
(9) 与其他人士(如其他注册会计师、律师、专家等)的沟通文件;
(10) 错报汇总表等。

2. 审计工作底稿通常不包括的内容

（1）已被取代的审计工作底稿的草稿或财务报表的草稿；

（2）反映不全面或初步思考的记录；

（3）存在印刷错误或其他错误而作废的文本；

（4）重复的文件、记录等。

【第五章　知识链接】

# 第六章 销售与收款循环内部控制及测试

## 学习目标

- 了解销售与收款循环涉及的主要业务活动、凭证与会计记录；
- 掌握销售与收款循环的内部控制目标与为实现目标而设计的内部控制；
- 掌握销售与收款循环内部控制的风险点与为应对风险实施的控制测试。

## 思维导图

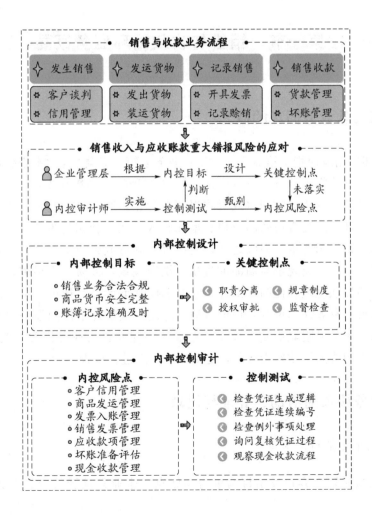

**案例导读**

党的二十大报告指出要"弘扬诚信文化，健全诚信建设长效机制"，证监会亦坚持"建制度、不干预、零容忍"的方针和"敬畏市场、敬畏法治、敬畏专业、敬畏风险，形成合力"的监管理念，坚决打击财务造假行为，但企业财务造假行为仍屡禁不止。例如，2014年在创业板上市的欣泰电器，于2017年因财务舞弊行为被证监会行政处罚。欣泰电器为掩盖销售收入不实的事实，伪造应收账款回收，营造虚假繁荣的财务状况。欣泰电器财务造假行为如下：（1）利用绕账方式伪造应收账款回收，将自有资金支付给供应商，供应商支付给客户，客户收到钱后支付给欣泰电器，伪造资金从采购到销售的流转过程；（2）在期末借入借款人开具的银行汇票，作为外部借款，同时让客户将汇票背书转让欣泰电器，伪造应收账款回收，并于下个会计年度将该银行汇票交还借款人，红字冲销调回应收账款。

思考：为响应证监会重拳出击财务造假，注册会计师应如何进行销售与收款业务内部控制测试以识别其中存在的缺陷？

## 第一节 销售与收款循环业务概要

### 一、销售与收款业务循环的概念

《企业内部控制应用指引第9号——销售业务》第二条规定："本指引所称销售，是指企业出售商品（或提供劳务）及收取款项等相关活动。"销售与收款循环，是指企业从接受顾客订单开始，到货款收回（或货物退回）为止，所经过的整个业务活动过程。销售是经营的主要环节，是实现商品价值、增加收入、获取利润的主要途径。制造业是国民经济的主体，是立国之本、强国之基，而销售是制造业企业生产经营的重点。由于销售是一种商品交易，涉及现金与商品的进出，次数频繁，极易产生错弊，使企业遭受损失，因此，必须加强管理和控制。销售业务内部控制审计是对被审计单位销售业务内部控制设计与运行的有效性的审查和评价活动，对促使被审计单位加强销售业务内部控制建设、防范销售业务风险具有重要意义。企业应当建立销售业务内部控制的监督制度，明确内部审计机构或人员的职责权限，定期或不定期进行检查。

### 二、销售业务涉及的活动、凭证与记录

#### （一）收到顾客的订货单

销售与收款循环以客户发出订购单为起始点。企业只接受符合企业销售政策的订

单，企业销售部门先对客户订单进行审批，再按要求编制销售单。该环节涉及的记录是订货单。

### （二）批准赊销信用

企业信用管理部门应对新客户进行信用调查，包括获取信用评级机构对客户信用等级的评定报告。无论是否批准赊销，被授权的信用管理部门人员均应在销售单上签字确认，并将已签署意见的销售单送回销售管理部门。该环节涉及的记录是销售单。

### （三）按销售单供货

商品仓库只有在收到经过批准的销售单时才能向客户供货。该环节涉及的记录是销售单。

### （四）按销售单装运货物

装运部门必须确保从仓库取出的货物与经批准的销售单一一对应，才能进行商品装运。同时应编制一式多联、连续编号的装运凭证。该环节涉及的凭证是发运凭证。

## 三、收款业务涉及的活动、凭证与记录

### （一）开具发票

开具发票指开具并向客户寄送事先连续编号的销售发票。一般情况下，开具发票的部门负责销售发票副联的保管。该环节涉及的凭证是销售发票。

### （二）记录销售

商品售出后，企业需根据发票、订货单、销售单、发运凭证等编制银行存款、库存现金的收款凭证或转账凭证，按凭证登记主营业务收入明细账、应收账款明细账或库存现金日记账、银行存款日记账。该环节涉及的凭证是销售发票、订货单、销售单、发运凭证等。在审计时，审计人员应关注销售发票是否记录正确并归属适当的会计期间。

### （三）办理和记录收款

在办理和记录现金、银行存款收入业务时，应关注货币资金失窃的可能性。相关人员在处理货币资金收入时的首要任务是保证货币资金准确、及时地记入库存现金、银行存款日记账，并保证现金如数、及时存入银行。该环节涉及的凭证是银行存款日记账等收款凭证。

### （四）办理和记录销售退回、销售折扣与折让

企业发生的销售退回或销售折让事项必须经授权批准，严格按照规定使用贷项通知单。该环节涉及的凭证是贷项通知单。

### （五）提取坏账准备与注销坏账

企业应当对可能产生的坏账损失进行合理预估，计提坏账准备。计提的坏账准备数额必须足以抵消和补偿企业在未来期间无法收回的应收账款。如有明确证据表明某款项已无法收回，经适当审批后应注销该笔应收款项。

## 第二节　销售与收款循环内部控制设计

### 一、销售与收款循环内部控制的目标

销售与收款循环内部控制的主要目标包括以下几个方面。

#### （一）确保销售业务合法合规

销售环节是企业生产经营的重要环节，目前，企业销售渠道多样化，销售形式复杂，且受到当地法律政策的直接监管，企业应当密切关注并学习所在国家的法律法规，制定各类保障措施，确保销售业务的流程符合当地法律法规的要求，持续健康经营。

#### （二）保证商品及货币的安全性和完整性

销售与收款业务流程涉及大量货币资金往来，同时也涉及商品流动。该业务流程是企业存货、应收账款、货币资金等科目发生变动的主要环节。因此，十分容易出现资产流失、侵占等情况。企业应对整个业务流程加以严格监控，尤其是发货、资产或债务入账等内部控制环节，确保企业资产安全。

#### （三）保证账簿记录的准确性和及时性

企业需及时确认并审核所需的记录与凭证，保证账簿记录的准确性和及时性，并定期进行账证核对等。

## 二、销售与收款循环的内部控制设计

### (一) 职责分离

销售与收款交易不相容的岗位包括:顾客信用评价与销售合同的批准和签署;销售合同的审批、签署与发货相关职责;发货与装运;销售收入的确认、收回与有关会计记录;售出退回商品的查收、处理与有关会计记录;销售业务办理与销售发票开具和管理;登记应收账款与登记主营业务收入;出纳与现金记账;款项催收与结算;保管票据、库存现金与会计记录;销售与收取现款;坏账准备的计提与批准;坏账的转销与批准。

### (二) 授权批准

1. 销售专员应当根据定价机制和信用机制,就销售价格、信用政策、发货及收款方式等与客户谈判,形成销售合同和订货单后交负责人审批,生成销售单送交信用管理部门。信用管理部门人员根据系统内经过审核的客户信用档案中的信用额度审核经批准的销售单,交由负责人审批后送回销售部门,此时销售单才正式生效。

2. 仓储部门人员根据已批准的销售单编制一式多联、连续编号的发运凭证(出库单)交部门负责人审批后才能安排发货,并要求装运部门在发运凭证上签字确认。商品运抵客户时,装运部门人员需要取得经客户签字的签收记录,或要求其在发运凭证的副联上签收确认。

3. 发票开具部门按照发票管理规定,向客户开具经过负责人审批并符合已授权批准的商品价目表相关规定的销售发票。如果客户对商品不满意,应严格履行销售退回制度,同意退货或者给予一定的销售折让或折扣必须经相关负责人的批准。同时还需分析客户退回商品的原因,完善客户服务制度,提升客户满意度和忠诚度。应收账款部门记录赊销情况,根据客户对账单,编制对账情况汇总报告并交负责人审核。

4. <u>企业应加强应收款项管理制度</u>。收取货款时,会计部门核对收款凭证与库存现金日记账、银行存款日记账和应收账款明细账的金额的一致性,核对无误后由部门负责人审批,根据《现金管理暂行条例》与《支付结算办法》的要求办理资金结算。若客户以票据结算货款,则需要经过相关负责人的审批。销售部门负责催收货款,编制汇款通知书后由部门负责人审批后送交客户,客户在付款时再寄回销售单位。

5. 会计部门应及时向有关管理决策部门报告可能成为坏账的应收账款,并说明需计提坏账的额度,由相关部门对应收账款坏账情况进行审查,以判断该应收账款是否应当计提坏账准备。对于企业发生的各项坏账,应当查清原因,并在执行相应审批程序后依据应收账款账龄分析制度编制坏账准备计提表并交恰当的负责人审核。如需核销坏账,还需填写坏账核销依据。

### (三) 凭证和记录 (信息处理)

1. 关键的销售单、销售发票、发运凭证等原始凭证均应当预先编号，由经办人签字盖章，并得到及时准确的记录。
2. 记账凭证的选择应恰当适合，格式应简明规范；记账凭证的编制和审核应及时，每月末应核对记账凭证与账簿是否一致。
3. 相关账簿的设置应完备。
4. 若采用会计信息系统，需核查数据计算及公式编入的准确性，并对信息系统内输入的数据和数字序号设置自行查验等。
5. 设置重点客户应收账款台账，登记客户应收账款余额变动及信用额度使用状况，以便及时了解相关信息。通过建立完善的资料保存制度，长期保存客户资料，若客户资料发生变化，应当及时更新，完善动态管理。
6. 注销的坏账应登记在备查账上，做到账销案存；已注销的坏账又收回时应及时登记应收账款明细账，减少应收账款数额，加强应收账款管理。
7. 及时登记主营业务明细账，禁止存在账外账，一般情况下不得坐支现金。

### (四) 内部核查程序

内部核查程序应由内部审计人员或其他独立人员对销售与收款交易的处理和记录进行核查，主要程序有以下几个步骤。

1. 定期独立检查销售单、发运凭证、销售发票的顺序及客户的资信变动情况，并核对各个单据的商品数量和金额是否一致。
2. 将客户信用情况与企业赊销政策所规定的标准相匹配，以便确定其是否达到赊销等级。
3. 发运货物时需检查从仓库提取的商品都附有经批准的销售单，且所提取商品与销售单及发运凭证一致。
4. 检查暂时未开发票的发运凭证，注意检查发运凭证是否已经具备开票条件。
5. 定期独立检查应收账款的明细账与总账的一致性，由出纳及记录营业收入、应收账款之外的人员负责每月定期寄送对账单给客户，并对不符事项进行调查，必要时调整会计记录。
6. 比较与核对登记入账的销售交易原始凭证是否采用了恰当的会计科目。
7. 财务人员核对每日收款汇总表、电子版收款清单和银行存款清单，定期取得银行对账单，编制银行存款余额调节表，向客户发送月末对账单，调查解决客户质询的差异。
8. 企业应当定期与客户核对应收账款、应收票据账户，与供应商核对预收账款、预收票据账户，判断其是否一致。如有错误，应及时查明原因并进行相应处理，加强往来款项管理。

(五) 严格的实物控制

1. 实物控制有两个原则：第一，未授权人员禁止接触存货，必须持经批准的销售单方可发出相关货物，退货时需增强实物控制力度，由收货部门工作人员检验查收并填写验收报告和入库单；第二，禁止未授权人员接触各种文件和记录，以防出现伪造或篡改记录的情况。

2. 应收票据要加强实物控制，严格审查票据的商业性和合法性。

## 第三节　销售与收款循环内部控制测试

### 一、销售与收款循环内部控制的关键风险点

(一) 销售业务内部控制的关键风险点

1. 客户订购单只有在符合企业管理层授权标准时才能被接受。
2. 企业在批准客户订购单后，需签订销售合同，并编制一式多联的销售单。
3. 信用管理部门根据赊销政策，在已授权的信用额度内对客户进行赊销审批，并在销售单上签署意见，以便执行赊销信用检查。
4. 仓库只有在收到经过批准的销售单时，才能编制发运凭证并供货。
5. 销售发票的生成必须是连号的。
6. 负责开发票的员工在开具发票前，检查是否有发运凭证和相应销售单作为附件。
7. 依据已授权的商品价目表开具销售发票，核对发运凭证与销售发票记录的商品总数是否一致。
8. 销售交易的执行与记录岗位执行不相容岗位分离控制。

(二) 收款业务内部控制的关键风险点

1. 主营业务相关的账户登记与应收账款账户的登记相互独立。
2. 登记营业收入明细账、应收账款明细账或库存现金、银行存款日记账时应有凭据，如发运凭证、销售单等。
3. 不能由出纳或登记应收账款的人员向客户寄发对账单。

## 二、销售与收款循环控制测试的具体内容

销售与收款循环内部控制审计的目的在于审查和评价销售与收款循环内部控制设计和运行的有效性,审计人员应以销售业务风险为导向,审计已设计的销售与收款循环内部控制及其相关的管理制度是否有效执行,是否有效控制了销售与收款循环风险,是否有效实施已设计的控制措施,是否根据业务、环境等的变化持续改进销售与收款循环内部控制等。

(一)销售与收款循环容易发生错报的环节

1. 向没有获得赊销授权或超出其信用额度的客户赊销。
2. 在未批准发货的情况下发出商品。
3. 商品发运未开具销售发票或已开票但无发运凭证,以及发运的商品的销售单或发运凭证不一致。
4. 已销售的商品未实际发运给客户。
5. 销售发票被记入不正确的会计期间或者应收账款明细账户及其价格或者金额不正确。
6. 售出退回商品的查收、处理及相关会计记录混乱。
7. 应收账款记录的收款被记入不正确的账户,或登记入账的现金收入与企业实际收到的现金或与银行存款不一致。
8. 坏账准备的计提不合理。

(二)销售与收款循环控制测试的具体内容

1. 调查了解

调查了解,是销售业务内部控制审计实施阶段的首要环节,实际审计工作中,为提高销售业务内部控制审计效率,调查了解工作应同销售业务现场测试工作一并进行,不宜为满足调查而走形式。注册会计师需调查了解的内容如下。

(1)是否根据发展战略和年度生产经营计划,制订年度销售计划。在此基础上,结合客户订单情况,制订月度销售计划,并按规定的权限和程序审批后下达执行。

(2)调整后的销售计划是否履行相应的审批程序。

(3)是否健全客户信用档案,关注重要客户资信变动情况,采取有效措施,防范风险。

(4)发货和仓库相关部门是否对销售通知单和发货单进行审核,确保货物的安全发运。

(5)是否做好销售业务各环节的记录,填制相应凭证,设置销售台账。

2. 初步评价与风险评估

对销售业务内部控制初步评价，可通过设计问题调查表和初步评价表进行评价。销售业务初步评价可结合调查了解程序一起进行，也可独立进行。审计人员进行销售业务内部控制审计应当以风险评估为基础，选择拟测试的控制，确定测试所需收集的证据。

3. 测试程序

销售业务内部控制测试目标在于测试销售业务内部控制设计和运行的有效性。对销售业务内部控制进行有效性测试时，审计人员应当综合运用询问、观察和检查等程序。在实务中，审计人员一并测试销售业务内部控制设计有效性和运行有效性，测试重点是销售业务的关键风险点。例如，审计人员可检查以下几方面内容。

（1）检查销售单、发运凭证、销售发票、每日收款汇总表、电子版收款清单和银行存款清单及银行存款余额调节表的连续编号是否完整，以及是否经过适当审批，并询问复核人复核销售与收款循环涉及凭证的过程及评价复核过程是否恰当。

（2）检查系统销售与收款循环涉及凭证的生成逻辑，并检查手工编制的单据。询问复核人员是否在合理的时间范围内复核，以及确认发现的问题是否及时跟进处理。

（3）发运货物时询问并观察保安的放行检查，检查暂缓发货的清单是否经过负责人审批，以及发运凭证上相关员工及客户签名是否完整。

（4）若销售发票是系统生成的，检查生成发票的程序更改是否经授权，以及现有的版本是否正在被使用，并检查有关程序更改的复核审批程序。检查文件以确定销售发票所列项目的价格更改是否经授权，重新执行系统程序以确定更改后价格与授权是否一致，以及正确的定价主文档版本是否已被用来生成发票。若发票由手工填写，应重新计算发票金额并检查复核人员的签名。重新执行销售截止检查程序，检查客户质询信件并确定问题是否已得到解决。

（5）实地观察收银台、销售点的收款，检查是否有足够的物理监控，收银台打印销售小票和现金销售汇总表的程序设置和修改权限设置是否合理，以及检查客户质询信件并确定问题是否已被解决。

## 销售与收款循环内部控制审计案例分析

**案例材料**

A 注册会计师采用检查、观察、询问、穿行测试等方法对 S 公司销售与收款循环内部控制执行相关测试，发现了以下现象。

1. 未制定对账制度，未定期与客户核对往来账。
2. 未制定销售部门岗位说明书、权限指引等文件，无法明晰各岗位权限与职责。
3. 销售管理条例未规定信用管理部门审批发货申请的形式，为便于操作，发运部门经常仅通过电话请示信用管理部门是否可发运商品。

4. 未管理客户信用，未执行应收款项催收和质押制度，导致巨额应收账款无法收回。

5. 计提应收账款坏账准备时，未分析应收账款预计未来现金流量现值，未按照应收账款预计未来现金流量现值低于其账面价值的差额计提坏账准备。

6. 出纳用个人银行账户收取销售货款。

7. 销售合同签订前，未评审合同的经济效益，销售报价资料缺乏有效支撑。

8. 内部审计部门未定期检查对销售定价、收款及信用管理等的控制是否有效执行。

试问：以上现象反映了S公司销售与收款循环内部控制存在哪些缺陷，如何制定相应的内部控制缺陷整改方案？

**案例解析**

1. 内部控制设计缺陷

(1) 应收账款核算体系不健全

公司未建立定期清查对账制度，长期未与客户核对往来账，可能导致债权债务双方账面金额不符。经营绩效不达标的管理层可能会利用该漏洞虚增收入；绩效好的企业也可能借此隐藏收入，为下年度预留销售业绩或少交税，长此以往，不利于企业持续健康发展。

(2) 岗位权责不明

公司未制定销售部门岗位说明书、权限指引等文件，未对各岗位的权限与职责做出明确规定，仅凭领导的安排或员工的理解和自觉性，很容易导致员工间相互推诿，出现人浮于事、纠缠扯皮现象，公司业务管理混乱，工作效率低且质量不高。

(3) 商品出库审批制度不健全

公司销售管理条例未规定商品发货申请审批形式，发运部门仅通过口头请示信用管理部门决定商品是否可以出库，缺少正式的授权审批和出库凭证，可能导致企业存货的实际余额与账面不符，出现货品多发、漏发、错发等情况。

2. 内部控制运行缺陷

(1) 应收账款管理不善

① 客户信用管理薄弱，采用赊销方式后，未及时执行应收账款催收和质押制度，导致公司巨额损失。

② 未执行应收款项减值测试程序并计提坏账准备，影响了企业财务信息的准确性和可靠性。同时，公司有借此隐瞒风险、粉饰业绩的可能。

(2) 收款方式违规

出纳用个人银行账户收取销售货款，一方面可能是出纳违背了公司内部控制管理制度，利用其职务之便，私吞或挪用单位资金，损害公司经济利益；另一方面可能是管理者要求出纳使用个人账户处理公司事务，以达到逃税或偷税的目的，这是严重的违法行为。

(3) 合同管理实效不足

公司在签订销售合同之前未充分评估交易的经济效益，商品报价缺少证明材料支撑，可能导致商品报价偏低，损害公司权益，员工也可能利用该漏洞与客户合谋，谋取私利。

(4) 内部审计工作失职

内部审计部门是公司的监管部门，有职责审查销售定价、收款及信用管理等的控制是否有效执行，内部审计部门的不作为使公司内部监督职能流于形式，不能有效协助销售业务的展开。

3. 内部控制缺陷整改方案

(1) 严格审查购销合同条款

签订购销合同前，企业应对合同执行对象的主体资格和履约能力、标的物的价款和交付方式、违约责任和争议解决条款等进行严格审查，以降低合同风险。

① 商品定价应以商品价值为依据、生产成本为基础、市场竞争为导向、历史价格为参考，充分考虑商品质量、交货期、订货量、售后服务、折扣、付款方式等内容。为进一步保证销售价格的合理性，规避低价风险，可通过集体审核的方式确定销售价格。

② 确定赊销条款前，应严格审查客户是否具有赊销资格，查明其经济实力、信用情况和不良行为记录等。确定客户信用额度时，应考虑客户与公司开展业务的情况，包括上年累计实现收入情况、本年度可执行的合同总额、货款支付是否及时、上年年末欠款总额、是否有已到期未偿还的欠款、质保金比例及到期是否按时偿还等。

③ 售款结算一般情况下均使用票据结算方式，合同订立前公司应与客户核对收款方式，确认收款账户。

(2) 加强应收账款账户管理

① 建立并完善往来账对账制度。各业务部门与财务部门应定期与客户开展往来款核对工作，在总分类账的基础上，按客户收货频率设置明细分类账，每月根据制定的应收账款明细账选择对账频率，高频率的客户对账次数应适当增加，低频率的客户对账次数应适当减少。

② 严格执行应收款项催收和质押内控制度，加大应收款项清收力度。成立债权清理小组负责各类销售欠款的清欠工作，并制订详细的往来账项清理计划。对于往来单位由于破产、注销、变更、债务人死亡、资料难以核实等催收无效的逾期应收账款，应在遵守国家法律法规的前提下，通过启动律师函、起诉追款等法律途径或其他途径尽快追回。

③ 规范应收账款坏账准备制度。依据公司应收账款会计政策及个别应收账款单独认定原则，并参考其他同业务类型上市公司坏账准备政策制定新的应收账款坏账准备政策。定期或于每年年度终了时，对各往来单位所对应的应收款项的可收回性进行全

面分析、评估，预计可能发生的坏账损失，对应收款项合理计提坏账准备。

(3) 有效落实内部控制活动

① 明确销售部门各岗位权责。公司应对工作性质、强度、责任、复杂性及任职资格条件等因素进行综合评价，并根据评价结果制定岗位职责说明书。同时，顾客信用评价与销售合同的批准和签署，销售合同的审批、签署与发货相关职责，销售收入的确认、收回与有关会计记录，坏账准备的计提与批准、坏账的转销与批准等不相容职务应做到职责分离。

② 完善授权批准制度。企业商品出库必须经过审批，审批程序不合规不得发货。商品发出必须有完整的出库流程与出库记录，对应负责人填写出库单，并经由生产副总签字，仓管员审核出库单内容，然后再由财务清点货物仓库，清点完成后根据清单发货。

(4) 健全内部监督管理机制

内审人员应做好日常监督和专项监督，健全问责机制，坚持有责必问、问责必严，把监督检查、目标考核、责任追究有机结合起来，做到科学监督，科学问责。对建立与实施内部控制的情况进行常规、持续的监督检查。在销售业务流程、关键岗位员工等发生较大调整或变化的情况下，对内部控制的某一或某些方面进行有针对性的监督检查。

【第六章 知识链接】

# 第七章 采购与付款循环内部控制及测试

## 学习目标

- 了解采购与付款循环涉及的主要业务活动、凭证与会计记录；
- 掌握采购与付款循环的内部控制目标与为实现目标而设计的内部控制；
- 掌握采购与付款循环内部控制的风险点与为应对风险实施的控制测试。

## 思维导图

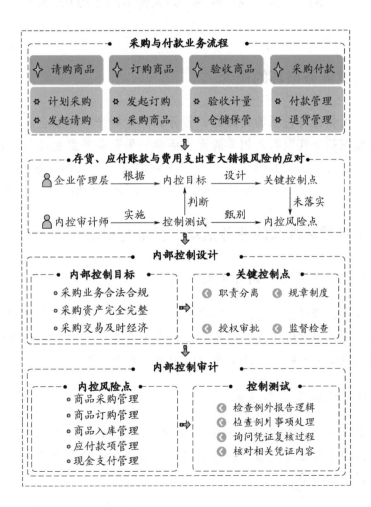

**案例导读**

1994年上市的银广夏公司，曾因骄人的业绩和诱人的前景被称为"中国第一蓝筹股"。2001年，《财经》杂志发表《银广夏陷阱》一文，引起轩然大波。后经证监会调查发现，银广夏在1998—2001年间虚增利润约7亿元。其中，通过伪造原材料采购与产品销售交易，虚构收入约2亿元。其伪造行为如下：银广夏虚构数家原材料供应商，虚假购入原材料，并非法购买发票、汇款单、银行进账单等票据，伪造原材料采购交易，通过伪造原材料入库单、生产记录及产品销售出库单，伪造产品从生产到出库的流程。中天勤会计师事务所作为银广夏的审计机构，未发现上述造假行为，连续三年对银广夏出具了标准无保留意见的审计报告。

思考：作为资本市场重要"守门人"的会计师事务所执行采购与付款循环内部控制测试时，应如何实施审计程序才能发现银广夏的造假行为？

# 第一节 采购与付款循环业务概要

## 一、采购与付款业务循环的概念

企业采购与付款循环包括购买商品、劳务和固定资产，以及企业在日常经营活动中发生的直接或间接与获取收入相关的支出活动。采购业务是企业日常经营活动的起点，本章主要关注与购买货物和劳务、应付账款的支付有关的控制活动及重大交易。以制造业企业为例，采购与付款循环包括"请购—订货—验收—付款"环节。

## 二、采购与付款循环涉及的业务活动、凭证与记录

### （一）生产和仓库等部门制订采购计划

基于企业生产经营计划，考虑市场供需关系及环境等因素，生产和仓库等部门需定期编制采购计划，经部门负责人审批后提交至采购部门，采购部门依据审批后的采购计划进行商品及服务采购。该环节涉及的记录是采购计划。

### （二）供应商认证及信息维护

企业事先对供应商进行文件审核及实地考察，将通过审核的供应商信息录入系统，形成供应商清单并及时更新。采购部门只能向清单内的供应商进行采购。该环节涉及的记录是供应商清单。

### (三) 请购商品和劳务

生产、仓库等相关部门有关人员填写请购单后,由负责人签字审批后送交采购部门。该环节涉及的记录是请购单。

### (四) 采购部门编制订购单

企业采购信息员根据经批准的请购单编制生成连续编号的订购单,交由恰当的负责人审批。企业可执行采购业务分级审批制度,实现不同采购合同自动匹配不同采购审批流程,多级审批自动关联,审批人员自动匹配,在简化审批流程的同时把控风险,提高采购审批效率。例如,第一层级由采购经理负责审批,第二层级由总经理负责审批,第三层级由董事会审批。审批后,采购部门发出订购单,询价并确定最佳供应商,大额、重要业务应采取竞价方式确定供应商。该环节涉及的记录是订购单。

### (五) 验收部门验收商品

商品运抵企业时,由验收部门负责验收。验收部门需比较所收商品与订购单是否相符,盘点商品并检查商品有无损坏。验收无误后,根据已收货的订购单编制连续编号的验收单,验收人员将商品移送至各请购部门时,要求请购部门在验收单上签字确认。该环节涉及的记录是验收单。

### (六) 仓库管理人员编制入库单,储存已验收的商品

由仓库管理人员编制入库单,将商品存放在相对独立的地方,限制无关人员接近。该环节涉及的记录是入库单。

### (七) 应付凭单部门编制付款凭单

付款凭单由企业应付凭单部门负责编制,是内部记录和偿还负债的授权证明文件。应付凭单部门应核对订购单、验收单和卖方发票的一致性并编制付款凭单。部门负责人签字审核后,相关人员根据凭单上的金额支付相应款项。该环节涉及的记录是付款凭单。

### (八) 应付账款部门确认与记录负债

应付账款部门需将供应商的发票与订购单、验收单上的信息进行核对,核对无误后由部门负责人审批,交会计部门登记入账。

### (九) 应付凭单部门办理付款

应付凭单部门负责未付凭单在到期日前付款。

### (十)会计部门记录现金、银行存款支出

会计部门根据企业的结算凭证(例如,支票)编制付款记账凭证,登记银行存款日记账和其他相关账簿。该环节涉及的记录是付款记账凭证、银行存款日记账和其他相关账簿。

表7-1简要列示了采购与付款循环的主要业务活动及控制测试时涉及的主要凭证。

表7-1 采购与付款循环的主要业务活动及控制测试时涉及的主要凭证

| 业务类别 | 主要业务活动 | 主要凭证 |
| --- | --- | --- |
| 采购 | 制订采购计划 | 采购计划 |
| | 供应商认证及信息维护 | 供应商清单 |
| | 请购商品和劳务 | 请购单 |
| | 编制订购单 | 订购单 |
| | 验收商品 | 验收单 |
| | 存储已验收的商品 | 入库单 |
| | 编制付款凭单 | 付款凭单、卖方发票 |
| | 确认记录和负债 | 应付账款明细账 |
| 付款 | 办理付款 | 转账/付款凭证 |
| | 记录现金、银行存款支出 | 库存现金日记账、银行存款日记账 |
| | 与供应商定期对账 | 供应商对账单 |

## 第二节 采购与付款循环内部控制设计

### 一、采购与付款循环内部控制的目标

1. 保证采购业务合法。即采购业务必须符合国家法律法规的要求。

2. 保证采购环节资产的安全性。即保证企业付出货款的同时,预期能取得相应货物;保证应付款项的真实性和货款支付的严密性。

3. 保证采购业务的及时性。即采购业务符合企业正常经营需求。

4. 保证采购交易的效益性。减少采购环节资金占用时间和采购环节的损失,降低采购成本,实现效益最大化。

## 二、采购与付款循环的内部控制设计

### (一) 职责分离

采购与付款交易不相容的岗位包括：请购与审批；询价与选定供应商；订立和审核采购合同；采购、验收和进行相关会计记录；付款的审批与执行；记录现金与债权债务账目登记；记录现金与稽核、会计档案保管。

### (二) 授权审批

1. 生产仓库等部门人员基于实际情况编制请购单和采购计划，交主管人员签字审批后送交采购部门。采购部门人员根据请购单、采购计划以及采购物资定价机制合理确定采购数量和价格，生成连续编号的订购单，采购经理审批通过后采购员方可向通过供应商资质审核的供应商进行采购，签订采购合同。对于超预算的采购项目，应先履行预算调整程序，由相关负责人审批后方可办理请购手续。对于大宗采购，企业应采取招标方式，一般物资或劳务可以采用询价或定向采购方式，小额零星物资或劳务则采用直接采购方式。

2. 采购的商品送达企业后，验收员严格按照采购验收制度的要求对采购项目的品种、规格、数量和质量等相关内容进行验收，编制验收单并交恰当的负责人审批。验收合格后，验收员将商品移送至仓库或各请购部门，取得已签字的收据。若采购商品验收不合格，相关部门应根据退货管理制度，各司其职。财务部门根据采购合同的退货条件及时办理退货手续并收回货款，仓库部门人员及时处理货物出库。商品入库时，库管员应及时向相应部门报告质检不合格商品，由部门负责人授权审批处理方式。

3. 付款时，应付凭单部门负责人在应付凭单上签字后，该部门人员按凭单要求在到期日前付款。如用支票付款，由财务部门负责签署支票。为避免付款金额出现错误，应付账款部门人员核对卖方发票与订购单、验收单，形成应付账款明细账，核对无误后由部门负责人审批。同时财务部门人员核对库存现金日记账、银行存款日记账和应付账款明细账金额的一致性核对无误后由部门负责人审批。

### (三) 凭证和记录 (信息处理)

1. 采购业务涉及的凭证主要包括：请购单、订购单、验收单、入库单及购货发票等。订购单、验收单、入库单、支票等凭证应当提前连续编号，并由经办人签字盖章。

2. 合理设计和使用记账凭证，格式应当简洁、规范。在核算过程中，相关人员应当及时编制和审核记账凭证。

3. 存货、应付账款等账簿记录完整。

4. 若采用信息系统记账，应核查数据计算及公式编入的准确性，核对账户余额并编制试算平衡表，对输入系统的数据和数字序号设置系统自我查验，对例外报告进行人工干预等。

（四）内部核查程序

企业应当建立对采购与付款交易内部控制的监督检查制度，主要内部核查程序包括以下几个步骤。

1. 定期独立检查采购计划、请购单、订购单、验收单、入库单以及付款凭单的顺序及内容，并核对各个单据之间的内容是否一致。

2. 应付账款部门人员重点审查应付账款和预付账款支付的正确性、及时性和合法性。

3. 库管人员严格遵循存货的仓储保管制度，将商品放在相对独立的地方，限制无关人员接近，定期检查存货的数量和质量。

4. 会计人员编制记账凭证，登记库存现金日记账、银行存款日记账等账簿，对于每月末尚未收到供应商发票的情况，则根据验收单与订购单暂估相关负债。通过定期核对编制记账凭证的日期与凭单副联的日期，以及与供应商定期对账，监督入账的及时性和准确性。

## 第三节 采购与付款循环内部控制测试

注册会计师进行控制测试的目的是识别重大错报风险，注册会计师应对采购与付款循环易发生错报的环节实施恰当的控制测试。

### 一、采购与付款循环内部控制的关键风险点

1. 低估负债和费用。
（1）推迟确认当期采购费用。
（2）将费用性支出通过资产资本化逐步摊销。
（3）遗漏交易。例如，不记录"购买收取货物但尚未收到发票"的采购交易。
2. 管理层出于自利动机少报负债费用。
3. 费用支出过于复杂，导致参与人员可能因了解不充分，错误地计提或分配费用。
4. 被审计单位内部人员虚构采购交易，非法牟利。
5. 商品发运错误导致员工和客户的盗窃和舞弊风险提高。

## 二、采购与付款循环控制测试的具体内容

### (一) 采购与付款循环容易发生错报的环节

1. 采购计划、请购单、订购单、供应商清单、验收单、入库单、付款凭单可能未经适当审批或者这些单据的信息可能不一致。
2. 批准付款的发票上存在价格或数量错误或劳务尚未提供的情形。
3. 临近会计期末的采购交易未被记录在正确的会计期间。
4. 应付账款总账与明细账中的记录不一致。
5. 现金支付未记录、未记录在正确的供应商账户（串户）或记录金额不正确。

### (二) 采购与付款循环控制测试的具体内容

1. 检查采购计划、请购单、订购单、验收单、入库单、付款凭单连续编号是否完整、是否经过适当审批，并询问复核人复核采购与付款业务涉及凭证的过程及评价复核过程是否恰当。
2. 检查系统例外报告的生成逻辑，询问复核人员是否在合理的时间范围内复核例外报告，以及确认发现的问题是否及时跟进处理。
3. 检查企业信息系统中相关人员的访问权限。
4. 复核管理层的授权职责分配表，对不相容岗位是否设置了恰当的职责分离。
5. 检查采购与付款业务涉及凭证的内部核查标记和经过授权的采购价格和折扣的标记。
6. 仔细核查工作手册和会计科目表，确认相关凭证是否存在内部核查标记。
7. 检查工作手册，确认是否存在未记录的购货发票，并进一步核实内部检查的标记。
8. 抽样检查付款凭单，确认是否附有对应单据，检查批准采购、注销凭证和内部核查的标记，确认是否有恰当层级管理人员的复核与审批，款项的支付是否符合相关规定，检查银行对账单和银行存款余额调节表及内部核查标记。

## 采购与付款循环内部控制审计案例分析

### 案例材料

A 注册会计师采用检查、观察、询问、穿行测试等方法对 S 公司采购与付款循环内部控制执行相关测试，发现了以下现象。

1. 公司采购条例规定物资供应部门仅需依据生产部门的生产需求量制订采购计划。
2. 采购活动分散，缺乏大宗物资采购计划。

3. 采购合同需经生产安全部经理、物资供应部部长、分管物资供应部的总经理助理、总经理、财务经理及董事长审批。

4. 供应商信息库仅记录供应商名称、地区、行业和地址信息。

5. 未明确规定质检不合格商品的处理方式和审批程序，库管员凭经验处理相关情况。

6. 库管员发现库存异常或存货分类明细账账实不符时，仅上报库管负责人进行处理。

7. 没有完整的付款台账，存在付款申请人重复请款、会计部门重复付款现象。

8. 采购计划编制员兼任采购业务员及供应商管理员。

9. 产成品的验收、保管均由库管员一人负责。

10. 存货杂乱堆放，未见存货品类标志牌。

11. 存货装卸耗时久的情况下，库管员直接将仓库钥匙交予存货装卸人员方便其进出。

12. 财务部门仅根据物资供应部门提交的采购发票进行账务处理。

试问：以上现象反映了 S 公司采购与付款循环内部控制存在哪些缺陷，如何制订相应的内部控制缺陷整改方案？

**案例解析**

1. 内部控制设计缺陷

（1）采购计划制订不合理

① 在未了解物料库存量信息的前提下仅依据生产需求量制订采购计划，可能会导致原材料不足而影响公司正常生产经营，或产成品积压导致存货跌价风险提高。

② 缺乏大宗物资采购制度，采购活动过于分散，不利于降低采购成本与提高采购效率。

（2）采购合同审批程序烦琐效率低

采购合同需经六道审批流程，审批流程烦琐导致采购效率较低。

（3）供应商管理制度不健全

供应商信息库仅记录供应商名称、地区、行业及地址，未对供应商进行分级分类，缺少科学有效的供应商管理制度，存在采购人员为牟取私利将不合格供应商纳入信息库的隐患。

（4）商品退回规定不明确

未对质检不合格商品的处理方式和审批程序做出明确规定，员工凭经验处理相关事项，可能导致存货数量、质量等与账面存在偏差。

（5）未明确存货异常、毁损的处理程序

库管员发现库存异常或存货分类明细账账实不符，仅上报库管负责人进行处理，缺乏明确的处理流程和方法规定，其存货仓储保管流程缺乏必要的控制环节和完善的控制措施。

(6) 付款程序不明，存在超付现象

没有完整的付款台账，存在重复请款与重复付款现象，无法有效反映各供应商应付款项的发生、增减变动、余额及账龄等财务信息，降低了资金管理效率。

2. 内部控制运行缺陷

(1) 岗位设置违背不相容职务分离原则

采购计划编制人员、执行人员及供应商管理人员三个岗位由一人担任，严重违反了不相容职务分离原则，易导致采购人员为牟取私利，向资质不合格或较差的供应商进行采购。产成品的验收与保管均由库管员一人负责，验收与保管属于需职务分离的岗位。

(2) 存货管理制度执行力度欠缺

库管员在摆放存货时，随意性较强，没有科学的分类与标志牌，增加了存货毁损的风险。此外，库管员对进出仓库的人员把控不严，对需多次进出仓库的搬运工，库管员将仓库钥匙暂时交由其使用，增加了存货被盗的风险。

(3) 采购业务账务处理不规范

财务部门仅根据物资供应部提供的采购发票进行账务处理，账务处理依据的原始凭证附件不足，未将供应商发票与相关支持性文件如订购单、入库验收单等进行核对，无法确认采购票据是否与实际采购活动相符。

3. 内部控制缺陷整改方案

就以上内部控制缺陷，根据《企业内部控制应用指引第7号——采购业务》的要求，S公司可制定如下采购与付款循环内部控制缺陷整改方案。

(1) 完善采购计划制定程序

① 规定物资供应部采购计划专员根据生产部门的需求计划、市场营销部的市场需求预测情况及库管部门反馈的仓库剩余容量等信息，合理制订采购计划与采购预算，同时建立采购材料价格、规格等信息的共享机制。

② 制订大宗物资采购计划，明确采购流程，避免分散、无效率的采购活动。

(2) 优化采购合同授权审批程序

① 实行采购业务分级审批制度，实现不同采购合同自动匹配不同采购审批流程，多级审批自动关联，审批人员自动匹配，在简化审批流程的同时把控风险，提高采购审批效率。

② 加强采购与付款循环各环节的授权审批，例如，存货验收入库需由总经理助理审批确认，避免部门间串谋。

(3) 建立供应商分级分类管理制度

根据影响供应商选择的六大因素（产品质量、产品价值、企业资产状况、服务情况、供应商信誉、售后服务科学），对供应商实行分级分类管理，采购时按级按类选择供应商，加强对采购权力运行的制约和监督，把权力关进制度的笼子里。

(4) 强化存货仓储及保管制度的执行力度

① 库管部门负责人定期审核收发存明细账，定期清查库存存货，及时调整账目，并反馈给财务部门。

② 库管员或其他人员不得擅自修改收发存明细表或其他库存记录，质检不合格商品应及时向物资供应部报备，由物资供应部负责人授权审批处理方式，涉及金额较大的修改或调整，还需分管物资供应部的总经理助理授权审批。

③ 进入仓库的人员，需登记姓名、职务、来访理由、进入仓库的时间、离开仓库的时间。库管员不得擅离职守，仓库钥匙不得移交给他人，若出现确实需要移交其他人的情形，需报仓库负责人批准。

(5) 建立科学规范的存货仓储保管制度

对原材料、半成品、产成品、通用材料等存货按其特征、型号种类及质量分类保管，对仓库保管员开展业务培训，确保其熟悉保管流程，了解各类存货的存放条件和存放要求。

(6) 加强对付款业务的管理

及时建立应付账款台账，定期编制对账单并与供应商对账，保管好工作记录、对账记录，严格审批提交的付款申请。

(7) 落实不相容职务分离控制

采购计划的编制人员、执行人员及供应商管理人员，库管部门的验收员和保管员由不同专员负责。采购业务的请购与审批；询价与选定供应商；订立和审核采购合同；采购、验收和保管；付款的审批与执行均贯彻职务分离原则，由不同专员负责。

【第七章 案例拓展】

# 第八章 生产与存货循环内部控制及测试

## 学习目标

- 了解生产与存货循环涉及的主要业务活动、凭证与会计记录；
- 掌握生产与存货循环的内部控制目标与为实现目标而设计的内部控制；
- 掌握生产与存货循环内部控制的风险点与为应对风险实施的控制测试。

## 思维导图

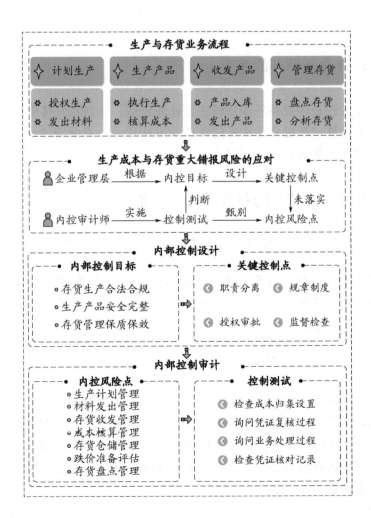

**案例导读**

2013年4月，致同会计师事务所对广西贵糖（集团）股份有限公司（简称贵糖股份）出具了否定意见的内部控制审计报告。致同会计师事务所在报告中指出贵糖股份主要存在如下内部控制缺陷：第一，存货跌价准备金额过大，管理层未能及时关注有关存货生产技术革新及市场方面的变化，存在生产的产品种类和规格不符合客户需求而滞销的现象；第二，缺乏有效的存货验收入库控制，部分暂估入账的大宗原材料在缺乏原始凭证的情况下仍然验收入库，使存货计价、成本结转等后续会计核算丧失准确性；第三，存货账实差异的处理不及时，无人负责原材料、零配件等的闲置积压和报废毁损情况的处理。

思考：贵糖股份应如何设计存货内部控制及如何保证存货内部控制有效运行？

# 第一节　生产与存货循环业务概要

## 一、生产与存货业务循环的概念

制造业企业生产和存货循环涉及的主要业务包括：计划和安排生产；发出原材料；生产产品；成本核算；产成品入库及储存；发出产成品；存货盘点；计提存货跌价准备等，涉及生产成本核算和存货管理两个方面。

## 二、生产与存货循环涉及的业务活动、凭证与记录

### （一）生产计划部门计划和安排生产

生产计划部门根据客户订购单及管理层生产决策签发预先连续编号的生产通知单，同时编制一式三联的领料单，列示所需材料数量和种类及领料部门名称。该环节涉及的记录是生产通知单。

### （二）仓储部门发出原材料

仓储部门签字确认生产部门移交的领料单后，发出原材料。一联用作生产部门存根联，连同原材料交生产部门；一联用作仓库联，留在仓库登记材料明细账；一联用作财务联，交由会计部门进行材料收发核算和成本核算。仓储管理人员将领料单仓库联的信息录入存货管理信息系统，仓储经理复核确认后，系统自动更新材料明细账。该环节涉及的记录是领料单。

### (三) 生产部门生产产品

生产部门收到生产通知单及原材料后,编制计工单,执行生产任务。生产工人完成生产任务后,若是半成品则移交下一个环节,进一步加工;若是产成品,由统计人员盘点后转交验收部门验收并办理验收手续。该环节涉及的记录是计工单。

### (四) 会计部门核算产品成本

生产成本记录员核对生产通知单、计工单、领料单等生产过程中产生的各种单据与存货管理信息系统中的材料耗用和流转信息。会计主管再次审核存货管理信息系统的信息,审核无误后,系统对生产成本进行归集分配,自动生成产品成本计算表和生产成本分配表。该环节涉及的记录是成本计算单。

### (五) 产成品入库及储存

仓储部门负责产成品的签收和保管,根据实际入库数量编制入库单和存货明细账。该环节涉及的记录是入库单和存货明细账。

### (六) 发运部门发出产成品

发运部门根据移交的发运通知单编制一式四联的出库单,一联交仓储部门、一联送交客户、一联作为开具发票的依据、一联由发运部门留存。该环节涉及的记录是出库单。

### (七) 存货盘点

管理人员编制存货盘点指令并安排适当人员对存货进行定期盘点,盘点结果需与存货明细账进行核对,如出现账实不符的情况,则需调查调整。该环节涉及的记录是存货盘点指令、盘点表及盘点标签。

### (八) 财务部门计提存货跌价准备

财务部门根据存货状况计提存货跌价准备。该环节涉及的记录是存货货龄分析表。表8-1简要列示了生产与存货循环的主要业务活动及控制测试时涉及的主要凭证。

表 8-1  生产与存货循环的主要业务活动及控制测试时涉及的主要凭证

| 业务类别 | 主要业务活动 | 主要凭证 |
| --- | --- | --- |
| 生产产品 | 计划和安排生产 | 生产通知单 |
|  | 发出原材料 | 领发料凭证 |
|  | 生产产品和成本核算 | 计工单、成本计算单 |
| 存货管理 | 产成品入库及储存 | 入库单、存货明细账 |
|  | 发出产成品 | 出库单、存货明细账 |
|  | 存货盘点 | 存货盘点指令、盘点表及盘点标签 |
|  | 计提存货跌价准备 | 存货货龄分析表 |

## 第二节 生产与存货循环内部控制设计

### 一、生产与存货循环内部控制的目标

生产与存货循环内部控制的目标主要有以下几点。

1. 保证企业生产的安全、合法和合规。
2. 保证企业存货的安全、完整。
3. 保证存货计价的准确、及时，合理确定存货价值，保证财务报表信息的可靠性。
4. 保证企业的经营管理质量，提高企业的存货利用效率和管理效果。

### 二、生产与存货循环的内部控制设计

（一）职责分离

生产与存货循环的不相容岗位包括：生产计划与执行生产；原材料领取与核发；存货生产与验收；产品核算与生产；存货保管、发运与货龄分析；存货保管与盘点；存货初盘与复盘。

（二）授权审批

1. 生产计划部门根据客户订购单及产品需求决定生产授权，签发生产通知单交负责人审批后送交生产部门。生产部门编制领料单交生产主管审批后送交仓库部门，仓

库部门据此编制原材料出库单交负责人审批后，生产部门方可领取原材料，并根据负责人审批通过的计工单，执行生产任务。

2. 会计部门核算产品成本时，编制原材料领用日报表且根据成本归集制度生成成本计算单交负责人审批后方可进行账务处理。

3. 产品入库时，仓储部门需要点验、检查并签收生产部门移交的产成品，编制一式多联连续编号的产成品入库单，交质检、生产和仓储经理签字。产品出库时，仓储部门根据经批准的发运通知单，编制一式多联、连续编号的出库单，交仓储经理签字确认。仓库管理员根据存货保管和发出制度的要求及时将产成品出入库信息输入计算机系统，系统自动更新产成品明细台账。

4. 会计部门计提跌价准备时需根据存货货龄分析制度判断存货状况，编制存货货龄分析表，交财务经理和总经理复核批准后方可入账。财务人员根据存货盘点清查制度盘点存货，编制盘点指令和连续编号的盘点表、盘点标签，安排适当人员对存货实物进行定期盘点，将盘点结果与存货账面数量进行核对，调查差异，并对认定的盘盈和盘亏提出账务调整建议，经仓储经理、生产经理、财务经理和总经理复核批准后入账。

（三）凭证和记录（信息处理）

1. 检查生产与存货循环涉及的凭证，包括生产通知单、领料单、出库单、计工单、成本计算单、存货盘点指令、盘点表及盘点标签等是否提前连续编号，并由经办人签字盖章。

2. 设置材料明细账、记录生产各环节所耗用工时数的生产记录日报表和产成品明细台账，及时更新存货的流转信息。

（四）内部核查程序

1. 定期独立检查生产通知单、领料单、出库单、计工单、成本计算单、产成品验收单及发运通知单的顺序，并核对各个凭证之间存货的数量和规格等内容是否一致。

2. 生产工人完成生产后，将完成的产品交统计人员查点后交质量检验员，质量检验员严格按照规范的存货验收程序及方法进行验收，出具验收单。

3. 会计部门检查和核对生产过程中的各种记录，如领料单与材料明细账，原材料、半成品、产成品的转出和转入记录，原材料领用日报表与生产记录日报表，确认材料耗用和流转信息是否一致。

4. 产成品装运发出前，由运输经理核对出库单、销售订购单和发运通知单，确定从仓库提取的商品附有经批准的销售订购单，且所提取商品与销售订购单内容一致。

5. 定期独立检查存货跌价准备计提的合理性。

6. 盘点存货时，仓库人员盘点存货并与仓库台账核对并调节一致，成本会计监督其盘点与核对,并复盘部分存货。完成盘点前财务人员独立检查盘点表和盘点标签的顺序,并检查现场,确认所有存货均已贴盘点标签。

## 第三节　生产与存货循环内部控制测试

风险评估和风险应对是整个审计过程的核心,制造业企业交易数量庞大,业务复杂,因此,注册会计师需以生产与存货循环可能的风险为起点,选取可能发生错报的环节作为拟测试的内部控制,并进行相应测试。

### 一、生产与存货循环内部控制的关键风险点

1. 存货实物可能不存在（存在认定）。
2. 被审计单位拥有的存货可能未在账面上完整反映（完整性认定）。

被审计单位可能将存货存放于多处,并在不同地点间运转存货,使得存货的损毁、遗失风险加大。同时,由于存放地点的广泛性,可能导致同一存货在不同存放地点被重复记录。

3. 存货的所有权可能不属于被审计单位（权利和义务认定）。

可能有其他企业将存货寄放在被审计单位。

4. 存货的成本核算出现错误（准确性、计价和分摊认定）。

制造业企业的成本核算比较复杂,尤其是对间接费用的分配。成本核算的方法具有多样性,同一行业不同企业核算时可能采用不同的认定和计量基础。由于产品的多样性,存在部分存货（如煤堆、宝石、化工品等）数量不易清点、存货不易辨认等问题。

5. 存货的账面价值与市场价格存在差异（准确性、计价和分摊认定）。

由于市场环境多变及存货本身的特质,存在部分存货的可变现净值难以确定,这将影响存货采购价格和销售价格的确定,使注册会计师难以衡量存货的计价和分摊风险。

### 二、生产与存货循环控制测试的具体内容

（一）生产与存货循环容易发生错报的环节

1. 生产指令、原材料的发出未经授权。
2. 产成品的生产成本不正确。发出的原材料、工人的人工成本未正确记入相应产品的生产成本;制造费用没有得到完整归集;生产成本和制造费用在不同产品之间、

在产品和产成品之间的分配不正确；已完工产品的生产成本没有转移到产成品中等因素均会导致产成品的生产成本与实际不符，影响企业销售价格决策。

3. 销售发出的产成品成本没有准确转入营业成本。

4. 存在残冷背次的存货，影响存货的现值。

5. 存货盘点程序不规范。

（二）生产与存货循环控制测试的具体内容

1. 了解生产与存货循环的内部控制环境

注册会计师可采取以下措施，了解企业生产和存货业务循环的内部控制环境。

（1）询问生产和存货业务的参与人员。包括生产部门、财务部门及仓储部门人员等。

（2）获取企业相关业务流程图或内部控制手册等资料，了解企业内部控制文化。

（3）观察生产和存货业务中相关人员对特定控制的运用。例如，观察仓储人员入库产成品的流程及该部门对入库流程的内部控制。

（4）检查生产和存货业务涉及的文件资料，例如，本章第一节提及的各种单据。

（5）实施穿行测试。选取某种入库的产成品，追踪该产品从生产计划制订、生产、成本核算、入库的完整过程。

2. 生产与存货循环控制测试

注册会计师可对生产与存货循环中可能发生错报的环节执行以下控制测试。

（1）检查生产通知单、领料单、出库单、计工单、成本计算单、产成品验收单及发运通知单的连续编号是否完整及是否经过适当审批，并询问复核人复核生产与存货业务涉及凭证的过程及评价复核过程是否恰当。

（2）检查生产主管核对材料成本明细表、财务经理复核人工成本分配表及批准调整制造费用分录、财务经理和总经理分析销售毛利率并调查其异常波动的记录。

（3）检查系统的自动归集设置是否符合有关成本和费用的性质、员工的部门代码设置是否与其实际职责相符、成本的自动结转功能是否正常运行、成本结转方式是否符合公司成本核算政策。

（4）询问财务经理识别减值风险并确定减值准备的过程，询问总经理的复核及批准记录。

（5）评价管理层用以记录和控制存货盘点结果的指令和程序，观察管理层制定的盘点的执行情况，检查存货及执行抽盘，对存货实施监盘测试。

## 生产与存货循环内部控制审计案例分析

**案例材料**

A注册会计师采用检查、观察、询问、穿行测试等方法对S公司生产与存货循环内部控制执行相关测试，发现了以下现象。

1. 生产部门领用物料时经常出现过多或过少的情况。
2. 部分领料单缺少相关部门负责人的签字。
3. 物资供应部门未核实生产部门的材料消耗。
4. 存货储备量超过安全库存量时，库管人员未向物资供应部报告相关情况。
5. 质量检验部人员对出库产品质量控制过于敷衍甚至不作为。
6. 库管人员未对出库产品的出库搬运进行监督。
7. 未规定盘点时出现账实不符情况的处理程序。
8. 用友NC系统没有自动将销售出库产成品的成本准确转入营业成本。
9. 销售出库的产品退回时，物资供应部人员编写产品退回单据后直接交予库管员。

试问：以上现象反映了S公司生产与存货循环内部控制存在哪些缺陷，如何制订相应的内部控制缺陷整改方案？

**案例解析**

1. 内部控制设计缺陷

（1）存货盘点流程不规范

存货盘点流程未规定账实不符的处理办法与相应程序。账实不符时无制度可依，易出现负责人员处理混乱、仅根据工作经验进行处理和报备的现象，降低存货管理效率。

（2）存货管理信息系统建设水平较低

销售出库产成品未自动结转成本，属系统性错报，需进一步测试营业成本的归集有无问题及系统的其他方面有无问题。

（3）未明确产品被退回的处理程序

存货退回入库，物资供应部人员编写退回产品单据后直接交予库管员核对退回产品的数量和型号规格等信息，缺少质检部人员对产品质量的检查。若产品在运输途中受到损坏或被买方毁损，则无法及时发现并追究责任，易造成损失。

2. 内部控制运行缺陷

（1）存货领用及发出审批流程执行不规范

库管部门未重视存货领用管理制度的执行，物资供应部门未对材料消耗定额进行核实，生产部门凭借未经审批的领料单即可领用原材料。若领用过多，则造成不必要的存货退回或存货浪费，若领用过少，则影响生产经营效率。

（2）存货信息管理流程执行不力

S公司未重视存货信息管理流程的执行，当存货储备量超过安全库存量时，库管人员未向物资供应部报告相关情况，可能导致存货积压严重，增大存货毁损、跌价风险。

（3）缺少出库产品质量控制和出库监督

S公司对出库产品的质量控制和出库搬运的监督薄弱，导致出库产品因质量问题被退回的风险加大，易出现存货在搬运过程中被损坏却依然出库的现象，进一步加大了产品退回风险。

3. 内部控制缺陷整改方案

就以上内部控制缺陷，根据《企业内部控制应用指引第8号——资产管理》的要求，S公司可制订如下生产与存货循环内部控制缺陷整改方案。

（1）加强存货领用及审批流程执行力

① 库管部门经理根据公司存货的实际情况制定存货领用管理制度，严格执行存货领用管理制度，存货领用需报物资供应部经理及总经理助理审批。

② 生产安全部人员对生产计划的材料消耗定额进行核实和控制，避免投料过多或过少，并监督相关生产部门人员填写领料申请单。

（2）强化产品出库监督

① 库管员依据部门经理签发的出库单进行备货，仔细核对、清查、批注标识及签单，核对无误后备货，当出库产品数量多或比较昂贵时，应进行复核。

② 质检人员对出库货物按标准严格执行检验，对检验不合格的产品，严禁出库并报上级领导处理，检验合格后方可出库。

③ 库管员与提货人一并核对货物数量、型号、规格等，复核无误后，提货人签字确认并办理相应出库手续。

④ 出库完成后库管员应清点仓库中同类货物，及时更新并登记存货收发存报表，上报财务部门。

（3）完善存货信息管理流程

库管人员需要及时跟进存货的生产、领用、发出等情况，保证存货的信息真实有效。当存货储备量超过安全库存量时，需要及时向物资供应部门汇报，以便其制订合理的采购计划。

（4）建立健全存货盘点清查制度

盘点前，财务部门需确定适当人员组成盘点小组。盘点后，财务人员及时根据盘点表填制对账单。若账实不符，应查明具体原因。若盘亏，相关责任人需进行损失认定并填写"存货报废审批表"，报财务经理和董事长审批，给予相关人员适当处罚，并进行恰当账务处理。若盘盈，财务人员仍需报财务经理和董事长审批，并进行恰当账务处理。

（5）提升存货管理信息系统建设水平

敏锐抓住信息化发展的历史机遇，提高存货管理的信息化水平，不断加强公司的信息基础设施建设，强化信息资源深度整合。财务部经理定期核查存货成本的自动归集、结转设置是否合理且有效，避免发生存货成本的系统性错报。

（6）明确产品退回入库的处理流程

发生产品退回情况时，由库管员填写产品退回单据，标明退回原因，经部门负责人签字后提交质量检验部门，质量检验部门检查产品状况并将产品质量等信息提交物资供应部，物资供应部负责人批准后，及时更新存货信息。这是明确权责边界，做到无缝衔接，形成各司其职、各负其责、协调运转、有效制衡的公司治理机制的应有之义。

【第八章 案例拓展】

# 第九章 投资与筹资循环内部控制及测试

## 学习目标

- 了解投资与筹资循环涉及的主要业务活动、凭证与会计记录；
- 掌握投资与筹资循环的内部控制目标与为实现目标而设计的内部控制；
- 掌握投资与筹资循环内部控制的风险点与为应对风险实施的控制测试。

## 思维导图

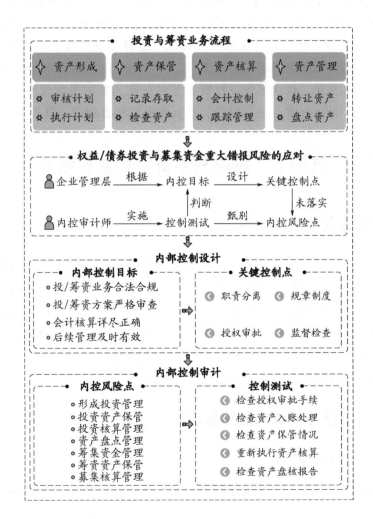

**案例导读**

东北华联股份有限公司（简称东北华联）是吉林省首家上市公司，上市后募集资金1.6亿元，一时间成为吉林省国有控股改革的领先者。但好景不长，上市一年后，东北华联开始衰落，1995年至1997年年底，两年亏损高达到2.5亿元。东北华联出现如此剧烈"前高后低"大幅变化的原因在于该公司在上市初期盲目扩大投资，在投资惨败后不断施展"骗术"，偏离了原本的发展轨道。

上市初期，东北华联目标远大，在吉林省内并购了三家企业，包括"辽源一百"四平金龙集团等；在广州、深圳、上海等地圈地建厂；在美国、泰国、俄罗斯等投资设企。仅用一年时间，东北华联就摇身一变，成为集商业、工业和房地产于一体的大型综合企业集团。

然而，东北华联并没有科学合理的投资计划，未在项目决策前进行可行性研究，只要听说可以赚钱，就立即进行投资。投资后，东北华联对投资公司的控制流于形式，未产生利润，导致公司新设立的项目毫无进展。第二个华联商业大厦很快关闭整顿，6000万元做了无用功；子公司白山华联公司和白山五角公司成立，没有利润可言，5700多万元白白浪费；子公司江山木业公司成立之日也是失败之时，投资的982万元不见收益；在泰国建成的大酒店，血本无归。在一两年内，东北华联损失近2亿元。

要求：结合本案例，谈谈筹资、投资业务对企业当期财务状况和经营成果的影响表现在哪些方面，企业应重点强化投资、筹资业务哪些方面的内部控制？

## 第一节　投资与筹资循环业务概要

### 一、投资与筹资业务循环的概念

企业投资与筹资循环涵盖了投资与筹资活动间的交易。投资活动指企业为通过分配来增加财富而让渡资产给其他单位以获得另一项资产的活动，主要包括股权投资交易和债务投资交易。筹资活动是企业为了满足生存和发展的需要，通过改变企业资本及债务规模和构成而筹集资金的活动，主要包括吸收投资、发行股票、分配利润、支付债权人的本金和利息，以及融资租入资产所支付的现金（例如，支付的利息和支付的股利、收到的利息和股利等）。

### 二、投资与筹资循环涉及的业务活动

（一）投资业务活动

企业投资业务活动主要包括制订投资计划、进行投资操作、支付投资款项、结算

收益及处置资产、记录投资业务。

1. 制订投资计划。按照企业投资的意向与投资的可变现性，可将投资分为长期投资与短期投资。长期投资是为了增强企业自身实力而对其他单位进行参股或控股，短期投资则是为了短期增加盈利。企业财务部门根据投资项目的风险、目的、收益拟定投资计划，报企业管理层审批。
2. 进行投资操作。该环节包括投资活动授权、分工投资及签订投资合同。
3. 支付投资款项。根据投资合同，支付相应款项或移交投资实物。
4. 结算收益及处理资产。按照合同定期结算投资收益或处置资产。
5. 记录投资业务。建立完善的账簿体系及记录制度，用于记录、核算、反映、监督投资业务。

（二）筹资业务活动

企业筹资活动主要包括制订筹资计划、进行筹资操作、收取筹资款项、还本付息或支付股利、记录筹资业务。

1. 制订筹资计划。根据企业经营需要，分析并确定所需筹资量，适时编制筹资计划。筹资计划应详细说明筹资目的、数量，筹资前后企业财力变化及对未来收益的影响等。筹资计划需经审批后方能执行。
2. 进行筹资操作。筹资作业指筹集资金的具体过程，包括向证券管理机构或银行提交相关文件，与当事人签订合同，进行资产抵押，设计相应实物管理条例等。
3. 收取筹资款项。该环节应注意金额是否正确、分配用途并备注还款方式、期限、数量等情况，以保证在信用期内还款。
4. 还本付息或支付股利。还本付息是指采用借款方式筹集资金的企业，在借款合同到期时，需按国家规定的资金来源和贷款机构的要求偿还借款本金与利息。支付股利是指股权融资的企业，需遵守相关要求，按照股东大会决议通过的分配方案，在指定日期将股利发放给股东。
5. 记录筹资业务。该环节包括实物记录与会计记录。实物记录主要涉及实物保管。会计记录应按有关合同或协议规定，适时计算相应股利或利息，并根据相关准则规定进行准确记录。

## 三、投资与筹资循环涉及的凭证与会计记录

投资与筹资循环中的业务活动涉及各类有价证券的获取，如债券、股票和各种合同及协议等。

1. 债券

债券指公司依据法定程序发行，约定在一定期限内还本付息的有价证券。

2. 股票

股票是公司签发的证明股东所持有股份的凭证。

3. 债券契约

债券契约是明确债券持有人与企业两方享有的权利和义务的法律性文件。

4. 股东名册

发行记名股票的公司应当记录股东姓名及住所、各股东所持股份数及所持股票的编号、各股东取得股份的具体日期。若公司发行无记名股票,应记载相应股票编号、数量及发行日期。

5. 公司债券存根簿

发行记名公司债券应记载的内容一般包括:债券持有人姓名或名称及住所;债券持有人取得债券的日期及债券的编号;债券总额、债券的票面金额、债券的利率、债券还本付息的期限和方式;债券的发行日期。发行无记名债券应当在公司债券存根簿上记载债券总额、利率、偿还期限和方式、发行日期和债券编号。

6. 承销或报销协议

公司向社会公开发行股票或债券时,应由依法设立的证券经营机构承销或包销,公司应与其签订承销或包销协议。

7. 投资协议

投资协议指在投资过程中,为明确投资双方的权利和义务而签订的书面协议,涉及投资价格、投资方的特殊权利、付款及被投资方的经营管理内容等。

8. 经纪人通知书

经纪人通知书指企业委托证券公司等代为进行投资,证券公司等进行相关投资后给予公司的投资证明。

投资与筹资循环涉及的凭证及会计记录如表 9-1 所示。

表 9-1 投资与筹资循环涉及的主要凭证及会计记录

| 业务类型 | 投资业务 | 筹资业务 |
| --- | --- | --- |
| 凭证及会计记录 | 股票或债券 | 债券 |
| | 经纪人通知书 | 股票 |
| | 债券契约 | 债券契约 |
| | — | 股东名册 |
| | — | 债券存根簿 |
| | 企业有关规章和协议流程 | 承销或包销协议 |
| | 投资协议 | 借款合同或协议 |
| | 有关记账凭证 | 有关记账凭证 |
| | 相关会计总账与明细账 | 相关会计总账与明细账 |

## 第二节 投资与筹资循环内部控制设计

### 一、投资与筹资循环内部控制的目标

企业投资的内部控制目标在于规范对外投资行为,防范对外投资风险,提高相应投资收益。企业筹资的内部控制目标主要在于控制筹资风险、降低筹资成本、防止相应过程的舞弊差错(见表9-2)。

表9-2 内部控制设计目标

| 投资活动内部控制目标 | 筹资活动内部控制目标 |
| --- | --- |
| 保证投资业务的合法性 | 保证筹资业务的合法性 |
| 保证投资活动经过适当授权审批程序 | 保证筹资活动经过适当授权审批程序 |
| 保护投资资产的安全完整 | 保证应付债券折价或溢价的合理摊销 |
| 保证投资项目的效益性 | 保证利息和股利的正确计提和适当支付 |
| 保证投资资产账实相符 | 保证账户记录的正确和披露的恰当 |

#### (一)业务合法性

投资和筹资循环相关手续、程序、文件记录、账面信息和财务报表披露均需符合投资和筹资相关的法律法规,防止发生违规行为影响企业利益。

#### (二)授权审批

投资活动单位价值较大,投资决策失误将带来较为严重的损失,筹资过程中发行股票或债券需公司管理层进行决策,因此,企业投资和筹资活动必须经过授权和审批,尽可能降低投资与筹资风险,达到预期目的。

#### (三)保证投资的效益性

企业应通过建立和实施投资内部控制,规范对外投资的可行性研究、决策、执行、日常管理和处置行为,使投资既满足企业经济利益需求,又符合国家产业政策调整和社会发展需求,有利于经济社会的可持续发展,提高对外投资的经济效益与社会效益。

#### (四)保证利息和股利正确计提和适当支付

获取利息或股利是债权人或股东进行投资的主要目的之一,及时并适当地支付利

息或股利是维系公司与债权人或股东良好关系的重要方式。

## 二、投资业务的内部控制设计

### （一）职责分离

企业应当建立投资岗位责任制，明确相关部门的岗位权责，确保办理投资业务的不相容岗位相互分离、监督与制约。投资业务有关的不相容岗位一般包括：投资项目可行性研究及评估；投资决策与执行；投资处置的审批与执行；投资绩效执行及评估；投资业务的执行与盘点；投资业务的会计记录与授权，执行和保管；投资明细账与总账的登记。

### （二）授权审批

1. 投资部门或具备相应资质的专业机构对投资证券业务进行可行性研究并形成可行性研究报告，由企业最高权力机构核准后方可进行投资。

2. 投资部门应设立证券登记簿，详细记录各种存入或取出的证券与文件的名称、数量、价值及存取的日期，并由所有在场的经手人员签名，以恰当保管投资资产。

3. 财务部门编制投资业务管理报告书交财务经理签字确认，财务经理需根据该报告书每月向企业最高管理层报告有关投资业务的开展情况。当被投资方财务状况恶化、市价当期大幅下跌时，财务人员应合理计提减值准备，交财务经理审批方可进行账务处理。转让投资时，财务人员应合理确定转让价格交恰当的负责人审批。当投资无法收回时，投资部门根据责任追究制度，相关负责人签字确认后核销投资，将责任追究到人。

4. 会计部门应根据盘点制度定期盘点投资资产，当盘点记录与账面记录不一致时，应交恰当的负责人签字确认，及时查明原因并调整。

### （三）凭证和记录（信息处理）

1. 根据对被投资方的影响程度，合理确定投资会计政策，建立投资管理台账，详细记录投资对象、金额、持股比例、期限、增减变动、收益等事项。

2. 对每种股票或债券分别设立明细分类账，并详细记录其名称、面值、证券编号、数量、取得日期、经纪人名称、购入成本、收取的股利收入或利息收入等资料。

3. 对联营投资类的其他投资，设置明细分类账，核算其他投资的投入、投资收益和投资收回等业务，并详细记录投资的形式、接受投资单位、投资的计价及投资收益等。

### （四）内部核查程序

1. 企业应根据重大投资项目的集体决策或联签制度对投资项目进行决策审批，重点审查投资项目是否可行、是否符合国家产业政策及相关法律法规、是否符合企业投资战略目标和规划、企业是否具有相应的资金能力、投入资金能否按时收回、预期收益能否实现、投资和并购风险是否可控。

2. 企业应严格遵循投资资产保管制度的要求，由两名以上人员联合控制投资资产或者委托独立的专门机构（如银行、证券公司、信托投资公司等）进行保管，形成对投资资产的监控机制，并定期检查投资证券的保管措施是否有效以及证券保管人员是否及时处理会计记录。

3. 投资部门及时收集被投资方经审计的财务报告等相关资料，定期组织投资效益分析，关注被投资方的投资效益、经营成果、现金流量及投资合同履行情况，定期检查是否建立投资证券的明细记录及投资收益的会计处理是否适当，对投资项目进行跟踪管理。

4. 核销投资时，检查不能收回投资的法律文件和相关证明文书。

5. 盘点投资资产时检查其所有权与完整性，并核对盘点记录与账面记录是否一致，以及时发现投资证券的短缺或其他舞弊行为。

## 三、筹资业务的内部控制设计

（一）职责分离

筹资业务相关的不相容岗位一般包括：筹资方案的拟定与决策；筹资合同的审批与签订；与筹资相关的各种款项偿付的审批与执行；筹资业务的执行与相关会计记录；债券发行与记录应付债券业务；筹资业务明细账与总账的登记；债券和股利的发放。

（二）授权审批

1. 筹资部门或者委托具备相应资质的专业机构对筹资方案进行可行性研究，形成可行性报告以反映评估情况，经管理当局的授权与批准后方可向有关机关递交相关文件，履行相应的审批手续，其中债券的发行须经董事会授权。若涉及投入资本的增减业务，必须依据国家有关法规或企业章程的规定，报经企业最高权力机构和国家有关管理部门批准。

2. 企业应严格按照筹资方案确定的用途使用资金，严禁擅自改变资金用途。若由于市场环境确需改变用途的，应当履行相应的审批程序。

3. 企业应严格遵循证券保管制度的要求，设立证券库存登记簿并详细记录未发行证券的动用情况，由所有在场的经手人员签字确认。

4. 企业应加强筹资业务的会计系统控制。由授权人员负责记录筹资情况，保持完整的借款交易会计记录，分户登记各种借款项目和债券持有人明细账，设置统一编号的股票登记簿和股东名册并登记；经董事会审议按有关合同、协议或债券契约的规定及时计算借款或债券利息,到期偿还本金;债券的偿还和购回要经过董事会的正式授权批准;选择合理的股利分配方案,兼顾投资者近期和长远利益,避免分配过度或不足,并由股东(大)会审批。

(三)凭证和记录(信息处理)

1. 企业向银行或其他金融机构借款须签订借款合同或协议,发行债券须签订债券契约。若向社会公开发行股票或债券时,应当聘请独立的证券经营机构承销或包销,且必须与其签订承销或包销协议。

2. 筹资部门应按照会计准则建立筹资业务的记录、凭证和账簿,正确核算和监督资金筹集、本息偿还、股利支付等相关业务,筹资所得款项应及时如数存入其开户银行,为保证投入资本的真实性,投入资本必须经注册会计师验资并出具验资报告。

3. 妥善保管筹资合同或协议、收款凭证、入库凭证等资料。

4. 定期与资金提供方进行账务核对,确保筹资活动符合筹资方案的要求。

(四)内部核查程序

1. 企业应建立重大筹资方案的集体决策或联签制度,对筹资用途可行性和相应的偿债能力;银行借款和债权的利率风险、筹资成本、偿还能力及流动性风险;股票的发行、市场、政策及控制权风险等进行重点审查。

2. 企业应严格监控筹资资产,由专人或委托外部独立机构代为保管经过预先编号的未发行证券,定期独立检查在库债券的数量与保管情况,对已收回的到期债券必须及时作废注销,以防不合法使用。

3. 企业应定期独立检查并核对借款业务、债券持有人明细账和总分类账、股票登记簿、股东名册及股本账的正确完整性,以确保产权关系明确,保护投资者合法权益。若这些记录由外部机构保存,则需定期同外部机构核对。股票登记簿内每张股票存根中的股份数、股票编号、股东姓名、成交日期及发行股票是否按编号顺序签发也需由专人定期检查。

4. 企业应按照筹资方案或合同约定的本金、利率、期限、汇率及币种,准确计算应付利息,与债权人核对无误后按期支付。

## 第三节 投资与筹资循环内部控制测试

### 一、投资与筹资循环内部控制的关键风险点

1. 投资、筹资活动与企业战略不符带来的风险。企业投资、筹资业务应当有基

于企业长远发展目标下的战略规划，企业投资、筹资的决策过程要有严格可行性研究、项目立项、授权批准、可行性研究报告评审等决策步骤。若企业急功近利或管理层凌驾于内部控制之上，则可能导致投资、筹资出现重大决策失误，从而造成重大资金损失。

2. 投资与筹资计划实施过程不规范。投资实施方案应当科学完整，投资项目的执行管理应当及时、全面，投资收益确认应当符合相关规定，计提投资减值准备应合理、恰当。在筹资执行和偿付阶段，控制应清晰合理，筹资活动的确认、计量和报告应符合相关准则及规定。

3. 投资活动忽略资本结构和流动性风险。企业的投资活动会形成特定资产，并由此影响企业资产结构。

4. 缺乏严密的授权控制审批制度及岗位控制制度。授权审批制度是保证企业投资和筹资活动合法有效的重要手段，不相容职务分离的岗位控制制度则是通过相互牵制与监督，保证投资与筹资活动在严格控制下进行，是投资、筹资过程中防舞弊的重要手段。

5. 缺乏严密的资产保管制度，存在会计记录风险。除严格授权控制与岗位不相容职务分离外，严密的资产保管制度和会计控制制度也是降低风险的重要途径。

## 二、投资与筹资循环控制测试的具体内容

（一）投资与筹资循环容易发生错报的环节

1. 形成投资和筹集资金相关的内部控制未被有效执行。
2. 投资与筹资资产保管相关的内控未被有效执行。
3. 投资与筹资核算相关的内部控制未被有效执行。
4. 投资资产盘点时盘核方法不适当，盘核结果与会计账面记录存在差异及对差异的处理不合规。

（二）投资业务控制测试的具体内容

1. 索取投资合同或协议、投资的授权批文、被投资单位的投资证明，检查投资交易的真实性及投资手续的合理性。

2. 询问相关人员投资金额是否及时入账，投资证券是否以企业名义及时登记。抽查投资业务的会计记录，从明细账中抽取部分会计记录，按原始凭证到明细账、总账的顺序核对证券购售情况，以确定证券名称、买卖日期、编号、购入成本或出售价值、证券持有人等有关数据和资料是否相互一致，判断其会计处理过程是否合规完整。

3. 了解证券资产的保管制度，检查被审计单位自行保管时，存取证券是否进行详细的记录并由所有经手人员签字。

4. 审阅盘核报告，了解企业是否定期进行证券投资资产的盘点，检查盘点方法是否恰当、盘点结果与会计记录核对情况及对差异的处理是否合规。

（三）筹资业务控制测试的具体内容

1. 取得筹资业务法律性文件、借款合同或协议、债券契约、承销或包销协议，检查债券发行是否经董事会授权、筹资业务是否履行了适当的审批手续、是否符合法律的规定。

2. 检查企业筹资业务收入是否立即存入银行并取得相关契约，检查企业是否根据契约的规定，按董事会的授权支付债务利息、偿还债券和发放股利。

3. 索取证券库存登记簿，检查筹集资产是否指定专人妥善保管并定期核对。

4. 抽查筹资业务的会计记录，从明细账中抽取部分会计记录，按原始凭证到明细账、总账的顺序核对有关数据和情况，判断其会计处理过程是否合规完整。

## 投资与筹资循环内部控制审计案例分析

### 案例材料

A 注册会计师采用检查、观察、询问、穿行测试等方法对 S 公司投资与筹资循环内部控制执行相关测试，发现了以下现象。

1. 公司管理条例规定对外投资决策由董事长与投资部门审批，未涉及董事会审批。

2. 在筹资过程中，高层管理人员与筹资一线人员缺乏良好的沟通渠道，一线筹资人员很少向高层领导汇报。

3. 通过询问筹资业务相关人员发现，尽管 S 公司设计了较为严密的筹资审批计划，但公司大部分筹资业务并没有经过层层审批，一般由高层领导直接制订筹资计划并下达实施。

4. S 公司缺乏对筹资资金相关会计控制的规定，实施筹资计划时，会计记录、资金划拨使用、跟踪管理等均由财务部门负责，有时筹资资金相关业务记录和会计处理均由一人完成。

5. S 公司投资、筹资业务管理松散，未定期与投资者及债务人核对账户。

6. S 公司在执行投资、筹资管理方面的制度存在不规范，其下属北京经销部、天津经销部、南京经销部、太原分公司和运城营销部五家分公司未纳入汇总及合并报表范围。

试问：以上现象反映了 S 公司存在哪些内部控制缺陷？应如何针对这些内部控制缺陷进行整改？

### 案例解析

1. 内部控制设计缺陷

（1）投资决策审批流程不规范

投资业务属企业重大事项，应上报董事会研讨审批。但 S 公司投资决策由董事长与投资部门审批，缺乏集体决议审批机制，可能严重影响投资项目的实施，甚至导致投资失败。

(2) 信息沟通机制不健全

公司筹资与投资业务的成功，有赖于管理层与筹资、投资关键人员的信息沟通。投资业务涉及公司多个部门，S公司办理投资与筹资业务的一线人员未与公司管理层建立有效的沟通渠道，管理层无法实时获得投资与筹资进展的相关信息，不利于投资决策的执行。

2. 内部控制运行缺陷

(1) 筹资审批机制流于形式，未执行已制定的审批机制

公司需对筹资业务建立严格的授权审批制度，并严格按照相应审批制度执行筹资活动，否则很可能导致筹资活动失败。S公司尽管建立了严密的筹资审批机制，但公司大部分筹资业务并未经过审批机制，一般由公司高层直接决定，容易滋生舞弊行为，导致筹资业务失败。

(2) 投资与筹资账务处理不规范

企业在执行投资与筹资循环内部控制时，应根据筹资与投资可能发生的情况进行相应的会计处理。S公司投资与筹资管理不善，未定期与投资者或债权人核对相关账户，下属子公司多家营销部业务核算未纳入合并报表。

(3) 筹资业务会计控制不严密，未执行不相容职务分离控制

筹资活动除了筹集资金，更重要的是管理筹资资金。S公司缺乏对筹资资金会计控制的规定，会计记录、资金划拨使用、跟踪管理等工作均由财务部门一位员工完成，易滋生舞弊行为，引发巨大的筹资风险。

3. 内部控制缺陷整改方案

就以上内部控制缺陷，S公司可制订如下投资与筹资循环内部控制缺陷整改方案。

(1) 优化投资决策审批流程

优化投资决策审批流程，完善投资集体决议审批机制，明确集体决议的人员组成、决策程序、议题讨论、会议表决、会议记录、会议纪律、执行程序，进一步规范权力自由裁量行为，提高投资决策科学性，确保投资项目可行性。

(2) 健全信息沟通机制

建立健全高效的信息沟通机制，采用多种通信方式组织定期会议沟通投资与筹资的最新进展。确保在筹资方案提出、审批、评价等各阶段，相关人员能够及时获取与该项目有关的最新信息，以保证投资或筹资活动顺利完成。

(3) 健全不相容岗位分离控制

建立投资与筹资业务岗位责任制，明确各有关部门及岗位的权责，确保投资与筹资业务的不相容岗位分离、制约与监督。杜绝会计记录、资金划拨使用、跟踪管理等环节均由财务部门负责或由单人独立完成的现象，要求同一部门或个人不得办理投资

或筹资业务的全过程。

(4) 强化筹资审批流程执行力

强化筹资审批流程执行意识,加强对执行筹资审批流程各关键环节的监督,提高筹资决策的科学性。

(5) 规范投资与筹资账务处理

定期与投资者或债权人核对相关账户,管控投资与筹资风险。将下属子公司所有营销部业务核算纳入合并报表,真实准确地反映企业财务信息。

【第九章 案例拓展】

# 第十章 货币资金内部控制及测试

## 学习目标

- 了解货币资金循环涉及的主要业务活动、凭证与会计记录;
- 掌握货币资金内部控制的目标与为实现目标而设计的内部控制;
- 掌握货币资金内部控制的风险点与为应对风险实施的控制测试。

## 思维导图

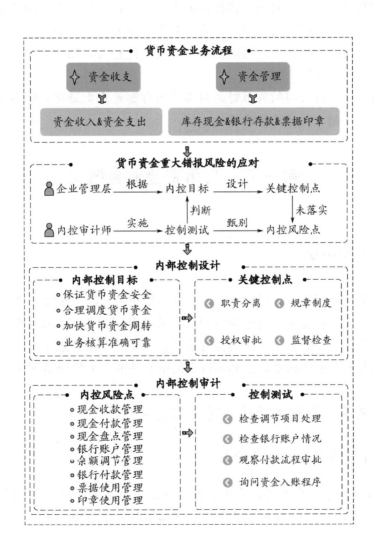

**案例导读**

康得新复合材料集团股份有限公司（简称康得新公司）在北京银行西单支行开立了银行账户，账户余额高达 122 亿元。但该公司却无力兑付发行总额 15 亿元、本息合计 15.6 亿元的债券，终构成实质性违约，只因其银行存款既不能用于支付也无法执行。北京银行西单支行曾口头回复康得新公司，其银行账户"可用余额为零"，注册会计师就此存款向北京银行西单支行发出询证函，对方未回复。经审查，康得新公司及其大股东康得投资集团有限公司（简称康得投资集团）与北京银行西单支行违规签订了《现金管理合作协议》，该协议约定资金实时集中，子账户一旦收款，第一时间实时向上归集到母公司账户中，子账户记录资金余额，实际一无所有。当子账户发生付款时，母公司账户实时下拨资金，同时扣减该子账户资金余额。形式上，康得新公司账面有 122 亿元，实质上，资金已被大股东占用。证监会的《中国证券监督管理委员会行政处罚及市场禁入事先告知书》将其认定为"康得新公司合并范围内的 5 个银行账户资金被实时归集到康得投资集团，实质上系康得新公司向关联方康得投资集团提供资金、康得投资集团非经营性占用康得新公司资金的行为，构成康得新公司与康得投资集团之间的关联交易"。

要求：讨论康得新公司的货币资金内部控制有哪些重大缺陷，结合本案例探讨企业货币资金内部控制方面的注意事项。

## 第一节　货币资金业务概要

### 一、货币资金的概念

货币资金是企业流动性最强的资产，被誉为企业经营的"血液"，任何企业的生产经营活动均有赖于货币资金。货币资金因其存放地及用途不同，可分为现金、银行存款及其他货币资金。货币资金和采购与付款循环、筹资与投资循环、销售与收款循环、生产与存货循环有着密切联系，是必不可少的中心环节，为各个循环提供资金。

### 二、货币资金涉及的业务活动、凭证与记录

（一）货币资金涉及的业务活动

1. 处理单据。与货币资金有关的单据处理涉及企业各个职能部门及各大业务循环。例如，采购与销售循环中的销售发票、请购单和入库通知单等。

2. 受理结算凭证。结算凭证对整个货币资金循环有重要意义，一般包括销售部门受理的相关票据和收款结算凭证、采购部门收到的相关付款结算凭证。

3. 收付款项。出纳人员根据相关凭证（如销售发票、收款通知单、请购单、付款凭单等）办理收付款业务。

4. 账务处理。收到现金或银行存款，会计人员编制相应的收款凭证、登账。

（二）货币资金涉及的凭证与记录

1. 原始凭证。货币资金管理涉及的原始凭证指货币资金支出授权和货币资金收支审核的有关记录，主要包括现金日记账、银行存款日记账、其他货币资金日记账、现金盘点表、银行存款余额调节表等。

2. 记账凭证。货币资金管理涉及的记账凭证，是企业在现金收支业务过程中登记的相关账簿，主要包括银行对账单、支票及其存根、票据登记簿等。

表 10-1 根据各个凭证涉及的资产负债表和现金流量表科目，对凭证进行了分类。

表 10-1 货币资金管理涉及的主要凭证

| 报表类型 | 原始凭证 | 记账凭证 |
| --- | --- | --- |
| 现金流量表 | 现金盘点表 | 支票及其存根、票据登记簿 |
| 资产负债表 | 现金日记账、银行存款日记账、其他货币资金日记账 | 银行对账单 |

## 第二节 货币资金内部控制设计

### 一、货币资金内部控制的目标

内部控制能够通过监督和激励机制达到相应目标，只有明确了内部控制目标才能确定相应的内部控制范围和控制方式。因此，必须先明确货币资金的内部控制目标才能设计相应的内部控制制度。良好的内部控制有助于预防货币资金相关业务的操作错误和舞弊发生。结合货币资金的业务要求及具体特点，货币资金内部控制应包括如下目标。

（一）保证货币资金安全，防止舞弊行为发生

货币资金流动性强，发生舞弊的可能性较大。企业必须建立严格的资金内部控制系统，

从人员组织、岗位职责、业务流程等方面做出严格规定，在制度上保证货币资金安全。

### （二）合理调度货币资金，防止资金周转失灵

货币资金支出频繁，企业必须保证合理的货币资金存量，用于日常支出及某些特殊用途。因此，加强货币资金控制，有计划地使用货币资金，防止资金周转失灵，是货币资金内部控制的重要目标。

### （三）加快货币资金周转，提高货币资金使用效率

货币资金使用广泛，企业各业务均需直接或间接使用货币资金。因此，企业既要保持适当的货币资金存量，又不能过多持有货币资金，避免积压货币资金，造成资源的低效利用。

### （四）保证货币资金核算的准确可靠

企业财务部门必须按照有关法律法规及相关准则进行货币资金的核算，正确编制相应的会计凭证，及时登账，在会计账簿和会计报表上准确地列示货币资金。同时，企业需确认该货币资金属于企业所有，所有与货币资金有关的会计核算资料准确可靠并与实物相符。

## 二、货币资金的内部控制设计

良好的货币资金内部控制制度有助于预防或减少货币资金的错误与舞弊行为的发生。可以从以下几个方面入手设计货币资金内部控制制度。

### （一）职责分工

货币资金相关业务的不相容岗位包括：出纳与稽核、会计档案保管、债权债务账目登记及银行对账单的获取、银行存款余额调节表的编制工作；货币资金收支与记账。不得由一人全程办理货币资金相关业务。

### （二）授权审批

1. 部门或个人借款或用款时必须执行严格的授权审批程序，严禁擅自挪用、借出货币资金。按要求填写货币资金支付申请，注明款项的用途、金额、预算、支付方式等，并附有效经济合同或相关证明交部门经理复核，审批通过后送交财务部门，财务经理复核签字确认后交由出纳安排付款。

2. 超过库存管理限额的现金收入应及时存入银行，不得坐支现金，如需坐支，应

经开户银行审查批准，并核定坐支范围和限额。

3. 若现金盘点金额与现金日记账余额存在差异，需查明原因并报财务经理批准后方可进行财务处理。

4. 禁止企业内设管理部门自行开立、变更和注销银行账户。银行账户的开立应由会计主管根据企业的实际业务需要就银行账户的开立、变更和注销提出申请，经财务经理审核后报总经理审批方可进行。

5. 按规定需要有关负责人签字或盖章的经济业务，必须严格履行签字或盖章手续。

（三）凭证和记录（信息处理）

1. 出纳人员根据经复核的付款申请，按规定办理货币资金支付手续，及时登记现金和银行存款日记账。

2. 严守银行结算纪律，加强对与货币资金相关的票据和银行预留印鉴的管理。不得签发没有资金保证的票据或远期支票，套取银行信用；不得签发、取得和转让没有真实交易和债权债务的票据，套取银行和他人资金。

3. 财务部门设置银行票据登记簿，由出纳员登记银行票据的购买、领用、背书转让及注销等事项。

（四）内部核查程序

1. 对于货币资金支付业务，部门经理审核部门人员填写的货币资金支付申请和付款金额是否真实准确及后附票据是否齐备。财务经理需复核经部门经理审批的付款申请及后附相关凭据或证明。若付款金额重大，应当实行集体决策和审批，防范贪污、侵占、挪用货币资金等行为。

2. 定期检查收入是否及时入账，排查私设"小金库"、设置账外账、收款不入账等情况。

3. 指定专人每月至少核对银行账户一次。

4. 企业应严格监控印章的使用。财务专用章应由专人保管，个人名章必须由本人或其授权人员保管，严禁一人保管支付款项所需的全部印章。

5. 出纳员每日自行盘点库存现金，编制现金报表，计算当日现金收入、支出及结余额，核对结余额与实际库存额，如有差异，及时查明原因。每月末，会计主管指定出纳员以外的人员盘点空白票据、未办理收款和承兑的票据，编制银行票据盘点表并与银行票据登记簿进行核对；核对银行存款日记账和银行对账单，编制银行存款余额调节表；盘点现金，编制库存现金盘点表，将盘点金额与现金日记账余额进行核对。会计主管复核现金报表、银行存款余额调节表、银行票据盘点表和库存现金盘点表，若存在不符事项，应及时进行处理。

## 第三节 货币资金内部控制测试

### 一、货币资金内部控制的关键风险点及需保持警觉的情形

考虑到货币资金在各个循环中的重要性及其自身复杂性特点,内部审计人员必须加强对货币资金的风险测试和控制,寻找货币资金管理的关键风险点,以降低相应的审计风险。

(一)货币资金内部控制的关键风险点

1. 通过虚假交易或关联交易虚增货币资金,影响交易的发生认定或货币资金的存在认定。
2. 由于折算汇率的选择错误导致在外币交易发生时或期末时计价错误。
3. 期末由于截止性错误存在未达账项。例如,银付企未付、企收银未收等。
4. 未按规定对货币资金进行恰当、充分的披露。例如,未披露使用受到限制的货币资金。

(二)货币资金内控审计需保持警觉的情形

1. 被审计单位的现金交易比例较高,并与其所在行业常用结算模式不同。
2. 企业库存现金金额超过企业经营运转所需资金。
3. 银行账户开立数量与企业实际的业务规模不匹配。
4. 在没有经营业务的地区开立银行账户。
5. 企业资金存放于管理层或员工个人账户。
6. 不能提供银行对账单或银行存款余额调节表。
7. 银行存款明细账存在非正常转账的"一借一贷"。
8. 违反货币资金存放和使用规定(例如,上市公司未经批准开立账户转移募集资金、未经许可将募集资金转作其他用途等)。
9. 被审计单位不涉足外贸业务却存在大额外币收付记录。

### 二、货币资金内部控制测试的具体内容

(一)货币资金容易发生的错报

企业货币资金方面容易发生的错报如表 10-2 所示。

表 10-2 货币资金容易发生的错报

| 货币资金类型 | 错报类型 | 错报含义及表现 |
|---|---|---|
| 库存现金 | 私扣生产经营收入 | 登记收入与销售明细账时，产成品账中有销售记录而销售账中没有产成品记录且私自将该收入存入"小金库" |
| | 非法侵占、出售国家和其他单位资产的收入 | 物品报废残值不入账且将其转入"小金库" |
| | 虚列支出、虚报冒领 | 成本、费用明细账及会计凭证中存在以领代报、以借代报现象，实际现金已转入"小金库" |
| | 私自或有意将投资、联营所得转移存放于外单位或境外 | 一般发生在对外投资有关账目，超额收取投资收益，可向投资、联营方查证 |
| | 隐匿回扣、佣金或收取好处费 | 材料采购记录与实际不符，存在舍近求远、购买质次价高材料，从中收回扣或好处费存入"小金库"等情况 |
| 银行存款 | 制造余额出错 | 会计人员故意错算银行存款日记账余额，掩饰其以支票购买商品或置换现金的行为；在月底银行存款试算不平时，借机伪造余额错误现象，为日后舞弊贪污创造机会 |
| | 擅自提现 | 财务人员借职务便利，签署现金支票获取现金，未留存现金的存根，将获得的现金收入私囊 |
| | 公款私存 | 以个人名义存储现金，以预付账款名义从单位银行账户汇款至个人账户，从而将公款转至自己的银行账户，实现侵吞利息甚至占用挪用单位资金的目的 |
| | 支票外借 | 未专设登记簿记录各类票据的购买、保管、领用、背书转让、注销等环节的职责权限和程序，以防止空白票据遗失、外借和被盗 |
| | 库存现金与银行存款账户混用 | 在账务处理中，以现金支出替代银行存款支出，或用银行存款收入替代现金收入，实现套现并将之据为己有 |

## (二) 货币资金内部控制测试的具体内容

货币资金内部控制测试主要围绕识别出的可能错报环节，实施相应的控制测试。

1. 观察财务经理复核现金或银行付款申请时是否核对了付款申请的用途、金额及后附相关凭证，在核对无误后是否进行了签字确认。重新核对经审批及复核的付款申请及其相关凭证，以确认企业日常现金付款业务中执行的内部控制是否与内部控制政策要求保持一致。

2. 询问财务人员货币资金的入账程序，检查收入是否及时入账。

3. 月末参与现金盘点，检查是否由专人盘点现金，观察现金盘点程序是否按照盘点计划的指令和程序执行。检查现金盘点表中记录的现金盘点余额是否与实际盘点金额、现金日记账余额保持一致。针对调节差异金额超过一定金额的调节项,检查是否经财务经理签字复核,是否及时跟进处理。

4. 询问会计主管本年度账户开立、变更、撤销的整体情况,以及是否存在出租、出借银行账户的情况,并取得银行账户的清单,检查清单的完整性,在选取适当样本的基础上检查账户的开立、变更、撤销项目是否已经财务经理和总经理审批。

5. 询问相关人员银行存款余额调节表的编制和复核过程。检查银行存款余额调节表中记录的企业银行存款日记账余额是否与银行存款日记账余额保持一致、调节表中记录的银行对账单余额是否与企业提供的银行对账单中的余额保持一致。针对调节项目,检查是否经会计主管的签字复核。对于大额未达账项进行期后收付款的检查。

## 货币资金内部控制审计案例分析

### 案例材料

A 注册会计师采用检查、观察、询问、穿行测试等方法对 S 公司货币资金内部控制执行相关测试,发现了以下现象。

1. 该公司下属某子公司 M 财务岗位共设出纳、成本会计(兼核对往来账)、总账会计(兼银行业务)3 人。为操作方便,出纳利用办理业务之机,顺便从银行索取对账单,往来账会计人员核对银行存款日记账与银行对账单,若核对不一致,即编制银行存款余额调节表。

2. 检查 S 公司与货币资金相关的内部控制制度后发现,该公司未明确资金使用审批权限的具体金额,也未明确在资金事后控制活动中跟踪检查等事项。

3. 该公司重大资金支付业务仅由财务总监决策。

4. 该公司关键岗位员工长期经办同一岗位同一业务且长期未休假,对于货币资金核心岗位未实施轮换制度。

5. 对于关键业务,该公司没有设立明确的监督机构与监督人员,也未定期进行检验,缺少反舞弊的常设机构。

6. 该公司下属某一子公司银行财务印鉴丢失后,未及时妥善应对,导致公司正常业务无法进行。

7. 与客户例行对账过程中,该公司销售部员工朱某某利用其向客户收取汇票的机会,徇私舞弊、私刻公章,故意延迟将从客户处收取的票据交回公司。

8. 该公司会计人员因职务便利,在账务处理过程中,经常将现金收支等业务同银行存款账户混用编制记账凭证,用现金支出替代银行存款支出。

试问:以上现象反映了 S 公司货币资金内部控制存在哪些缺陷,如何制定相应的内部控制缺陷整改方案?

**案例解析**

1. 内部控制设计缺陷

（1）不相容岗位未分离

货币资金循环内部控制的基本要求是负责货币资金收付的有关人员及记录人员必须由不同的人分别承担相应职务。S公司在财务岗位设置时，未明确各个岗位职责，导致出纳既能办理银行收支业务，又能够索取银行对账单，易产生财务舞弊行为。

（2）授权审批制度不完善

根据《企业内部控制应用指引第6号——资金活动》，企业应当对货币资金建立相应的授权与审批制度，并按照规定的程序办理货币资金收支业务。S公司未明确审批人对货币资金业务的授权审批方式、权限、责任等，出现具体审批金额无法确定，后续业务无法实时跟踪等问题，且重大货币资金支付业务缺乏相应的集体决策机制。

（3）岗位轮换制度设计漏洞

S公司长期由同一员工经办关键岗位业务，未实行岗位轮换制度，虽然长期由一个人从事某一岗位能使其更熟悉业务流程，提高工作效率，但也易造成岗位疲劳，形成职务依赖，甚至滋生挪用公款等贪污舞弊行为。

（4）监督机制不完善

内部控制运行的好坏有赖于内部监督机制，良好的监督机制能够预防关键业务中的风险，及时评价内部控制活动的效果，并进行实时改善。S公司未建立相应监督机制，对关键岗位未设置监督机构与监督人员，也没有设立相应的反舞弊机构，易滋生舞弊行为。

2. 内部控制运行缺陷

（1）未执行不相容职务分离控制

S公司不仅设计层面未做到不相容职务分离，执行过程中也存在相应问题。比如，出纳既能进行现金收付业务，又能索取银行对账单。

（2）票据与印章管理流于形式

S公司对印章和票据的管理存在严重漏洞。如S公司下属某一子公司印章丢失，却未上报处理，导致相关业务停滞无法开展；销售部门员工私刻公章、故意延迟将客户签发的票据交回公司等。

（3）库存现金与银行存款账户混用

S公司存在明显的库存现金与银行存款账户混用现象，该现象源于财务人员的舞弊行为，很可能导致企业经济利益损失。但这种现象很容易通过定期的监督审查发现，S公司现金与银行存款账户混用现象长期存在，说明货币资金内部监督机制的设计与运行存在严重漏洞。

3. 内部控制缺陷整改方案

针对以上内部控制缺陷，S公司可制订如下货币资金内部控制缺陷整改方案。

(1) 制定严格的岗位分工制度，并实时监督

完善岗位分工制度，严格分离不相容职务。设置专职人员到银行索取银行对账单，出纳只负责现金收支业务，不能办理岗位职责范围外的业务。

(2) 完善授权审批制度

建立货币资金授权与审批制度，并按规定程序办理货币资金收支业务。对重大货币资金业务，必须实行集体决策机制，并建立责任追究制度。严禁未授权的机构或人员办理货币资金相关业务或者直接接触货币资金。

(3) 对货币资金特别岗位制定合理的轮岗制度

公司人力资源部门对公司货币资金特别岗位设计合理的岗位轮换制度及休假机制，并安排专员进行相应地监督与审查。除轮岗制度外，公司应该组织相应知识与技能培训，不断提高员工素质与业务水平，为特别岗位培育更多优秀人才。

(4) 完善监督机制

① 成立内部审计部门，对公司其他部门实行监督。从货币资金业务角度来说，对内部审计部门的权责进行合理设计，如审查是否存在岗位不相容情况，是否存在现金收支与银行存款混用，授权审批制度执行情况，印章和票据保管情况及其他货币资金薄弱环节的审查等。

② 建立有效的舞弊汇报和监察机制。加强信息沟通汇报机制，建立匿名举报制度。匿名举报制度可以减少内部人员对报告舞弊而遭到报复的顾虑，使信息沟通更加顺畅。

【第十章　知识链接】

# 第十一章 信息系统内部控制及测试

## 学习目标

- 了解信息系统内部控制的含义与涉及的主要业务活动；
- 掌握信息系统内部控制的目标与为实现目标而设计的内部控制；
- 掌握信息系统内部控制的风险点与为应对风险实施的控制测试。

## 思维导图

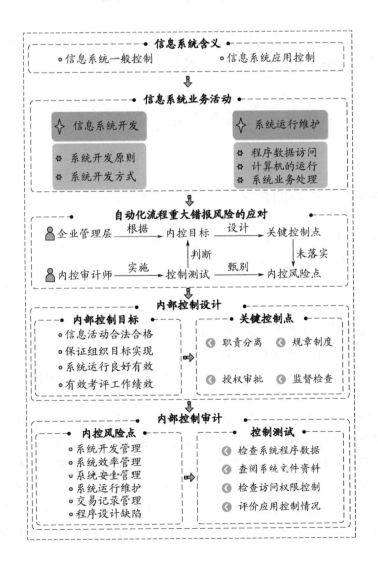

**案例导读**

广州地铁集团有限公司（曾用名广州市地下铁道总公司，简称广州地铁）成立于1992年12月28日，是广州市人民政府全资的大型国有企业，公司担负着广州市快速轨道交通系统的建设及运营管理的重责，同时经营以地铁相关资源开发为主的多元化产业。2006年，广州地铁与外部审计顾问共同完成了"广州地铁信息系统审计咨询服务项目"，首次对其财务管理系统、物资采购系统和自动售检票系统三大系统进行审计，在向审计人员传输信息系统审计技能的同时，建立《广州地铁IT审计实施细则》，在技能和方法上为信息系统审计模块的发展奠定了基础。随后，广州地铁审计人员参照审计手册，先后独立开展了包括广州地铁广告经营管理系统审计、运营票务收入保障评估和资金集中管理有效性审计、合同管理系统审计等一系列信息系统专项审计项目。通过这些项目，磨砺了审计人员的业务能力，也推动了公司信息系统审计模块走向成熟。

要求：讨论广州地铁实施信息系统审计的必要性和成功经验，并结合案例进一步探讨企业信息系统内部控制审计在企业发展中的重要作用。

## 第一节　信息系统内部控制概要

### 一、信息系统内部控制的含义

二十大报告强调要加快建设"网络强国""数字中国"，这对加快释放信息化发展的巨大潜能、以信息化驱动现代化具有重大意义。当今世界，网络信息技术发展日新月异，以数字化、网络化、智能化为特征的信息化浪潮蓬勃兴起，没有信息化就没有现代化。

信息系统是由计算机硬件、网络和通信设备、计算机软件、信息资源、信息用户和规章制度组成的以处理信息流为目的的人机一体化系统，现已成为支持公司业务、财务、管理的重要基础架构，满足公司内外部及第三方人员对公司信息的访问。《企业内部控制应用指引》将信息系统称为企业利用计算机和通信技术，对内部控制进行集成、转化和提升所形成的信息化管理平台。而信息系统内部控制是为了保证信息系统的有效性、可靠性和安全性，提高信息系统运营效率、确保信息准确、完整、可靠，有效保护信息资产，利用各种手段和技术对信息、系统实施的管理和控制过程。信息系统内部控制并不是静态的，它是一个包含"设计—执行—评价—改进"的动态循环过程。从本质上来说，信息系统内部控制是为了防范违规事件、输入信息系统的数据资料异常（如未经授权、不准确、不完整、无效等）或信息系统处理数据异常，减少或避免违规事件的发生及其带来的损失。

## 二、信息系统内部控制的目标

信息系统内部控制有六个目标,这些目标诠释了信息系统内部控制在信息系统中的作用。

### (一) 保证组织目标的实现

信息系统内部控制要从组织目标和信息化战略中提取信息需求和功能需求,形成总体的信息系统内部控制框架,为系统的运行提供保障,保证信息技术与持续变化的业务目标相适应。

### (二) 保证信息系统运行的效率与效果

信息系统的运行效率在很大程度上取决于输入数据的速度。因此,在系统输入设计中,可采用适当的控制设计技术,提高系统输入效率。通过信息系统内部控制可对信息资源进行有效管理,保证信息系统正常运行,并支持企业管理决策。

### (三) 风险控制

企业管理越来越依赖于信息技术和网络,导致新的风险不断涌现。信息系统内部控制强调风险控制,通过制定信息资源的保护级别,重点关注关键的信息技术资源,有效实施监控和事故处理。信息系统内部控制是使组织信息系统适应外部环境变化,使组织内部有效利用业务流程中的资源,进而改善管理效率和水平的重要手段。

### (四) 有效考评工作绩效

在企业内部制定必要的控制制度,通过信息系统明确职责分工、收集业务流程信息。一方面,有利于该部门或企业各项方针政策的贯彻执行;另一方面,也为考核和评价部门或员工业绩提供了依据。不仅有利于进一步调动各方面积极性,做到奖罚分明,也为主管人员及时调整和改进各项工作提供了依据。

### (五) 促进经济效益的提高

根据企业总体目标建立的包括组织与管理控制、系统开发控制、系统安全控制等的信息系统内部控制,最终目的是促进企业经营管理活动合理化,改善经营管理,提高经济效益。

### （六）保证信息活动的合法合规

任何企业的信息活动都必须遵守国家相关政策、法规的规定，在信息系统设计及运行阶段建立适当的信息内部控制制度，可以保证企业信息活动的合法合规性，最大限度地减少企业内部各种有意无意的违法违规操作。

## 第二节 信息系统内部控制设计

企业应加强信息系统的管理工作，并对其工作流程进行有效控制。信息环境下的内部控制按照控制范围可划分为一般控制和应用控制，一般控制是针对信息系统构成要素及其环境的控制，应用控制是针对具体功能模块及业务数据处理过程各环节的控制。一般控制是应用控制的基础，应用控制是一般控制的深化。

### 一、信息系统一般控制

信息系统一般控制指为了保证信息系统的安全，对整个信息系统及外部各种环境要素实施的、对所有应用或控制模块具有普遍影响的控制措施，主要是有关电子数据处理的政策和制度。信息系统一般控制通常会对实现信息处理目标和实现部分或全部财务报告认定做出直接或间接的贡献，这是因为有效的一般控制确保了应用控制和依赖计算机处理的自动会计程序得以持续有效地运行。信息系统一般控制可划分为组织与管理控制、系统开发控制、系统安全控制、系统软件控制及数据和程序控制。

#### （一）组织与管理控制

组织与管理控制的主要控制方式包括重大事项决策与审批机构设立、信息系统岗位责任制的制定及权责的划分和职能的分离。

1. 信息系统重大事项决策与审批机构设立：企业计算机信息系统战略规划、重要信息系统政策等重大事项应当经由董事会（或由企业章程规定的经理、厂长办公会等类似的决策治理机构）审批通过后方可实施；信息系统战略规划应当与企业业务目标保持一致；信息系统使用部门应当参与信息系统战略规划、重要信息系统政策等的制定。

2. 信息系统岗位责任制：计算机信息系统岗位一般包括系统分析、编程、测试、程序管理、数据库管理、数据控制、终端操作；企业可指定专门部门或岗位对计算机信息系统实施归口管理，负责信息系统开发、变更、运行、维护等工作；财会部门负责信息系统中各项业务账务处理的准确性和及时性、会计电算化制度的制定、财务系统操作规定等；生产、销售、仓储及其他部门（简称用户部门）应当根据本部门在信息系统中的职能定位，参与信息系统建设，按照归口管理部门制定的管理标准、规范、规章操作和运用信息系统；企业管理层应明确定义系统归口管理部门和用户部门（包括财务部门）在保证系统正常安全运行过程中各自承担的职责，制定部门间的职责分工表。

3. 权责划分和职能分离：所有业务均应由用户部门发起或授权；除计算机系统设备外的所有资产的保管责任与电算部门分离；所有业务记录与主文件记录的改变均需用户部门授权，电算部门无权私自改动业务记录和有关文件；所有业务过程中产生的错误数据均由用户部门负责或授权改正，电算部门只允许改正数据在输入、处理和输出过程中由于操作疏忽引起的错误；现有信息系统的改进、新系统的应用及控制措施都应由受益部门发起并经高级管理人员授权，包括现有应用程序的改进，未经有关部门的批准，电算部门无权擅自修改程序。

（二）系统开发控制

系统开发控制主要运用于自行开发计算机信息系统软件的单位，一般应当包括以下几项。

1. 开发计划控制。在系统开发计划阶段应严格审查、反复调查论证后方可实施开发计划。

2. 开发过程中的人员控制。例如，系统分析员一般不参与程序编写，程序员不负责系统的最后测试等。

3. 文档资料控制。计算机信息系统开发过程中会产生许多文档资料（如可行性分析报告、系统说明书、流程图、用户操作手册等），需有专人负责保管，对不同性质的文档应当设定不同的保密性控制，且这种控制应当通过限制借阅对象来进行。

（三）系统安全控制

对计算机信息系统进行安全控制，目的是保证系统能有良好的运行环境，主要包括接触控制和环境安全控制。

1. 接触控制又称计算机操作控制，指保证只有经过授权审批的人员才能接触系统的硬件、软件、数据文件及系统文档资料的措施。接触控制的目的是保证计算机信息系统各项资源的正确使用，避免各种错误或故意的破坏行为。接触控制一般包括硬件接触控制和程序资料接触控制。硬件接触控制指对计算机的开启和使用、各种存储介质的装卸和搬运及计算机的检测和维修等的接触控制。硬件接触控制的关键在于对出入计算机工作场所的人员进行控制，一般情况下除非得到授权审批，否则系统分析人员、程序员等不得进入机房。程序资料接触控制指对各种程序资料的保管和使用方面的接触控制。程序资料接触控制的关键是没有得到授权审批的人员不得阅读及使用有关资料。

2. 环境安全控制是一种预防性控制，目的是尽量降低外界因素导致计算机发生故障的概率，保障计算机的正常运行，控制对象包括计算机机房的安全环境、机房的设备保护、安全供电系统的安装等。

（四）系统软件控制

系统软件是一组进行系统管理、支持应用程序运行的程序。系统软件的控制功能包括错误的处理、文件的保护及密码控制技术等。

1. 错误的处理功能主要指系统处理读写错误。一般情况下，如果发生读写错误，操作系统应指出发生的错误并做出相应处理，或要求重新读写，或作为例外记入某一文件，或停止计算机的操作并查找原因。

2. 文件的保护功能指对存储的文件加以控制以防未经授权的使用和修改。通常采用的手段包括内部标签的设置与核对，以保证只有经过授权的人员才能打开文件，防止数据的丢失，保证数据处理的完整性。

3. 密码控制技术主要是通过设置密码对系统的操作进行控制，以防未经授权审批的人员使用系统。采用密码控制的同时，也可以记录系统使用人员和相关活动，以备日后检查。

（五）数据和程序控制

数据和程序控制主要指对存储的文件和程序等加以控制，以防未经授权的人员使用或修改数据和程序等。数据和程序控制直接受上述有关控制的完善程度和执行情况的影响。

## 二、信息系统应用控制

信息系统应用控制是为适应各种信息数据处理的特殊需求，保证信息数据处理完整、准确地完成而建立的内部控制。由于应用控制涉及各种类型的业务，每种业务及其数据处理具有其特殊流程的要求，因此应用控制的设计需结合具体业务进行。在设计信息系统应用控制时不仅需考虑信息系统的复杂程度（比如，复杂的计算需求或业务规则、跨国或复杂的信息系统架构、应用技术的采用、信息系统所提供的功能等因素），还需考虑信息系统在企业中的应用（比如，信息系统所支持的业务交易及其对系统的依赖程度、信息系统间的链接等因素）。总体而言，应考虑信息系统需关注的风险、需支持的业务、需设置的控制、需采用的技术和需采用的人员。每个企业的信息系统应用控制都应该因企业业务性质、组织和人员、管理需求、采用的技术、监管要求等的不同而有所区别。同时，应用控制必须要有政策、制度、人员、检查和维护机制等相关配套支持才能持续有效。应用控制可根据信息数据的处理过程划分为输入控制、处理控制和输出控制，应用控制由手工控制和程序化控制构成，但以程序化控制为主。

### （一）输入控制

输入控制的主要目的是确保经济业务在计算机处理之前经过适当的审批，经济业务数据被准确转换为机器可读的形式并记录于计算机数据文件中，经济业务数据没有丢失或不适当地增加、拷贝、改动。输入控制是保证整个系统能够输出正确信息的关键环节，输入控制的措施可能因系统的复杂程度和重要程度的不同而有所不同，一般可采取记录数点计、控制总数核对、合理性检验、有效性检验、顺序检验、平衡检验等程序化控制措施。

### （二）计算机处理与数据文件控制

计算机处理与数据文件控制主要是为了确保经济业务数据（包括系统生成的数据）由计算机正确地处理，没有丢失或不适当地增加、拷贝、改动，计算机处理的错误被及时地鉴别并改正。计算机处理与数据文件控制可采取记录数点计、控制总数核对、溢出检验、平衡检验、合理性检验等程序化控制措施。

### （三）输出控制

输出控制的目的主要是确保计算机处理输出结果准确无误、输出操作仅限经过批准的人员进行、输出结果及时地提供给适当的经过审批的人员。输出控制可采取控制总数核对、勾稽关系检验、平衡检验等控制措施。

## 三、运用信息技术提高内部控制水平

习近平总书记在党的二十大报告中强调必须坚持"守正创新"，"守正"才能不迷失方向、不犯颠覆性错误，"创新"才能把握时代、引领时代。内部控制实践中的信息技术应用理应坚持"守正创新"。目前，信息技术在企业经营管理中的广泛应用，将企业的生产经营方式从手工业务流程化扩展到了手工依赖系统流程化及自动业务流程化。流程是指为了实现特定业务目标和经营成果所实施的一系列工作、任务或活动的集合，其从设计方式上可分为以下三种。

### （一）手工流程

手工流程指由某个特定的人员手工执行的步骤或程序。例如，补提折旧时，资产管理岗必须编制当月补提折旧的总额及明细汇总表交稽核岗审查，只有符合公司财务会计政策的补提折旧才能进行账务处理。手工流程存在判断错误、执行偏差等多方面限制。

### （二）自动流程

自动流程指完全依赖信息系统架构所支持的流程。例如，固定资产折旧额由系统按各项固定资产的原值、预计可使用年限、残值率及折旧方式自动计算生成。自动流程最大的优点在于，如果自动流程得到合理保障，将大幅降低人为操作处理错误的风险。

### （三）手工依赖系统流程

手工依赖系统流程指虽然某项活动由特定人员手工执行，但在一定程度上必须依赖信息系统才能完成。例如，稽核岗每季度将系统中补提折旧操作的日志记录与经审批的补提折旧总额及明细汇总表进行核对，检查是否存在未经稽核却进行补提折旧操作的情况。尽管这个活动由稽核岗手工核对执行，但核对是基于系统自动生成的日志记录来完成的。

企业适当运用信息技术有助于从减少人为判断、增加执行的一致性、固化业务规则、加强数据分析能力、加强业务掌握情况等方面提升对业务的管理，但业务流程的信息化并不能杜绝人员越权、合伙同谋等情况的发生。需要注意的是，不是每个业务流程都能做到自动化，并且有些业务流程不需要做到自动化；对整个企业实施技术提升的最终目的是促进企业经营目标的实现，并不仅仅是为了内控；运用信息技术并不意味着需要实施一个全新的系统，可通过现有系统和管理平台的结合来实现；信息技术的应用并不意味着内部控制一定得到落实且不会出现缺陷；信息技术的应用必然会带来新的风险，需相应的内部控制手段进行管理。

企业在建立内部控制时，控制类型的选择直接影响企业的控制成本、控制效率和效果。人工控制需企业投入较多人力成本，控制实施的效率较低，并且易出错。系统自动控制可帮助企业节约人力成本，并提高控制的效率和可依赖程度。因此，企业在内控建设过程中，必须根据自身情况，平衡成本效率和风险控制的要求，选择合理的控制组合。

## 第三节 信息系统内部控制测试

信息系统内部控制审计是一个通过收集和评价审计证据，对信息系统是否能够保护资产安全、维护数据完整、使被审计单位目标得以有效地实现、使组织资源得到高效地使用等方面做出判断的过程。如前所述，信息系统内部控制可以分为一般控制与应用控制。对信息系统一般控制与应用控制进行审计的目的在于审查、检验并评价与信息系统相关的各类控制在被审计单位信息系统中的完整性、可靠性和有效性。对信息系统内部控制进行审计可预防、检测和纠正系统产生的错误、舞弊和故障，使信息系统能够正常运行，并提供及时、可靠的信息，减少系统内部违规事件带来的损失，保证企业经营活动的效率和效果、资产的安全完整及企业利益的最大化。

## 一、信息系统一般控制审计

对信息系统一般控制的审计要求审计人员需对一般控制进行初步了解，并在此基础上进行一般控制的详细测试与评价。

（一）信息系统一般控制的初步了解

审计人员初步了解信息系统一般控制的目的在于对信息系统控制环境等对信息系统控制具有一般性影响的因素有一个大致的了解和掌握。一般而言，审计人员可以通过开展如下活动来了解信息系统一般控制的基本情况。

1. 通过初步询问信息系统管理者，取得信息系统环境的基本信息。
2. 审核组织结构图，确定恰当的职责分离确实存在，与信息系统管理人员探讨可能存在的部门冲突。
3. 取得关键信息系统人员的岗位说明书，审核其中是否包含了充分恰当的任职资格、任务界定及工作职责说明，确保企业有安排专人负责系统安全和系统控制。
4. 询问是否及时更新相关政策和规程，并就其对员工进行培训，监控他们的遵循性。
5. 确认新系统开发或程序生成系统的重大改进都采用了规范的方法，并在每个阶段得到了正式批准。
6. 审核信息系统预算和实际支出与取得的绩效（包括非财务绩效）间的差异，探讨差异产生的原因。
7. 根据系统设备的配置和软件参数的变更，审核运行和维护网络的程序是否发挥作用，确认分配和维护网络配置的程序是否定期执行，且在恰当的变更管理控制内。

通过开展上述活动，审计人员可了解有关信息系统组织结构的一般架构、资源规划和使用安排，以及安全与应急计划等政策和程序。对信息系统一般控制信息的了解，可帮助审计人员初步评估系统控制是否恰当，是否需进行下一步更为详细的一般控制测试与评价，是否需在将来扩大控制风险的测试与评价范围，是否对特殊项目进行专项审计等。

（二）信息系统一般控制的详细测试与评价

在对信息系统一般控制有了初步了解后，审计人员需对信息系统一般控制进行更为详细的测试和评价。全面而详细的信息系统一般控制审计通常涉及系统操作的各个方面，包括系统编程、通信控制和数据库管理，并需对程序库、数据库等进行控制测试。审计人员开展详细测试的同时，需全面回顾在一般控制了解程序中获取的信息（例如，信息系统的作业如何进行调度、存储介质如何管理、操作人员操作的程序和命令），并根据需要对审计程序进行调整。

一般而言，信息系统一般控制的详细测试需开展的工作主要包括如下几个方面。

1. 检查信息系统主要设备的放置环境是否安全可控。
2. 检查信息系统主要操作设备的程序安全性和物理安全性。
3. 检查信息系统设备的维护记录，确保物理控制和环境控制得到定期检测和维护。
4. 检查软件生成作业程序、实际与计划生成作业是否吻合。
5. 检查操作系统编程时是否使用了优先级代码。
6. 检查操作人员是否不得执行编程任务及运行未经授权的作业。
7. 检查信息系统日志文档，评价信息系统的不当使用情况。
8. 检查所有信息系统突发情况的处理是否得到恰当的记录并已提交相应管理者审核。
9. 判断系统能否自动记录所有系统行为，即所有运行的任务和作业、所有程序的返回、程序的非正常终止、操作员通过系统实施的命令和输入的数据都可以得到记录。
10. 检查计算机行为日志是否被定期审核，系统是否能检测出未记录的行为并给予记录。
11. 检查信息系统人员是否负责审核输出控制，评价这些控制审核是否得以执行。

## 二、信息系统应用控制审计

一般情况下，考虑到投资者的需求、注册会计师的胜任能力、成本效益原则及时间等方面因素，审计人员不会对所有信息系统应用控制进行审计，而是在审计信息系统一般控制的基础上，选择较为重要的应用程序进行审核。在确定信息系统应用控制审计对象后，审计人员需了解该应用程序的目标、所使用的系统技术方法及该应用程序相关的其他自动化过程或重要处理过程，等等。然后对相关应用程序进行穿行测试，以更好地理解其运作机理及控制运行方式。这些工作可帮助审计人员确定应用程序中的重要控制，并开展具体审计活动。

### （一）了解应用程序的关键要素

审计人员为了更好地了解应用程序的关键要素，可从如下文件资料中获取相关信息。

1. 系统开发方法初始化文本。这些文本代表了最初的项目要求、项目的成本收益依据和系统设计要求。尽管许多初始化假设可能在系统设计和实施过程中发生变化,但这些文本可帮助审计人员理解应用程序以某种方式设计和控制的理由。

2. 功能设计说明书。该文本较为详细地描述了每个程序要素、数据库说明及系统控制。如果应用程序在最初执行后发生了重大变化,应将这些变化反映在设计文本中,其目的是使信息系统部门分析人员能够依据用户对应用程序的要求做出反应。

3. 程序更改历史记录。对于应用程序中各种程序功能的变动,应由某类日志或文本记录表予以反映。一些信息系统部门会持有这份应用程序文本记录,而另一些部门会将它存放在核心文档中,以便与程序源代码相互参考。

4. 用户文本。现代信息系统中,用户文本大部分以帮助文件或自述文件的形式出现在输出文件中。这种文本应当充分详尽,并尽可能回答用户的所有问题。

5. 过去的审计工作底稿。审计人员应审核上述文本资料,了解需执行的应用程序控制措施,并使这些材料能为日后的访谈提问所用。关键文本或代表性文本的副本也应保留,以备形成工作底稿。

(二) 执行应用程序的穿行测试

在审计人员审核了以前的工作底稿和应用程序文本,并对应用程序的关键要素有了一定了解之后,需通过穿行测试检验其对应用程序的认识和了解。穿行测试的目的是确认审计人员是否大体了解操作性设备或计算机系统应用程序的运行方式,通过交易样本初步测试应用控制。应用程序穿行测试的基本步骤包括:

1. 总体理解该应用程序输入、输出及需手工干预的步骤。

2. 对有大量步骤需手工进行的应用程序,选择一个交易样本,按正常的生产循环进行操作,同时需记录交易的数字等信息。

3. 观察所选交易每个步骤的处理过程,注意该作业的下一个系统作业及进一步的系统输出,或者因为有意识的错误而被驳回的后续处理。

4. 追踪所选交易在应用程序中的每一步,注意没有遵循控制程序的实例及异常情况。

5. 在穿行测试的最后阶段,和管理人员讨论任何异常或意外,并记录内部控制的状态。

穿行测试可使审计人员初步了解应用程序及其内部控制。通过有限的符合性测试,审计人员可确认应用程序是否按照设定运行。虽然这种方法不能取代详细的实质性测试,但可使审计人员了解应用程序,并且帮助审计人员确定后续详细的审计测试和评价程序。

(三) 制定应用控制审计的目标

在审核文本记录并进行符合性穿行测试后,审计人员需制订详细的审计目标,以完成对应用程序的审计。这取决于计划的审核类型、应用程序的特征及初步审核步骤的结果。审计人员在启动应用程序控制审计前应该制订总体审计目标，一般包括以下几点。

1. 确定所有交易都记录在应用程序中，即在任何循环中输入的交易序号都能在输出文档或报告中追踪到。

2. 程序应发挥作用，以筛选程序处理错误，改正或清除错误，或进行恰当的重新处理。

3. 如果该应用程序接收来自其他程序的输出，或向其他程序提供输入，需对中间过程的交易和记录数进行控制。

4. 应用程序中的金额或数字应当精确计算，对四舍五入等处理方法必须有良好的控制。

5. 如果所运行的应用程序涉及法律或会计准则等方面的内容，该应用程序应当遵守这些法律或准则。

6. 如果应用程序在运行过程中使用了表格数据，表格文本必须可变、安全且定期更新。

7. 应用程序应受到恰当的实物或逻辑安全控制的保护。

8. 必须提供开发人员或用户层面的应用程序文本，描述关键的处理过程。

9. 根据用户要求修改的应用程序或安装升级软件的程序应发挥作用。

10. 关键文本备份的恰当程序应发挥作用，以应对紧急事件的发生，必须定期对应急计划进行测试。

11. 应用程序的处理性能应当符合其他信息系统的相关标准，对任何问题都需进行定期监控。

（四）应用程序的测试与评价

审计人员在评价信息系统应用控制时，一般可参考如下应用程序的测试内容。

1. 核对关键文本，审计人员可利用计算机辅助审计技术（Computer Assisted Audit Techniques，CAATs）测试数据文本是否和打印的报告结果一致，并利用CAATs软件重新计算关键文本数值。

2. 测试关键应用程序的计算，运用交易样本确定结果与合计数是否和预期一致。

3. 运行适用于审计的特殊更新。准备一套涉及应用程序各方面的测试交易，然后运行特殊更新，审核控制程序的更新结果及处理过程的正确性，最后需将此特殊更新从系统中删除。

4. 交易总额的计算，审计人员需运用交易总额的运算处理程序独立核实总额的正确性。

5. 应用程序的逻辑安全性，审核嵌入应用程序的安全设置水平，以确定相关人员是否具有适当的授权。

6. 文本控制，对关键文本记录的控制进行测试，以确定从更新处能够追溯到源头。

7. 未经授权的改动，通过计算总字数或其他方法确定使用的程序库是否和文本记录一致。

8. 应急计划条款，按审计风险高低审核应急计划，特别注意最近的应急状况测试结果。

## 三、信息系统内部控制审计的关键控制点

（一）岗位分工与授权审批控制点

1. 企业是否建立信息系统岗位责任制。信息系统岗位一般包括以下几种。

（1）系统分析。分析用户的信息需求，并据此制定设计或修改程序的方案。

（2）编程。编写计算机程序以执行系统分析员的设计和修改方案。

（3）计算机操作。负责运行并监控应用程序。

（4）数据库管理。综合分析、设计系统的数据需求，维护组织数据资源。

（5）信息系统库管理。在单独的信息系统库中存储暂时不用的程序和文件，并保留所有版本的数据和程序。

（6）数据控制。负责维护计算机路径代码的注册，确保原始数据经过正确授权，监控信息系统工作流程，协调输入和输出，将输入的错误数据反馈到输入部门并跟踪监控其纠正过程，将输出信息分发给经过授权的用户。

（7）终端。终端用户负责记录交易内容，授权处理数据，并利用系统输出的结果。

系统开发和变更过程中的不相容岗位（或职责）一般包括开发（或变更）审批、编程、系统上线、监控。系统访问过程中的不相容岗位（或职责）一般包括申请、审批、操作、监控。

2. 信息系统战略规划是否与企业业务目标保持一致，信息系统使用部门是否参与信息系统战略规划、重要信息系统政策等的制定。

3. 企业管理层是否明确定义系统归口管理部门和用户部门在保证系统正常安全运行过程中各自承担的职责，制订部门间的职责分工表。用户部门是否根据本部门在信息系统中的职能定位，参与信息系统建设和管理，按照归口管理部门制定的管理标准、规范、规章来操作、管理和运用信息系统。

（二）信息系统开发、变更与维护控制点

1. 计算机信息系统开发方式包括自行设计、外购调试和外包合作开发。那么，企业在开发信息系统时，是否充分考虑业务和信息的集成性，优化流程，将相应处理规则（交易权限）嵌入系统程序中，以预防、检查、纠正错误和舞弊行为，确保业务活

动的真实性、合法性和效益性。

2. 企业计算机信息系统开发是否遵循以下原则。

(1) 因地制宜原则。企业应当根据行业特点、企业规模、管理理念、组织结构、核算方法等因素设计适合本单位的信息系统。

(2) 成本效益原则。信息系统的建设应当能起到降低成本、纠正偏差的作用,根据成本效益原则,企业可以选择对重要领域中的关键因素进行信息系统改造。

(3) 理念与技术并重原则。信息系统建设应当将信息系统技术与信息系统管理理念整合,倡导全体员工积极参与信息系统建设,正确理解和使用信息系统,提高信息系统运作效率。

3. 信息系统开发是否按程序经过正式授权,具体程序包括用户部门提出需求、归口管理部门审核、企业负责人授权批准、系统分析人员设计方案、程序员编写代码等。

4. 对于外包合作开发的项目,企业是否加强对外包第三方的监控。外购调试或外包合作开发等需要进行招投标的信息系统开发项目,企业是否成立招投标小组,并保证招投标小组的独立性。

5. 企业是否制订详细的信息系统上线计划。对涉及新旧系统切换的情形,企业是否在上线计划中明确系统回退计划,保证新系统一旦失效,能够顺利回退到原来的系统状态。

6. 新旧系统切换时,如涉及数据迁移,企业是否制订详细的数据迁移计划。用户部门是否积极参与数据迁移过程,对数据迁移结果进行测试,并签署测试报告。

7. 信息系统在投入使用前是否完成整体测试和用户验收测试,以确保系统的正常运转。数据控制小组是否测试数据以证明程序工作正常并确认就绪,开发完成后是否交操作人员并由信息系统库管理员备份留存。

8. 信息系统原设计功能未能正常实现时,企业是否详细记录,并及时报告归口管理部门,由其负责系统程序修正和软件参数调整,尽快解决存在的问题。

9. 信息系统上线后,发生的任何系统源代码等方面的变更,是否参照前述有关系统开发的审批和上线程序执行。

10. 企业是否积极倡导采用预防性措施,确保计算机信息系统的持续运行,使系统意外停工时间最小化。

(三) 信息系统访问安全控制点

1. 企业是否制定信息系统工作程序、信息管理制度及各模块子系统的具体操作规范。

2. 计算机信息系统操作人员是否擅自进行系统软件的删除、拷贝、修改等操作,是否擅自升级、改变系统软件版本或更换系统软件,是否擅自改变软件系统环境配置。

3. 企业是否对信息系统操作人员的上机、密码和使用权限进行严格规范,并建立相应操作管理制度。未经上机培训的人员是否可作为操作人员。

4. 企业是否建立账号审批制度，加强对重要业务系统的访问权限管理。对发生岗位变化或离岗的用户，企业是否及时调整其在系统中的访问权限。企业是否定期对系统中的账号进行审阅，避免授权不当或冗余账号存在。对于特权用户，企业是否对其在系统中的操作进行监控，并定期审阅监控日志。

5. 企业是否充分利用操作系统、数据库及应用系统自身提供的安全性能，在系统中设置安全参数，以加强系统访问安全。是否允许未经授权人员擅自调整、删除或修改系统中设置的各项参数。涉及上网操作的，企业是否加强防火墙、路由器等网络安全方面的管理。

6. 企业是否定期检测信息系统运行情况，及时进行计算机病毒的预防、检查工作，禁止用户私自安装非法软件和卸载企业要求安装的防病毒软件。一旦发现潜在危险，是否及时通知操作人员隔离受病毒侵袭的系统部分，尽快处理。

7. 信息系统操作人员是否在权限范围内进行操作，未利用他人的口令和密码进入软件系统。操作人员变换或密码泄露后，是否及时更改密码。操作人员如果离开工作现场，是否在离开前锁定或退出正在运行的程序，防止他人越权操作或散布不当信息。

8. 企业是否对所有重要信息进行密级划分，包括书面形式和电子媒介形式保存的信息，并建立不同类别信息的授权使用制度。

9. 企业是否利用计算机信息系统，生成生产、销售、存储等子系统，及时反映并记录交易。交易责任部门是否在其授权范围内对子系统录入信息的及时性、准确性和完整性负责，并定期检查、核对所录信息。

10. 企业财会部门是否认真审核采购、生产、销售、仓库等部门与财务相关的关键业务数据，并及时进行账务处理，保证会计信息与业务流程在时间、数量和价值上的统一，是否做好电子财务数据保密和安全工作。

11. 企业是否建立信息数据变更处理（包括数据导入、数据提取、数据修改等）规范。一旦发现已输入数据信息有误，是否按照信息系统操作规定加以修正，是否有使用非软件系统提供的方法处理信息数据。

12. 企业是否建立数据信息定期备份制度、数据批处理或实时处理前自动备份制度（交易日志）。企业是否至少在远离计算机设备和操作的地方保存一套备份和交易日志，以备数据信息丢失或损坏时重建。

13. 企业是否编制完整、具体的灾难恢复计划，以备意外事件发生后恢复系统之需。是否定期检测、及时修正该计划，并将其最新版本存放在系统之外。

（四）硬件管理控制点

1. 企业是否制定计算机信息系统硬件管理制度，对设备的新增、报废、流转等情况建档登记，统一管理。

2. 企业是否将计算机信息系统硬件设备放置在合适的物理环境中，由专人负责管理和检查，其他任何人未经授权不得接触计算机信息系统硬件设备。

3. 计算机信息系统硬件设备的更新、扩充、修复等工作是否由相关人员提出申请，报上级主管负责人审批。未经允许，是否能擅自拆装计算机信息系统硬件设备。

4. 是否加强对计算机机房的物理安全管理。机房内是否配备必要的环境设施，对主要系统服务器是否配备不中断电源供给设备。

5. 企业操作人员是否严格遵守用电安全，是否在计算机专用线路上使用其他用电设备。为防止电压不稳对系统硬件的损坏，企业是否使用电源保护器和线路调节器平缓电压振荡。

6. 企业是否完善计算机信息系统硬件设备异常状况处理制度。一旦发生异常现象（如冒烟、打火、异常声响等），是否立即通知有关部门，不擅自处理。

（五）会计电算化控制点

会计电算化指利用计算机信息技术代替人工记账、算账、报账，及替代部分由人工完成的对会计信息的分析和判断的过程。

1. 企业是否建立会计电算化操作管理制度，明确会计电算化系统的合法授权使用人员及其操作权限和操作程序，形成分工牵制的控制形式。企业出纳人员是否兼任电算化系统管理员，或记账凭证的审核工作。

2. 企业是否建立会计电算化硬件、软件和数据管理制度，重点关注以下风险和控制点。

（1）对正在使用的会计核算软件进行修改、对通用会计软件进行升级和更换计算机硬件设备时，企业是否有规范的审批流程，并采取替代性措施确保会计数据的连续性。

（2）企业是否有健全的计算机硬件和软件出现故障时进行排除的管理措施，保证会计数据的完整性。

（3）是否确保会计数据和会计软件的安全保密，防止对数据和软件的非法修改和删除，对磁性介质存放的数据是否进行双备份。

3. 企业是否建立电算化会计档案管理制度。电算化会计档案指存储在计算机硬盘中的会计数据、以其他磁性介质或光盘存储的会计数据和打印出来的书面等形式的会计数据，包括记账凭证、会计账簿、会计报表（包括报表格式和计算公式）等数据。企业是否指定专人负责电算化会计档案的管理，做好防消磁、防火、防潮和防尘等工作；重要会计档案是否准备双份存放在不同地点；对于采用磁性介质保存的会计档案，是否定期检查、定期备份，防止由于磁性介质损坏而使会计档案丢失。

4. 企业是否根据有关规定，结合本单位具体情况，制定会计电算化账务处理制度，规范计算机信息技术环境下记账、算账、报账流程，提高会计信息处理效率，降低会计舞弊风险。

# 信息系统内部控制审计案例分析

**案例材料**

A 注册会计师采用检查、观察、询问、穿行测试等方法对 S 公司信息系统内部控制执行相关测试,发现了以下问题。

1. S 公司对计算机系统访问控制的要求是口头的,没有书面的文件。
2. 离岗超过 1 年的人员仍可登录公司信息系统。
3. S 公司非常自信自身信息系统的稳定性和安全性,认为不可能有灾难性的情况出现。
4. S 公司的信息系统由同一位程序员进行研发和测试。
5. 系统中某产品的调价记录共有 1859 条,其中 1374 条记录的操作、审核为同一人。
6. S 公司将实际运行数据和备份数据存放在同一区域。
7. 员工培训课程单调乏味,培训方式传统,培训内容缺乏实践性和操作性。

试问:以上现象反映了 S 公司的信息系统内部控制存在哪些缺陷,如何制定相应的内部控制缺陷整改方案?

**案例解析**

1. 内部控制设计缺陷

(1) 信息系统访问控制缺失

公司的信息系统访问控制文件缺失,仅通过口头指令对系统访问权限进行控制,增加了公司各种数据、信息、文件未经过授权即被使用或修改的风险。同时,离岗超过 1 年的人员仍可登录公司信息系统,可能导致信息泄露或故意的破坏行为。这些问题都严重威胁了系统信息的完整性、可靠性和有效性。

(2) 灾难预防和恢复计划缺失

S 公司对自身信息系统的稳定性和安全性过于自信,未针对灾难性情况建立预防或恢复计划,导致 S 公司有可能在意外事件发生后丢失或损坏重要信息。

2. 内部控制运行缺陷

(1) 岗位职责分离不完全

① 公司的信息系统由同一位程序员进行研发和测试,违背了《企业内部控制应用指引第 18 号——信息系统》所规定的"企业应当组织独立于开发单位的专业机构对开发完成的信息系统进行验收测试"要求,可能会导致系统在功能、性能、控制要求和安全性等方面不符合开发需求,存在重大隐患。

② 公司某产品的调价记录显示,有 1374 条记录的操作、审核为同一人,表明公司并未严格执行岗位职责分离制度,在产品调价管理环节存在漏洞,员工可能利用该漏洞牟取私利。

(2) 数据备份实施不到位

公司将实际运行数据和备份数据存放在同一区域,一旦发生火灾或其他灾害,这些数据将付之一炬,无法修补,造成重大损失。

(3) 员工培训失效

由于课程单调乏味、培训方式传统,导致培训无法调动员工积极性。培训内容缺乏实践性和操作性,使员工对操作系统过程中可能出现的问题及应采取的措施缺乏应有的了解,最终影响信息系统使用的效率和效果。

3. 内部控制缺陷整改方案

就以上内部控制缺陷,结合《企业内部控制应用指引第18号——信息系统》的要求,S公司可制定如下信息系统内部控制缺陷整改方案。

(1) 设计严格的信息系统访问控制

工作人员得到授权后方能访问系统。管理人员可限制访问人员的访问权限、内容和时间,按照访问的时间、地点和内容发现或判别非法访问的情况。对每个功能的访问,都要有明确的角色授权;对重要信息进行密级划分,并建立不同类别信息的授权访问制度;对发生岗位变化或离岗的人员的账号,及时调整其访问权限;定期审阅系统中的账号,避免有授权不当或冗余账号存在;对于特权用户,对其在系统中的访问、操作进行监控,并定期审阅监控日志。

(2) 制订完善的灾难预防和恢复计划

灾难发生前,企业应编制完整、具体的灾难恢复计划,定期检测、及时修正该计划,并建立数据信息定期备份制度和数据批处理或实时处理前自动备份制度(交易日志),在远离计算机设备和操作的地方保存一套备份数据和交易日志,以备数据丢失或损坏时重建。

灾难发生后,快速确定灾后数据恢复小组,明确相应职责;进行风险评估,分析灾难对企业运营的影响、数据恢复的成本及数据恢复速度对企业的影响等;判别任务的轻重缓急,先做最重要的;确定灾后数据恢复的流程和程序,需要时对相关人员进行紧急培训;及时、明确地和员工交流,如有需要,做好公共关系方面的工作;确定数据恢复所需的设备,包括硬件和软件、技术支持等;搜集备份数据进行恢复。

(3) 落实不相容职务分离控制

企业在系统开发和变更过程中的不相容岗位一般应包括开发(或变更)审批、编程、系统上线、监控。系统访问过程中的不相容岗位一般应包括申请、审批、操作、监控。同时,所有除计算机系统设备以外的资产的保管责任应与电算部门分离。

(4) 设置合理的员工培训程序

对所有员工进行相应级别的系统安全操作培训,保障系统的安全机密性和完整性。为保持培训内容的先进性,管理人员需不断更新培训内容、严格监督培训进程、检验培训效果。培训程序包括培训课程的设置、组织并开展培训课程、对课程进行情况监督、评价培训有效性。可通过以下指标评估培训程序的绩效：观察培训人员寻求已培训的相关技术支持服务的次数；各业务部门在培训后的满意度；每次产生培训需求和进行相应培训时间的空档期长度。

【第十一章　知识链接】

# 第十二章 内部控制缺陷评价

## 学习目标

- 了解不同分类标准下内控缺陷的具体类别；
- 掌握内部控制可能存在重大缺陷的迹象；
- 掌握评价内控缺陷严重程度时需考虑的事项；
- 掌握财务报告与非财务报告内控缺陷的认定程序；
- 理解内控缺陷整改后注册会计师对控制运行时间的考量与测试量。

## 思维导图

**内部控制缺陷的具体类型**

- 缺陷成因
  - 设计缺陷
  - 运行缺陷
- 控制目标
  - 公司层面内控缺陷
  - 业务层面内控缺陷
- 影响程度
  - 重大缺陷
  - 重要缺陷
  - 一般缺陷
- 与财务报表的关系
  - 财务报告内控缺陷
  - 非财务报告内控缺陷

**判断内控缺陷整改对审计结论的影响**

- 整改后控制运行的最短期间
- 整改后控制运行的最少测试量

**内部控制缺陷的评价流程**

- 评价内部控制缺陷的严重程度
  - 关注内控可能存在重大缺陷的迹象
  - 评估错报发生的可能性及特殊考虑
    - 对信息系统一般控制缺陷的考虑
    - 对企业层面控制缺陷评价的考虑
    - 与其他缺陷的汇总评价
  - 评估控制缺陷导致的潜在错报金额
  - 考虑补偿性控制
- 判断缺陷类型及严重程度
  - 财务报告内控缺陷认定程序
  - 非财务报告内控缺陷认定程序

> **案例导读**

獐子岛集团股份有限公司（简称獐子岛公司）创立于 1958 年，是中国首家获得 MSC 虾夷扇贝渔场认证的企业，因 2014 年、2018 年频繁上演"扇贝跑路"事件震动 A 股市场，随后证监会介入调查并于 2020 年 6 月对獐子岛公司及相关人员涉嫌违反证券法律法规案做出行政处罚和市场禁入决定。证监会查明：獐子岛公司内部控制存在重大缺陷，存在虚减营业成本和营业外支出、虚增利润等行为，致使獐子岛公司披露的 2016 年及 2017 年年度报告存在虚假记载。追溯到 2017 年，獐子岛公司被大华会计师事务所（特殊普通合伙）出具了否定意见的内部控制鉴证报告。报告指出，獐子岛公司在实际管控中的监测预警制度存在缺陷，在目前国际、国内尚未有针对生态指标、生物指标进行关联评价标准研究的现状下，未能全面评估异常指标共振对底播虾夷扇贝生物指标的影响，未能及时预判底播虾夷扇贝存货可能发生重大异常。当时，獐子岛公司表示会正视内部控制建设和执行中存在的问题，并持续改进，但实际却背道而驰。

要求：试回答，内部控制缺陷是什么？内部控制缺陷对企业经营有何影响？

## 第一节 内部控制缺陷的定义与分类

如果企业缺少用以及时防止或发现并纠正财务报表错报的必要控制，或某项控制的设计、实施或运行不能及时防止或发现并纠正财务报表错报，则表明其内部控制存在缺陷。一般可按如下标准对内部控制缺陷进行分类。

### 一、按成因分类

内部控制缺陷按其成因可分为设计缺陷和运行缺陷。设计缺陷指缺少为实现控制目标所必需的控制，或现有控制设计不适当、即使正常运行也难以实现预期的控制目标。例如，"某公司《银行存款管理规定》未明确要求经办人员必须亲临柜台办理开户业务，在办理异地银行开设存款账户时，接受了银行工作人员上门开户的服务""没有设置内部审计部门"等。运行缺陷指现存设计适当的控制没有按设计意图运行，或执行人员没有获得必要授权或缺乏胜任能力，无法有效地实施内部控制。例如，"某公司成本核算及销售成本结转等依赖于信息系统自动生成数据，但目前系统运行尚不稳定，可能导致公司存货及营业成本核算不准确""某公司全资子公司存在在外汇管理国家通过非法定认可渠道外币兑换的情况，公司将兑换收益在报告期财务报表内反映，由于实际兑换汇率与官方汇率存在差异，某公司由此获益，不符合当地外汇管理的规定"，等等。

### 二、按影响程度分类

（一）评价内部控制缺陷的影响程度

注册会计师需根据财务报表审计确定的重要性水平，考虑并衡量定量和定性因素，评价其识别的各项内部控制缺陷的严重程度，以确定这些缺陷单独或组合起来，是否构成重大缺陷。因此，注册会计师需对审计过程中识别的所有内部控制缺陷进行综合评价，分析其严重程度。在评价内部控制缺陷时，注册会计师应注意到控制缺陷的严重程度与现实中账户余额或列报是否发生错报无必然对应关系，而是取决于一项或多项控制缺陷的组合是否可能导致账户或列报发生错报，包括发生错报的可能性大小与潜在错报金额的大小。

在评价一项或多项控制缺陷的组合是否可能导致账户或列报发生错报时，注册会计师应当考虑如下风险因素。

1. 所涉及的账户、列报及其相关认定的性质。
2. 相关资产或负债发生损失或舞弊的可能性。
3. 确定相关金额时所需判断的主观程度、复杂程度和范围。
4. 该项控制与其他控制的相互作用或关系。
5. 控制缺陷间的相互作用。
6. 控制缺陷在未来可能产生的影响。

在评价控制缺陷是否可能导致错报时，注册会计师无须将错报发生的概率量化为某特定的百分比或区间。如果多项控制缺陷影响财务报表的同一账户或列报，错报发生的概率会增加。存在多项控制缺陷时，即使这些缺陷从单项看不重要，但组合起来也可能构成重大缺陷。因此，注册会计师应当确定，对同一重要账户、列报及其相关认定或内部控制要素产生影响的各项控制缺陷，组合起来是否构成重大缺陷。

在评价因一项或多项控制缺陷导致的潜在错报金额大小时，注册会计师应当考虑"受控制缺陷影响的财务报表金额或交易总额"和"在本期或预计的未来期间受控制缺陷影响的账户余额或各类交易涉及的交易量"两类因素，账户余额或交易总额的最大多报金额通常是已记录的金额，但其最大少报金额可能超过已记录的金额。通常，小金额错报比大金额错报发生的概率更高。

（二）内部控制缺陷按影响程度的分类

内部控制缺陷按其严重程度可分为重大缺陷、重要缺陷和一般缺陷。重大缺陷是内部控制中存在的、可能导致不能及时防止或发现并纠正财务报表出现重大错报的一项控制缺陷或多项控制缺陷的组合。例如，某公司存在使用个人账户替代公司账户进行现金管理的情形，该行为不符合《现金管理暂行条例实施细则》第十二条"不准将单位收入的现金以个人名义存入储蓄"的规定。重要缺陷是内部控制中存在的、其严重程度虽不是重大缺陷，但足以引起负责监督被审计单位财务报告的人员（如审计委员会或类似机构）关注的一项控制缺陷或多项控制缺陷的组合。例如，某公司将90％股权转让给关联公司时，未履行关联交易决策程序和临时公告披露义务。一般缺陷是内部控制中存在的、除重大缺陷和重要缺陷外的控制缺陷。例如，某公司存货管理软件在发货管理的功能设计和运行上存在一定缺陷，使得部分供应商直发客户的货物的单据不能及时传递，导致部分成本核算存在跨月现象。

## 三、按控制目标分类

内部控制缺陷按其控制目标可分为公司层面内部控制缺陷和业务层面内部控制缺陷。公司层面内部控制缺陷指对企业整体内部控制目标的实现具有重大影响，与内部控制各要素中的基本制度安排直接相关的控制缺陷。例如，某公司对其全资子公司缺少有效的内部监督及审计等内部控制活动，其全资子公司使用银行授信开展"商贸银"业务操作流程不规范，部分交易和事项的会计处理缺乏审核和审批流程，导致可能存在虚列收入、成本和虚增资产等情况。业务层面内部控制缺陷指对企业某一或某些方面的内部控制目标具有重要影响，与控制活动在具体业务和事项中的运用直接相关的控制缺陷。例如，报告期内公司与关联方发生大额非经营性资金往来，该事项未能按照《公司章程》《关联交易规则》等进行审议及披露，不符合《关于规范上市公司与关联方资金往来及上市公司对外担保若干问题的通知》的规定，公司与关联方的往来管控方面存在缺陷。

## 四、按与财务报告的关系分类

内部控制缺陷按与财务报告的关系可分为财务报告内部控制缺陷与非财务报告内部控制缺陷。财务报告内部控制缺陷主要指与合理保证财务报告及相关信息真实完整、保护资产安全中与财务报告可靠性目标相关的缺陷。例如，某公司控股股东以预付材料款的名义，通过应收票据背书及非关联企业累计发生非经营性占用该公司巨额资金，该公司与之相关的货币资金、票据、关联交易、财务报告等内部控制运行失效。非财务报告内部控制缺陷主要指相关控制不能及时防止或发现并纠正影响经营的效率效果、遵守法律法规、实现发展战略及影响保护资产安全中与财务报告可靠性目标无关的内部控制目标。例如，某公司新一届董事会运行期间，在一些重要事项讨论和表决过程中产生重大分歧，进而演变为两大股东阵营的股权及董事席位之争，并一度给企业的正常经营及声誉带来一定的负面影响。

## 第二节 内部控制缺陷的认定

### 一、内部控制缺陷的认定

#### （一）财务报告内部控制缺陷的认定

如果注册会计师认为企业内部控制存在一项或多项重大缺陷，除非审计范围受到限制，注册会计师应当对内部控制发表否定意见，且否定意见的内部控制审计报告应当包括重大缺陷的定义、重大缺陷的性质及其对内部控制的影响程度。对于重要缺陷及一般缺陷，注册会计师应与企业进行沟通。一般地，对于重要缺陷，应当以书面形式与企业董事会和经理层沟通。对于一般缺陷,应当以书面形式与企业有关职能部门沟通(刘玉廷、王宏,2010)。《企业内部控制审计指引》指明注册会计师应对财务报告内部控制有效性发表审计意见,非财务报告内部控制缺陷并不影响注册会计师对企业财务报告内部控制有效性发表的审计意见,表明注册会计师在实施企业内部控制审计时,应切实关注并揭示企业存在的财务报告内部控制重大缺陷。

表明财务报告内部控制可能存在重大缺陷的迹象,主要包括以下几点。

1. 注册会计师发现董事、监事和高级管理人员舞弊。
2. 企业更正已经公布的财务报表。
3. 注册会计师发现当期财务报表存在重大错报,而内部控制在运行中未能发现该错报。
4. 企业审计委员会和内部审计机构对内部控制的监督无效。

在确定一项或多项控制缺陷的组合是否构成重大缺陷时,注册会计师应当评价补偿性控制的影响。在评价补偿性控制是否能够弥补控制缺陷时,注册会计师应当考虑补偿性控制是否有足够的精确度以防止或发现并纠正可能发生的重大错报。

### (二) 非财务报告内部控制缺陷的认定

《企业内部控制审计指引》强调,注册会计师应对审计过程中注意到的非财务报告内部控制重大缺陷,在审计报告中用一个单独的描述段指出,因此,注册会计师需谨慎对待非财务报告内部控制重大缺陷的认定。表明非财务报告内部控制存在重大缺陷的迹象包括但不限于:重大偏离预算;政府监管部门的处罚;企业的重大损失。由于非财务报告内部控制涉及的控制目标及范围较广且《企业内部控制审计指引》仅要求注册会计师对财务报告内部控制有效性发表审计意见,非财务报告内部控制重大缺陷并不影响注册会计师对财务报告内部控制有效性发表的审计意见,因此,在评价非财务报告内部控制缺陷时,注册会计师不宜对企业涉及的各类风险分别评价重要性排序及汇总,应定位正确的侧重点,在识别重大缺陷时可以财务报表重要性水平为参考依据。

这里举几例实务中常用的内部控制缺陷认定标准,如表 12-1 所示。

表 12-1 实务中常用的内部控制缺陷认定标准

| 指标 | 性质 | 财务报告内部控制 | 非财务报告内部控制 |
|---|---|---|---|
| 缺陷评价指标 | 定性 | 参见重大缺陷、重要缺陷与一般缺陷评价指标 | 参见重大缺陷、重要缺陷与一般缺陷评价指标 |
| | 定量 | (1) 资产类:资产总额、净资产总额;<br>(2) 收入类:营业收入、主营业务收入;<br>(3) 利润类:利润总额、税前利润、净利润总额;<br>(4) 所有者权益总额,等等 | (1) 与财务报告缺陷定量指标类似的资产、收入、利润相关指标;<br>(2) 直接财产损失、重大负面影响、偏离经营目标的程度、关键人才流失率、品牌及市场份额、生产安全,等等 |

续表

| | | 财务报告内部控制 | 非财务报告内部控制 |
|---|---|---|---|
| 重大缺陷评价指标 | 定性 | （1）监督管理部门认定控制环境无效；<br>（2）董事、监事和高级管理人员舞弊；<br>（3）外部审计发现当期财务报告存在重大错报而公司内部控制在运行过程中未能发现该错报；<br>（4）已经发现并报告给管理层的重大缺陷在合理的时间后未加以改正；<br>（5）因存在重大错报，公司更正已经公布的财务报表，等等 | （1）因违法被限制业务范围，或停业整顿、吊销业务许可证；<br>（2）战略经营目标严重偏离且有方向性错误，对目标实现有严重的负面影响；<br>（3）大范围较长时间或者小范围很长时间服务中断，或引发大规模客户投诉、过激行为、重大诉讼；<br>（4）错误信息可能使信息使用者做出截然相反的决策，造成不可挽回的损失；<br>（5）负面消息引起政府或监管机构调查或重大诉讼，对声誉造成无法弥补的损害，等等 |
| | 定量 | （1）潜在错报金额＞营业收入总额的1%；<br>（2）潜在错报金额＞利润总额的3%或5%；<br>（3）潜在错报金额＞资产总额的1%或3%；<br>（4）潜在错报金额≥所有者权益总额的1%，等等 | （1）直接经济损失的金额≥营业收入总额的1%；<br>（2）实际财务损失≥上年税前利润的5%；<br>（3）直接财产损失金额＞资产总额的3%；<br>（4）直接财产损失金额≥股东权益总额的0.5%；<br>（5）投资失误≥投资回报率的40%；已经对外正式披露并对本公司定期报告披露造成负面影响，等等 |
| 重要缺陷评价指标 | 定性 | （1）未按准则选择和应用会计政策；<br>（2）未建立反舞弊程序和控制措施；<br>（3）对于非常规或特殊交易的账务处理没有建立有效的控制机制或没有实施且没有相应补偿性控制措施；<br>（4）对期末财务报告过程的控制存在一项或多项缺陷且不能合理保证财务报表达到真实、准确、完整的目标；<br>（5）外部审计发现重要错报，而公司内部控制过程中未发现该错报，等等 | （1）因违法导致个人或机构受到经济处罚、通报批评、责令限期改正等处分；<br>（2）战略及经营目标或关键性指标执行不合理，对目标实现产生消极作用；<br>（3）大范围一小段时间或者小范围一定时间的服务中断，或引发一定程度的客户投诉或少量客户过激行为；<br>（4）错误信息在一定程度上导致错误的决策，甚至做出重大的错误决策；<br>（5）负面消息引起国内公众关注，引发诉讼，对声誉造成中度损害，等等 |
| | 定量 | （1）营业收入总额的1%＞错报≥营业收入总额的0.5%；<br>（2）利润总额的5%＞错报≥利润总额的3%；<br>（3）资产总额的3%＞错报≥资产总额的0.5%；<br>（4）所有者权益总额的1%＞错报≥所有者权益总额的0.5%，等等 | （1）营业收入的3%≥潜在损失或者潜在错报＞营业收入的1%；<br>（2）上年税前利润的5%＞实际财务损失＞上年税前利润的1%；<br>（3）资产总额的3%≥直接财产损失金额＞资产总额的1%；<br>（4）股东权益总额的0.5%＞直接财产损失金额≥股东权益总额的0.25%；<br>（5）被风险影响的部门无法达成其部分的关键营运目标或业绩指标，等等 |

续表

| | | 财务报告内部控制 | 非财务报告内部控制 |
|---|---|---|---|
| 一般缺陷评价指标 | 定性 | 除重大缺陷和重要缺陷以外的其他内部控制缺陷 | (1) 违反内部规定或接近内部规定限额或外部监管指标,发生违规预警;<br>(2) 战略及经营目标或关键性指标存在较小范围的不合理,偏离目标,对目标实现影响轻微;<br>(3) 对重要业务正常运营或服务质量产生轻微的影响,导致小范围内非常短暂的服务中断或个别客户投诉;<br>(4) 对信息准确性有轻微影响,但不会影响内外部信息使用者的判断;<br>(5) 负面消息在当地局部或内部流传,对公司声誉造成轻微损害,等等 |
| | 定量 | (1) 营业收入总额的 0.5%≥潜在错报金额;<br>(2) 利润总额的 3%≥潜在错报金额;<br>(3) 资产总额的 0.5%≥潜在错报金额;<br>(4) 所有者权益总额的 0.5%≥潜在错报金额,等等 | (1) 营业收入的 1%≥潜在损失或者潜在错报;<br>(2) 税前利润总额的 3%≥潜在损失或者潜在错报;<br>(3) 资产总额的 1%≥潜在损失或者潜在错报;<br>(4) 所有者权益总额的 0.25%≥潜在损失或者潜在错报;<br>(5) 受到省级以下政府部门处罚,但未对公司造成负面影响,等等 |

注:表中定性与定量指标涉及的具体百分比需结合企业实际情况确定。

## 二、内部控制缺陷的认定程序

对内部控制审计过程中发现的内部控制问题,注册会计师应分析其成因并实施必要的程序,以判断发现的内控问题是否属于内部控制缺陷。若为内部控制缺陷,则进一步判断需进行财务报告内控缺陷认定还是非财务报告内控缺陷认定,具体认定程序参见图 12-1。

### (一) 财务报告内部控制缺陷认定程序

第一步:考虑一项或多项缺陷是否与一个或多个财务报表认定直接相关。

与财务报表认定直接相关的控制多为业务层面控制,也包括与财务报表认定直接相关的企业层面控制(例如,经营活动分析与经营业绩复核)及与财务报表认定直接相关的信息系统一般控制(例如,财务报告流程方面岗位职责分工),信息系统一般控制和与财务报表认定不直接相关的企业层面控制则为与财务报表认定间接相关的控制。注册会计师在评估与财务报表认定间接相关的控制缺陷的严重性时,应当考虑由此缺陷(或同类缺陷的汇总)导致其他控制缺陷的可能性和严重程度。

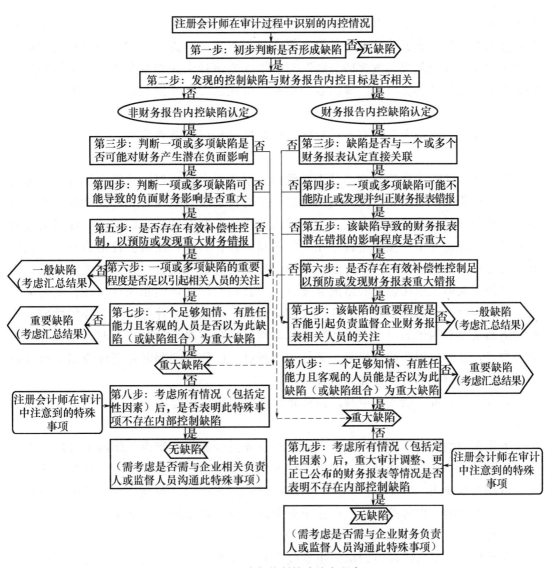

图 12-1 内部控制缺陷认定程序

第二步：明确一项或多项缺陷是否可能不能防止或发现并纠正财务报表错报。

注册会计师需判断一项或多项控制缺陷导致财务报表发生错报的"可能性"，一般情况下，注册会计师不需要定量计算"可能性"的大小，只需进行合理的定性分析与判断。在评价一项或多项缺陷是否存在可能导致财务报表发生错报时，注册会计师需考虑的因素包括但不限于：账户、列报和相关认定的性质；相关资产或负债对损失或舞弊的敏感程度，越敏感，风险越大；确定涉及金额所需判断的程度及其主观性和复杂性，所需判断越多，主观性和复杂性越强，风险越大；在执行控制有效性测试中发现的控制偏差的产生原因和频率。

第三步：确定一项或多项缺陷可能导致的财务报表错报的影响是否重大。

在评价内部控制缺陷时，注册会计师需对一项或多项缺陷可能导致的财务报表错报程度进行估算,将之与财务报表审计中确定的重要性水平比较,以判断该错报是否对财务报告产生重大影响。在评估财务报表错报程度时,需考虑"受内部控制缺陷影响的账户余额或相关交易发生的总额"与"本期或预计未来期间受内部控制缺陷影响的账户余额或交易的交易量"等因素的影响,重视已发生或潜在错报对年度财务报告的影响。

第四步:明确是否存在有效运行的补偿性控制足以预防或发现并纠正财务报表重大错报。

在评估一项或多项控制缺陷是否导致财务报表重大错报时,注册会计师应当考虑是否存在补偿性控制、补偿性控制是否以一定的精确度有效运行、补偿性控制能否降低内部控制缺陷导致的潜在错报。为了得出补偿性控制有效运行的结论,注册会计师首先应当分析该补偿性控制是否存在一定的精确性。其次,注册会计师应对补偿性控制开展必要的测试工作,获取并记录补偿性控制运行有效的证据。需要注意的是,由于某些控制缺陷发生在企业的组成部分(如子公司)层面,但相关补偿性控制可能存在于集团层面。因此,在对补偿性控制进行测试时,注册会计师应考虑补偿性控制执行的层面及其对测试的影响。集团项目组与组成部分注册会计师应及时开展充分、有效的沟通,及时识别补偿性控制并进行相应测试,以便准确判断补偿性控制是否可以降低财务报表错报的可能性和严重程度。

第五步:评价一项或多项缺陷的重要程度是否足以引起财务主管或相关负责人的关注。

本步骤中的财务主管负责人指负责企业财务报告监督和管理工作的中高层管理人员(如财务总监、总会计师、首席财务官等)及董事会、监事会成员。财务主管负责人对内部控制缺陷一般需重点关注:内部控制缺陷在前期已存在,并且被确认为重要缺陷或重大缺陷;内部控制缺陷存在于企业新兴业务或高风险业务中;内部控制缺陷存在于董事会/经理层高度关注的领域,如特殊单位或敏感业务。

在评估财务报告内部控制缺陷重要程度时,注册会计师应确定企业财务主管负责人是否有充分合理的信心认为企业交易得到适当的记录、财务报告编制符合企业会计准则和披露要求。如果注册会计师判断一个谨慎的财务主管负责人在企业存在该内部控制缺陷(或缺陷组合)时,仍保持对财务报告和相关信息真实准确的信心,且该信心是充分合理的,则注册会计师可认为该缺陷(或缺陷组合)为一般缺陷;反之,注册会计师可认为该缺陷(或缺陷组合)至少构成重要缺陷,并按照图12-1中财务报告内控缺陷认定第七步的要求评价该缺陷(或缺陷组合)是否构成重大缺陷。

第六步:考虑一个足够知情、有胜任能力且客观的人员能否得出此缺陷(或缺陷组合)是重大缺陷的结论。

注册会计师在对内部控制缺陷进行定性和定量分析评价的基础上,应充分发挥职业谨慎态度,从第三方角度客观地重新审视内部控制缺陷(或缺陷组合)的严重性,进而得出内部控制是否有效的结论。此处的"足够知情、有胜任能力且客观的人员"

指一个具有一定知识和能力的第三方人员（如监管机构人员、投资人等）在和注册会计师取得同样内部控制缺陷相关信息时，是否会认为该控制缺陷（或缺陷组合）会导致财务报表重大错报。如果是，则该缺陷构成重大缺陷；反之，则为重要缺陷。

第七步：考虑所有情况（包括定性因素）后，判断重大审计调整、更正已公布的财务报表等特殊事项是否表明存在内部控制缺陷。

注册会计师在审计过程中注意到的特殊事项（如重大审计调整、更正已公布的财务报表等）影响其对内部控制缺陷的评价与判断。由于某些特殊事项可能不一定是由内部控制缺陷导致的，而是由特殊的背景和环境（如会计政策调整）引起，如果企业管理层已经建立了有关控制收集处理相关信息并按会计准则的要求记录和披露相关信息，且有关控制是设计合理、运行有效的，则注册会计师可以合理地认为该控制并未失效。但实务中这种不是由于控制缺陷造成的特殊事项较少发生。因此，注册会计师对这些特殊事项的评估必须基于各家企业特定的环境和时点做出慎重考虑和分析。

（二）非财务报告内部控制缺陷认定程序

第一步：考虑实际发现的控制缺陷与非财务报告内部控制目标是否相关。

首先，若实际发现的某项内部控制缺陷与非财务报告内部控制目标无关，与财务报告内部控制目标相关，则注册会计师按财务报告内部控制缺陷认定程序对其进行评价；其次，由于一项控制往往对应多个控制目标，若实际发现的某项内部控制缺陷与财务报告内部控制目标和非财务报告内部控制目标均相关，为避免一项控制缺陷被重复评价，注册会计师应采用财务报告内部控制缺陷认定程序对其进行评价；最后，若实际发现的某项内部控制缺陷与非财务报告内部控制目标相关，与财务报告内部控制目标无关，则注册会计师按非财务报告内部控制缺陷认定程序对其进行评价。

第二步：判断一项或多项缺陷是否可能对企业财务产生潜在负面影响。

注册会计师应贯彻"谨慎性"原则，考虑一项或多项非财务报告内部控制缺陷的组合对企业财务产生重大负面影响的可能性。

第三步：判断一项或多项缺陷可能导致的负面财务影响是否重大。

注册会计师应考虑定性与定量因素，评估一项或多项非财务报告内部控制缺陷的组合对企业财务产生重大负面影响的程度，这一重大负面影响不能被一项或多项控制及时预防或发现并纠正，且对相关领域产生重大影响。注册会计师对非财务报告内部控制缺陷重大影响的评价需考虑非财务报告内部控制重要性水平，非财务报告内部控制重要性水平可采用财务报表审计的重要性水平来衡量。同时，注册会计师还需考虑一个缺陷（或缺陷组合）对企业财务产生重大负面影响的相关因素、对依赖此信息的人员的预期及其他需要考虑的因素。

第四步：考虑是否存在有效运行的补偿性控制，以预防或发现重大财务影响。

在评估一项或多项非财务报告内部控制缺陷是否对企业财务产生重大影响时，注册会计师应当考虑是否存在补偿性控制、补偿性控制是否以一定的精确度有效运行、补偿性控制能否降低非财务报告内部控制缺陷可能导致的重大财务影响。为了得出补偿性控制有效运行的结论，注册会计师应当评估补偿性控制并获取其运行有效的证据。

第五步：明确一项或多项缺陷的重要程度是否足以引起相关业务主管负责人的关注。

此处的"业务主管负责人"指企业负责该项业务的中高层管理人员及董事会成员。注册会计师对企业内部控制缺陷的评价需大量运用经验和职业判断，从"谨慎性"角度出发，考虑一项或多项非财务报告内部控制缺陷的重要程度是否能引起相关业务负责人的重视，进而判断该缺陷为一般缺陷还是重要缺陷。

第六步：考虑一个足够知情、有胜任能力且客观的人员能否得出此缺陷（或缺陷组合）是重大缺陷的结论。

此步骤具体内容与财务报告内部控制缺陷认定程序第六步相同。

第七步：考虑所有情况（包括定性因素）后，能否得出某些特殊事项并非由非财务报告内部控制缺陷导致的结论。

某些特殊事项可能不一定是由内部控制缺陷导致的，而是由特殊的背景和环境引起的，注册会计师有充分、合理的证据表明企业的管理层已建立了合理的程序收集并处理相关信息，且有关控制设计合理、运行有效，则注册会计师可以合理地认为非财务报告内部控制并未失效。注册会计师对这些特殊事项的评估必须基于各家企业特定的环境和时点来做慎重考虑。

### （三）内部控制缺陷评价的特殊考虑

#### 1. 对信息系统一般控制缺陷的考虑

信息系统一般控制缺陷往往对应用系统层面控制的有效性产生负面影响，从而增加财务报表错报的可能性。因此，对信息系统一般控制缺陷的评价应考虑应用系统层面控制缺陷的情况。若应用控制缺陷与信息系统一般控制中的缺陷相关或由其引起，则应将信息系统一般控制缺陷与应用控制缺陷结合起来评价，通常信息系统一般控制缺陷与应用控制缺陷的重要性分类相一致。

（1）如果应用控制中的重大缺陷与信息系统一般控制中的缺陷相关或由其引起，说明该信息系统一般控制缺陷也是重大缺陷；

（2）如果应用控制中的重要缺陷与信息系统一般控制中的缺陷相关或由其引起，说明该信息系统一般控制缺陷也是重要缺陷；

（3）如果应用控制缺陷（仅是一般缺陷）与信息系统一般控制中的缺陷相关或由其引起，通常说明该信息系统一般控制缺陷也是一般缺陷。

注册会计师在评价信息系统一般控制缺陷导致财务报表错报可能性时，应考虑的因素包括但不限于以下几个方面。

(1) 缺陷的性质和普遍性，例如，缺陷只与系统开发过程中的某个节点相关还是与整个过程相关。
(2) 该控制与应用系统和数据的关联程度。
(3) 应用系统和数据中存在缺陷的普遍性。
① 与信息系统一般控制缺陷有关或由其引起的应用控制缺陷的数量。
② 重要账户及相关业务流程中的控制受信息系统一般控制缺陷影响的程度。
③ 与信息系统一般控制缺陷相关的应用控制的数量。
(4) 企业系统环境的复杂性和缺陷会对应用控制产生负面影响的可能性。
(5) 信息系统一般控制缺陷是否与那些容易受到损失或舞弊影响的账户和列报的应用系统和控制相关。
(6) 在信息系统总体内部控制运行有效性方面已知或已发现的控制偏差的原因和频率，以及受此影响的应用系统产生财务报表错报的风险。
(7) 以前年度及当年发生的错报是否与受到信息系统一般控制缺陷影响的应用控制有关。

由于信息系统一般控制支持应用控制的持续有效运行，因此，当注册会计师发现信息系统一般控制存在缺陷时，必须考虑与该信息系统一般控制缺陷相关的应用控制，或者依赖于信息系统一般控制的手工控制测试的性质、时间和深度，对审计计划进行必要的调整。

2. 对企业层面控制缺陷评价的考虑

某些企业层面控制缺陷不直接导致财务报表错报，但会增加流程、交易、应用层面控制发生错报的可能性。因此，对企业层面控制缺陷的评估应基于这些缺陷导致错报的可能性，不采用量化评估方法。

注册会计师在评价企业层面控制缺陷导致财务报表错报可能性时，需考虑以下因素。
(1) 缺陷在企业中的普遍性。
(2) 控制缺陷对内部控制要素（如内部环境、风险评估等）组成部分的相对重要性。
(3) 过去年度及当年发生的错报是否与广泛性控制缺陷有关。
(4) 是否增加舞弊的可能性（包括经理层越权）。
(5) 控制运行有效性方面已知的或已发现的控制偏差的原因和频率。
(6) 缺陷可能导致的未来后果。

3. 与其他缺陷一起评价

"不谋万世者，不足以谋一时。不谋全局者，不足以谋一城。"评价内控缺陷同样应坚持全局意识，认清整体和局部的关系，用联系、发展的观点看问题，综合考虑多个内控缺陷之间的关联，综合评价其对财务错报的影响。若针对某个账户或列报存在多项内部控制缺陷，即使其中任何一项内部控制缺陷均不会直接导致财务报表重大错报，但这些内部控制缺陷共同发挥作用，可能使得财务报表重大错报没有被及时预防或发现。因此，注册会计师在对单项缺陷进行评估后，还应根据其对应的账户、列报及内部控制组成要素（如内部环境、风险评估等）对缺陷进行汇总评价，确定汇总后的缺陷是否构成重要缺陷或重大缺陷。

## 第三节 内部控制缺陷的整改

如果被审计单位在基准日前对存在缺陷的控制进行了整改，整改后控制需要运行足够长的时间，才能使注册会计师得出其是否有效的审计结论。注册会计师应当根据控制的性质和与控制相关的风险，合理运用职业判断，确定整改后控制运行的最短期间（或整改后控制的最少运行次数）及最少测试数量。整改后控制运行的最短期间（或最少运行次数）和最少测试数量参见表 12-2。

表 12-2 整改后控制运行的最短期间（或最少运行次数）和最少测试数量

| 控制运行频率 | 整改后控制运行的最短期间或最少运行次数 | 最少测试数量 |
| --- | --- | --- |
| 每季 1 次 | 2 个季度 | 2 |
| 每月 1 次 | 2 个月 | 2 |
| 每周 1 次 | 5 周 | 5 |
| 每天 1 次 | 20 天 | 20 |
| 每天多次 | 25 次（分布于涵盖多天的期间，通常不少于 15 天） | 25 |

如果被审计单位在基准日前对存在重大缺陷的内部控制进行了整改，但新控制尚未运行足够长的时间，注册会计师应当将其视为内部控制在基准日存在重大缺陷。

### 内部控制缺陷整改实例分析

**案例材料**

S 公司在 20××年度存在两项财务报告内部控制重大缺陷。

1. A 企业因现金流紧张无法如期偿还对 S 公司的债务，遂将其持有的应收账款作为质押物为债务提供担保。当 A 企业未能按期偿还债务时，S 公司有权依法处分质物，以优先受偿。S 公司对 A 企业提供的用于质押担保的应收账款信息核实不到位，未能及时识别 A 企业的恶意欺诈行为，后经调查发现，A 企业向 S 公司提供的用于质押担保的应收账款约 1 亿元，及其他公司对 A 企业的未结算货款约 5000 万元，与前期 A 企业向 S 公司提供的资料存在重大差异。截至 20××年 12 月 31 日，S 公司对 A 企业的应收账款约 2 亿元存在不能全额收回的风险。

2. S公司在未对B企业进行充分信用调查、信用评价的情况下,与B企业开展化工产品贸易业务并且对业务过程控制失当。截至20××年12月31日,S公司对B企业的应收账款约6000万元存在不能全额收回的风险。

提问:如何对上述财务报告内部控制重大缺陷进行有效整改?

**案例解析**

S公司对上述财务报告内部控制重大缺陷的整改措施如下。

(一) 修订完善内部控制制度

1. 修订完善《贸易业务管理制度》,从贸易业务开发、风控评审、业务评审、业务决策、风控措施的落实、合同的签署、业务的执行、风险的管理、档案管理共9个方面予以规范,进一步明确业务环节涉及的各部门职责、风险点的识别把控,在制度层面完善业务流程。

2. 组织修订《合同管理制度》,从合同的草拟和谈判、合同的评审、合同的报批、合同的定稿和签订、合同的履行、合同的变更和解除、合同的资料整理归档、合同的信息披露、合同的纠纷处理等9个方面进行重点修订,加强对贸易业务相关的合同事项及合同行为的规范,为操作人员提供更细致严谨的工作指引及行为规范,从制度层面加强贸易业务合同管理的过程管控,降低或避免执行偏差,确保公司签订的合同合法、有效,防范合同风险。

3. 进一步完善贸易业务担保管理,制定《担保管理办法》专项制度,主要对保证、抵押、质押、定金、保证金、账户监管、印章监管等风控措施予以规定,从担保事项的调查和审查、担保的管理、担保债权的事项等方面予以规范,进一步完善贸易业务担保操作规范。

4. 进一步完善客户信用评级管理,制定《法人客户信用评级管理办法》专项制度,完善贸易业务合作方的资信评级方法及流程,从评价管理机构、评级指标、评级后对应的风控措施等予以更细致的规范,严格合作方筛选及评审,加强对合作方的资信管理。

(二) 存量业务专项清理

1. 成立"经营业务风险排查小组",召开业务工作会,对业务风险进行评估,对业务执行情况、存在的问题进行分析,针对出现的问题及时提出并采取有效措施,从执行层面完善合同管理,加强过程管控。

2. 成立"信用风险评估工作小组",该工作组每季度组织有关部门对贸易合作方进行信用评价,根据收集的资料,对贸易客户的财务情况、合作方资信情况、业务执行情况、担保情况进行分析,并形成评价报告。

3. 对贸易业务的风险防控措施进行全面梳理,清理业务担保情况,检查风险防控措施的落地执行情况,排查风险,形成专项清理报告,并进一步完善担保措施。

(三) 调整优化业务结构

以本次整改为契机,围绕企业战略规划,结合存量业务专项清理,调整贸易业务结构,对满足公司管理要求的业务持续正常推进,将战略契合度不高、风险评估不达标的业务逐步退出,催收回款,保障公司资金安全。同时不断开拓新兴业务,将目标合作方定位于能够与公司在战略上保持高度协同一致的合作伙伴,加速公司新型能源、新型化工产业链布局。

【第十二章 知识链接】

# 第十三章　完成审计工作与出具审计报告

## 学习目标

- 理解书面声明的内容、时间、作用与形式；
- 理解注册会计师与企业沟通的相关事项；
- 掌握如何评价审计证据以形成审计意见；
- 掌握内部控制审计报告的要素；
- 掌握内部控制审计报告的意见类型及其出具情形。

## 思维导图

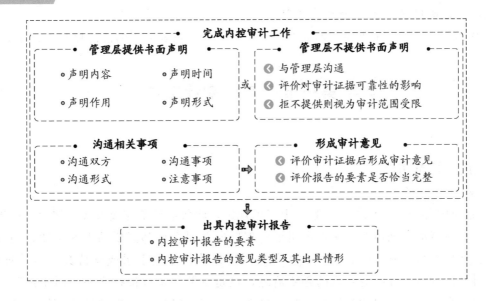

**案例导读**

"坚持系统观念"是《中华人民共和国国民经济和社会发展第十四个五年规划和2035年远景目标纲要》("十四五"规划)中指出的,是"十四五"时期经济社会发展必须遵循的重要原则。注册会计师应坚持系统观和全局观,用全面、联系和发展的观点审计财务报告内部控制有效性,在系统考虑内部控制缺陷的基础上,发表内部控制审计意见。例如,2020年3月17日,中兴财光华会计师事务所(特殊普通合伙)对东方时代网络传媒股份有限公司(简称东方时代)2019年12月31日的财务报告内部控制有效性进行审计,出具了否定意见的《内部控制的鉴证报告》,导致否定意见的事项包括:① 信息披露不规范,未及时披露公司诉讼的情况;② 对外投资内控缺失,对投资的某公司内控管理缺失,未能及时发现其募集资金的违规使用情况,给公司带来较大的资产损失。对某子公司的对外投资项目未能采取有效控制措施,在没有评估风险、制定风险应对措施的情况下就对该子公司的对外投资项目提供投资损失差额补足承诺,致使公司面临重大诉讼风险;③ 财务核算存在缺陷,导致前期会计差错更正,对某公司的长期股权投资核算方法错误,未能及时按照权益法核算投资收益。未按照权责发生原则将应支付给自然人匡某的借款利息661万元准确记录在2018年度;④ 重大资金支出缺陷,某子公司2019年1月支付装修进度款1030万元,凭证附件缺少工程进度确认单。

要求:试回答,注册会计师应如何运用系统观,发表恰当的内部控制审计意见?

# 第一节 完成审计工作

## 一、获取书面声明

《企业内部控制审计指引》第二十三条规定,注册会计师完成审计工作后,应当取得经企业签署的书面声明。书面声明是管理层向注册会计师提供的书面陈述,明确了企业在评价内部控制有效性方面的责任,可用以确认某些事项或支持其他审计证据,是注册会计师在审计时需获取的必要信息,也是重要的审计证据之一。由于声明书非外部独立来源证据,因此注册会计师应对企业声明内容保持应有的职业怀疑,通过其他审计证据对其予以验证。书面声明应当包括以下六个方面的内容。

(1) 被审计单位董事会认可其对建立健全和有效实施内部控制负责。

(2) 被审计单位已对内部控制进行了评价,并说明评价时采用的标准以及得出的结论。

(3) 被审计单位没有利用注册会计师在内部控制审计和财务报表审计中执行的程

序及其结果作为评价的基础。

(4) 被审计单位已向注册会计师披露识别出的所有内部控制缺陷，并单独披露其中的重大缺陷和重要缺陷。

(5) 注册会计师在以前年度审计中识别出的且已与被审计单位沟通的重大缺陷和重要缺陷是否已经得到解决，以及哪些缺陷尚未得到解决。

(6) 在基准日后，内部控制是否发生变化，或者是否存在对内部控制产生重要影响的其他因素，包括被审计单位针对重大缺陷和重要缺陷采取的所有纠正措施。

注册会计师应当按照《中国注册会计师审计准则第 1341 号——书面声明》的规定，根据审计业务约定书明确管理层责任及确定声明书的签署者，同时确保声明书涵盖完整的被审计期间，其签署日期尽量接近内部控制审计报告出具日期，如有更新书面声明，应当说明获取更新声明书的时间，不得在审计报告日后签署书面声明。

若被审计单位拒绝提供或以其他不当理由回避书面声明，注册会计师应当将其视为审计范围受到限制，解除业务约定或出具无法表示意见的内部控制审计报告。此外，注册会计师应当评价拒绝提供书面声明这一情况对其他声明（包括在财务报表审计中获取的声明）的可靠性的影响。

另外，由于实践中整合审计较为普遍，且《中国注册会计师审计准则第 1341 号——书面声明》第八条规定注册会计师应当要求对财务报表承担相应责任并了解相关事项的管理层提供书面声明，因此，企业可签署一份同时涵盖财务报表审计管理层声明及内部控制审计企业声明的声明书（见表 13 - 1），亦可分别签署财务报表审计的管理层声明书和内部控制审计的企业声明书（见表 13 - 2）。

表 13 - 1　企业声明书参考格式（合并获取财务报表审计管理层声明及内部控制审计企业声明）

**企业声明书**

致×××会计师事务所×××注册会计师：

本声明书系与贵事务所对×××公司（以下简称"本公司"）20××年度财务报表审计以及20××年 12 月 31 日财务报告内部控制审计有关。贵事务所出于对该财务报表是否按照中国企业会计准则编制并且在所有重大方面公允地表达了本公司 20××年 12 月 31 日的财务状况及 20××年度的经营成果和现金流量形成审计意见的需要，以及对本公司 20××年 12 月 31 日财务报告内部控制有效性形成审计意见的需要，从我方取得关于本声明书中所含信息的声明是一项重要程序，对此我们表示认同。

为配合贵事务所的审计工作，我们就已知的全部事项做如下声明。

一、财务报表责任和内部控制责任

作为本公司管理层成员，我们确认对财务报表的公允列报负有责任。我们认为上述财务报表已按照中国企业会计准则编制，在所有重大方面公允地表达了本公司的财务状况、经营成果以及现金流量，并且不存在重大错报或漏报。

本公司董事会对建立健全和有效实施内部控制负责。我们已实施必要的程序对内部控制的有效性做出评价。有关内部控制的设计、实施、维护和评价工作是根据《企业内部控制基本规范》《企业内部控制应用指引》和《企业内部控制评价指引》进行的。我们没有利用注册会计师执行的审计程序及其结果作为本公司内部控制自我评价的基础。基于我们的内部控制自我评价工作，我们认为于 20××年 12 月 31 日，本公司在所有重大方面保持了有效的财务报告内部控制。

续表

我们已对贵事务所提供所有财务资料和相关数据,以及所有我们进行财务报告内部控制自我评价的内部控制记录和文件。

二、内部控制

我们已向贵事务所披露已识别出的、内部控制在设计或运行方面存在的所有缺陷,并已专门向贵事务所披露所有重大缺陷和重要缺陷。

我们已向贵事务所披露所有已知的导致财务报表重大错报的舞弊,以及不会导致财务报表重大错报,但涉及管理层和其他在内部控制中具有重要作用的员工的舞弊[或者:我们并不知晓存在导致财务报表重大错报的舞弊,以及不会导致财务报表重大错报,但涉及企业和其他在内部控制中具有重要作用的员工的舞弊]。

我们确认贵事务所在以前年度审计中识别的所有重大缺陷和重要缺陷已经得到解决[或者:我们确认,除……外,贵事务所在以前年度审计中识别的其他所有重大缺陷和重要缺陷已经得到解决]。

我们确认我们已向贵事务所披露在20××年12月31日后内部控制发生的重大变化或存在对内部控制具有重要影响的其他因素[或者:我们确认在20××年12月31日后内部控制未发生重大变化或存在对内部控制具有重要影响的其他因素]。我们已向贵事务所披露针对重大缺陷和重要缺陷采取的所有纠正措施(如有)。

(以下略)

×××公司(盖章)
×××公司所有董事签名(或附董事会决议)　　×××公司管理层签名
中国　×××市　　　　　　　　　　　　　二〇××年××月××日

注:本表来源于《企业内部控制审计政策解读与操作指引》,稍作改动。

**表 13-2　企业声明书参考格式(单独获取内部控制审计企业声明)**

**企业声明书**

致×××会计师事务所×××注册会计师:

本声明书系与贵事务所对本公司20××年12月31日财务报告内部控制审计有关。贵事务所出于对本公司20××年12月31日财务报告内部控制有效性形成审计意见的需要,从我方取得关于本声明书中所含信息的声明是一项重要程序,对此我们表示认同。

为配合贵事务所的审计工作,我们就已知的全部事项作如下声明。

一、内部控制责任

本公司董事会对建立健全和有效实施内部控制负责。我们已实施必要的程序对内部控制的有效性做出评价。有关内部控制的设计、实施、维护和评价工作是根据《企业内部控制基本规范》《企业内部控制应用指引》和《企业内部控制评价指引》进行的。我们没有利用注册会计师执行的审计程序及其结果作为本公司内部控制自我评价的基础。基于我们的内部控制自我评价工作,我们认为于20××年12月31日,本公司在所有重大方面保持了有效的财务报告内部控制。

我们已向贵事务所提供所有我们进行财务报告内部控制自我评价的内部控制记录和文件。

二、内部控制

我们已向贵事务所披露已识别出的、内部控制在设计或运行方面存在的所有缺陷,并已专门向贵事务所披露所有重大缺陷和重要缺陷。

续表

我们已向贵事务所披露所有已知的导致财务报表重大错报的舞弊,以及不会导致财务报表重大错报,但涉及管理层和其他在内部控制中具有重要作用的员工的舞弊〔或者:我们并不知晓存在导致财务报表重大错报的舞弊,以及不会导致财务报表重大错报,但涉及企业和其他在内部控制中具有重要作用的员工的舞弊〕。

我们确认贵事务所在以前年度审计中识别的所有重大缺陷和重要缺陷已经得到解决〔或者:我们确认,除……外,贵事务所在以前年度审计中识别的其他所有重大缺陷和重要缺陷已经得到解决〕。

我们确认我们已向贵事务所披露在20××年12月31日后内部控制发生的重大变化或存在对内部控制具有重要影响的其他因素〔或者:我们确认在20××年12月31日后内部控制未发生重大变化或存在对内部控制具有重要影响的其他因素〕。我们已向贵事务所披露针对重大缺陷和重要缺陷采取的所有纠正措施(如有)。

(以下略)

　　　　　　　　　　　　　　　　　　　　　　×××公司(盖章)
×××公司所有董事签名(或附董事会决议)　　×××公司管理层签名
　　　中国　　×××市　　　　　　　　　　二〇××年××月××日

注:本表来源于《企业内部控制审计政策解读与操作指引》,稍作改动。

## 二、沟通相关事项

注册会计师应当与企业相关人员(包括管理层、治理层、内部控制执行人员、业务流程负责人员、内部审计人员等)沟通审计过程中识别的所有控制缺陷,这里的所有控制缺陷包括所有财务报告内部控制缺陷及所有非财务报告内部控制缺陷,虽然《企业内部控制审计指引》指明注册会计师仅对财务报告内部控制有效性发表审计意见,非财务报告内部控制缺陷并不影响注册会计师对企业财务报告内部控制发表的审计意见,但对所有重大缺陷和重要缺陷,注册会计师均应以书面形式与董事会和经理层沟通。当注册会计师认为审计委员会和内部审计机构对内部控制的监督无效,未在公司治理中发挥应有作用时,应当就此以书面形式直接与董事会和经理层沟通。书面沟通应当在注册会计师出具内部控制审计报告之前进行。

虽然并不要求注册会计师执行足以识别所有控制缺陷的程序,但注册会计师应当沟通其注意到的所有内部控制缺陷。除重大缺陷和重要缺陷外,注册会计师还应当以书面形式与管理层沟通其在审计过程中识别的所有其他内部控制缺陷,并在沟通完成后告知管理层。在进行沟通时,注册会计师无须重复自身、内部审计人员或被审计单位其他人员以前书面沟通过的控制缺陷。

注册会计师与企业以书面形式沟通内部控制缺陷时,应准确描述缺陷内容,指明该缺陷的各类潜在影响,确定缺陷对财务报告内部控制的影响程度,如与企业管理层沟通时,获悉管理层已采取或拟采取相关整改措施及其整改期限等,应随附在册。在审计过程中,如发现被审计单位存在或可能存在舞弊或违反法规的行为,注册会计师应当按照《中国注册会计师审计准则第 1141 号——财务报表审计中与舞弊相关的责任》《中国注册会计师审计准则第 1142 号——财务报表审计中对法律法规的考虑》的规定,确定并履行自身职责。

内部控制审计不能保证注册会计师能够发现严重程度低于重大缺陷的所有控制缺陷。注册会计师不应在内部控制审计报告中声明,在审计过程中没有发现严重程度低于重大缺陷的控制缺陷。

### 三、形成审计意见

注册会计师应当在复核审计工作的基础上,参照《中国注册会计师审计准则第 1301 号——审计证据》的要求评价从各种来源获取的审计证据的充分性、适当性和有效性,包括对控制的测试结果、财务报表审计中发现的错报及已识别的所有控制缺陷,形成对内部控制有效性的意见。

在评价审计证据时,注册会计师应当查阅本年度涉及内部控制的内部审计报告或类似报告,并评价这些报告中指出的控制缺陷。当一项财务报告内部控制缺陷或多项财务报告内部控制缺陷的组合构成重大缺陷,可能导致财务报表发生重大错报,且不存在具有相同效果的补偿性控制或者补偿性控制无效时,注册会计师应当得出内部控制无效的结论。且只有当审计工作范围未受限时,审计人员才能对财务报告内部控制有效性形成意见。若审计工作范围受限,则注册会计师应当解除审计业务约定关系或发表无法表示意见的内部控制审计报告,并就审计范围受到限制的情况,以书面形式与董事会进行沟通。

在对内部控制的有效性形成意见后,注册会计师应当评价企业内部控制评价报告对相关法律法规规定的要素的列报是否完整和恰当,证监会企业内部控制规范体系实施工作领导小组在 2011 年《上市公司实施企业内部控制规范体系监管问题解答》中明晰了公开发行证券的公司在年度报告中应披露的董事会对评价基准日财务报告内部控制的评价报告应包括的内容,具体如下。

1. 公司董事会关于建立健全和有效实施财务报告内部控制是公司董事会的责任,并就公司财务报告内部控制评价报告真实性做出的声明。
2. 财务报告内部控制评价的依据。
3. 根据自我评价情况,认定于评价基准日存在的财务报告内部控制重大缺陷情况。
4. 对发现的重大缺陷已采取或拟采取的整改措施的说明。
5. 公司董事会对评价基准日财务报告内部控制有效性的自我评价结论。
6. 在财务报告内部控制自我评价过程中关注到的非财务报告内部控制重大缺陷情况。

若上述要素列报不完整或表述不恰当,则需在审计报告中增加说明段以解释确认原因。

## 第二节 出具内部控制审计报告

### 一、内部控制审计报告的要素

出具审计报告前,注册会计师应完成所有审计工作。注册会计师应按照《企业内部控制审计指引》的要求计划和实施审计工作,评价识别出的内部控制缺陷,获取企业签署的书面声明,完成与企业的书面沟通,并将审计过程完整地记录在工作底稿中,形成对特定基准日财务报告内部控制有效性的意见,才能签发审计报告。内部控制审计报告包括以下要素:

1. 标题。标题为"内部控制审计报告"。

2. 收件人。内部控制审计报告的收件人指注册会计师按照业务约定书的要求致送内部控制审计报告的对象,一般指审计业务的委托人。内部控制审计报告需载明收件人全称。

3. 引言段。需说明企业名称和内部控制已经过审计。

4. 企业对内部控制的责任段。企业对内部控制的责任段说明,按照《企业内部控制基本规范》《企业内部控制应用指引》《企业内部控制评价指引》的规定,建立健全和有效实施内部控制,并评价其有效性是企业董事会的责任。

5. 注册会计师的责任段。注册会计师的责任段说明,在实施审计工作的基础上,对财务报告内部控制的有效性发表审计意见,并对注意到的非财务报告内部控制重大缺陷用增加一个"强调事项段"的方式进行披露是注册会计师的责任。

6. 内部控制固有局限性的说明段。内部控制无论如何有效,都只能为企业实现控制目标提供合理保证。内部控制实现目标的可能性受其固有限制的影响,包括:(1)在决策时人为判断可能出现错误和因人为失误而导致内部控制失效;(2)控制的运行也可能无效;(3)控制可能由于两个或更多的人员进行串通舞弊或管理层不当地凌驾于内部控制之上而被规避;(4)在设计和执行控制时,如果存在选择执行的控制及选择承担的风险,管理层在确定控制的性质和范围时需要做出主观判断。

因此,注册会计师需在内部控制固有局限性的说明段说明,内部控制具有固有局限性,存在不能防止和发现错报的可能性。此外,由于情况的变化可能导致内部控制变得不恰当,或对控制政策和程序遵循的程度降低,根据内部控制审计结果推测未来内部控制的有效性具有一定风险。

7. 财务报告内部控制审计意见段。如果符合下列所有条件的,注册会计师应当对财务报告内部控制出具无保留意见的内部控制审计报告:(1)企业按照《企业内部控制基本规范》《企业内部控制应用指引》《企业内部控制评价指引》及企业自身内部控制制度的要求,在所有重大方面保持了有效的内部控制;(2)注册会计师已经按照

《企业内部控制审计指引》的要求计划和实施审计工作,在审计过程中未受到限制。

8. 非财务报告内部控制重大缺陷描述段。对审计过程中注意到的非财务报告内部控制缺陷,如果发现某项或某些控制对企业发展战略、法规遵循、经营的效率效果等控制目标的实现有重大不利影响,确定该项非财务报告内部控制缺陷为重大缺陷的,应当以书面形式与企业董事会和经理层沟通,提醒企业加以改进,同时在内部控制审计报告中增加非财务报告内部控制重大缺陷描述段,对重大缺陷的性质及其对实现相关控制目标的影响程度进行披露,提示内部控制审计报告使用者注意相关风险,但无须对其发表审计意见。

9. 注册会计师的签名和盖章。

10. 会计师事务所的名称、地址及盖章。

11. 报告日期。审计报告的日期不应早于注册会计师获取充分、适当的审计证据(包括管理层认可对内部控制及评估报告的责任且已批准评估报告的证据),并在此基础上对内部控制的有效性形成审计意见的日期;实践中,内部控制审计和财务报表审计常常是整合进行的,注册会计师对内部控制审计报告和财务报表审计报告应当签署相同的日期。

## 二、内部控制审计报告的类型

### (一) 标准内部控制审计报告

标准内部控制审计报告指注册会计师出具的不附加说明段、强调事项段或任何修饰性用语的无保留意见的审计报告,例样见表13-3。值得注意的是,根据《企业内部控制审计指引》,标准内控审计报告要素可以包含非财务报告内部控制重大缺陷描述段。具体而言,对于审计过程中注意到的非财务报告内部控制重大缺陷,注册会计师应当在内部控制审计报告中增加非财务报告内部控制重大缺陷描述段,提示内部控制审计报告使用者注意相关风险,但无需对其发表审计意见。兼备以下两点时,注册会计师应当对财务报告内部控制出具无保留意见的内部控制审计报告。

第一,在基准日,被审计单位按照适用的内部控制标准的要求,在所有重大方面保持了有效的内部控制。上述"在所有重大方面保持了有效的内部控制"仅指与财务报告内部控制相关的所有重大方面,即使注册会计师发现了非财务报告内部控制重大缺陷,仍可出具标准内部控制审计报告。

第二,注册会计师已经按照《企业内部控制审计指引》的要求计划和实施审计工作,在审计过程中未受到限制。审计工作中受到的限制指注册会计师对企业某项或多项重要内部流程和控制的测试工作受到限制,即无论通过观察、询问、检查、重新执行等何种测试方法都无法获取相关证据,判断其是否存在重大缺陷。注册会计师在考虑审计是否受到限制时,需考虑该限制是否导致注册会计师无法取得充分、适当的证据,若虽有流程或控制测试工作限制,但能够获取充分、适当的证据,对内部控制有效性进行评价,则不构成对审计的限制。

表13-3　标准内部控制报告实例——粤泰股份（600393）内部控制审计报告

**内部控制审计报告**

众环审字〔2020〕012633号

广州粤泰集团股份有限公司全体股东：

按照《企业内部控制审计指引》及中国注册会计师执业准则的相关要求，我们审计了广州粤泰集团股份有限公司（简称粤泰股份）2019年12月31日的财务报告内部控制的有效性。

一、粤泰股份对内部控制的责任

按照《企业内部控制基本规范》《企业内部控制应用指引》《企业内部控制评价指引》的规定，建立健全和有效实施内部控制，并评价其有效性是粤泰股份董事会的责任。

二、注册会计师的责任

我们的责任是在实施审计工作的基础上，对财务报告内部控制的有效性发表审计意见，并对注意到的非财务报告内部控制的重大缺陷进行披露。

三、内部控制的固有局限性

内部控制具有固有局限性，存在不能防止和发现错报的可能性。此外，由于情况的变化可能导致内部控制变得不恰当，或对控制政策和程序遵循的程度降低，根据内部控制审计结果推测未来内部控制的有效性具有一定风险。

四、财务报告内部控制审计意见

我们认为，粤泰股份于2019年12月31日按照《企业内部控制基本规范》和相关规定在所有重大方面保持了有效的财务报告内部控制。

中审众环会计师事务所（特殊普通合伙）　　　　　　中国注册会计师：×××

　　　　　　　　　　　　　　　　　　　　　　　　中国注册会计师：×××

中国　武汉市　　　　　　　　　　　　　　　　　　2020年6月18日

资料来源：http://www.cninfo.com.cn/new/disclosure/detail?orgId=gssh0600393&announcementId=1207945089&announcementTime=2020-06-20［2021-01-31］。

#### （二）非标准内部控制审计报告

非标准内部控制审计报告包括带强调事项段的无保留意见的内部控制审计报告、否定意见的内部控制审计报告及无法表示意见的内部控制审计报告，分别参见表13-4～表13-6。

1. 带强调事项段的无保留意见的内部控制审计报告

注册会计师应当在以下情况下增加强调事项段，并在强调事项段中指明，该段内容仅用于提醒内部控制审计报告使用者关注，并不影响对财务报告内部控制发表的审计意见。

（1）注册会计师认为财务报告内部控制虽不存在重大缺陷，但仍有一项或者多项重大事项需要提请内部控制审计报告使用者注意的，应当在内部控制审计报告中增加强调事项段予以说明。

（2）如果确定企业内部控制评价报告对要素的列报不完整或不恰当，注册会计师应当在内部控制审计报告中增加强调事项段，说明这一情况并解释得出该结论的理由。

（3）若注册会计师知悉在基准日并不存在，但在期后期间发生的事项，且这类期后事项对内部控制有重大影响，注册会计师应在内部控制审计报告中增加强调事项段，描述该事项及其影响，或提醒内部控制审计报告使用者关注企业内部控制评价报告中披露的该事项及其影响。

表13-4 带强调事项段的无保留意见的内部控制审计报告实例
——实达集团（600734）内部控制审计报告

内部控制审计报告
立信中联审字［2020］D-0570号

福建实达集团股份有限公司全体股东：

按照《企业内部控制审计指引》及中国注册会计师执业准则的相关要求，我们审计了福建实达集团股份有限公司（简称实达集团）2019年12月31日的财务报告内部控制的有效性。

一、企业对内部控制的责任

按照《企业内部控制基本规范》《企业内部控制应用指引》《企业内部控制评价指引》的规定，建立健全和有效实施内部控制，并评价其有效性是实达集团董事会的责任。

二、注册会计师的责任

我们的责任是在实施审计工作的基础上，对财务报告内部控制的有效性发表审计意见，并对注意到的非财务报告内部控制的重大缺陷进行披露。

三、内部控制的固有局限性

内部控制具有固有局限性，存在不能防止和发现错报的可能性。此外，由于情况的变化可能导致内部控制变得不恰当，或对控制政策和程序遵循的程度降低，根据内部控制审计结果推测未来内部控制的有效性具有一定风险。

四、财务报告内部控制审计意见

我们认为，实达集团于2019年12月31日按照《企业内部控制基本规范》和相关规定在所有重大方面保持了有效的财务报告内部控制。

五、强调事项

我们提醒财务报表使用者关注，实达集团已连续亏损两个会计年度，且本年度亏损严重，导致期末财务报表所有者权益为负数，财务状况严重恶化。实达集团2019年、2018年归属于母公司所有者的净利润分别为-304 702.84万元、-26 715.57万元，且于2019年12月31日，实达集团归属于母公司的净资产为-46 825.54万元。本段内容不影响已对财务报告内部控制发表的审计意见。

立信中联会计师事务所（特殊普通合伙）　　　　　中国注册会计师：×××
　　　　　　　　　　　　　　　　　　　　　　　中国注册会计师：×××
　　中国　　天津市　　　　　　　　　　　　　　2020年6月12日

资料来源：http://www.cninfo.com.cn/new/disclosure/detail?orgId=gssh0600734&announcementId=1207924412&announcementTime=2020-06-13［2021-01-31］。

## 2. 否定意见的内部控制审计报告

如果认为内部控制存在一项或多项重大缺陷，除非审计范围受到限制，注册会计师应当对内部控制发表否定意见。否定意见的内部控制审计报告还应当包括重大缺陷的定义、重大缺陷的性质及其对内部控制的影响程度。另外，如果知悉对基准日内部控制有效性有重大负面影响的期后事项，注册会计师应当对内部控制发表否定意见。

由于内部控制审计意见与财务报表审计意见相互关联，但不必然一致，如果对内部控制的有效性发表了否定意见，注册会计师应当通过实施实质性程序确定与该内部控制相关的账户是否存在重大错报，进而确定该意见对财务报表审计意见的影响。若不存在重大错报，则内部控制审计否定意见并不影响财务报表审计意见，否则影响财务报表审计意见。无论影响与否，注册会计师均应在内部控制审计报告中予以说明。

在否定意见的内部控制审计报告中，注册会计师应当披露发现的所有重大内部控制缺陷，不能进行筛选后披露，以帮助内部控制审计报告使用者清晰全面地了解企业内部控制缺陷。

表13-5 否定意见的内部控制审计报告实例——众泰汽车（000980）内部控制审计报告

**内部控制审计报告**

天职业字〔2020〕30159号

众泰汽车股份有限公司全体股东：

按照《企业内部控制审计指引》及中国注册会计师执业准则的相关要求，我们审计了众泰汽车股份有限公司（简称众泰汽车）2019年12月31日的财务报告内部控制的有效性。

一、企业对内部控制的责任

按照《企业内部控制基本规范》《企业内部控制应用指引》《企业内部控制评价指引》的规定，建立健全和有效实施内部控制，并评价其有效性是众泰汽车董事会的责任。

二、注册会计师的责任

我们的责任是在实施审计工作的基础上，对财务报告内部控制的有效性发表审计意见，并对注意到的非财务报告内部控制的重大缺陷进行披露。

三、内部控制的固有局限性

内部控制具有固有局限性，存在不能防止和发现错报的可能性。此外，由于情况的变化可能导致内部控制变得不恰当，或对控制政策和程序遵循的程度降低，根据内部控制审计结果推测未来内部控制的有效性具有一定风险。

四、导致否定意见的事项

重大缺陷是内部控制中存在的、可能导致不能及时防止或发现并纠正财务报表出现重大错报的一项控制缺陷或多项控制缺陷的组合。

1. 内控环境存在重大缺陷、内控监督缺失

众泰汽车经营困难，资金缺乏，生产经营停滞；与部分供应商存在大额资金往来，全年支付货款金额超全年订单总量；重大资产购买缺少调查和可行性研究；对外担保未履行审议与披露程序；职工的薪酬和社保费用未按时发放和缴纳，员工大量离职或不在岗，关键内部控制职能缺位，组织机构不能正常运行，内部控制环境存在重大缺陷、内部监督缺失。

2. 财务报告编制流程控制未有效执行

众泰汽车 2020 年 4 月 24 日公告了 2019 年度未经审计的主要经营数据，其中营业收入 32.03 亿元，低于 2019 年一季报销售收入 39.69 亿元、二季度销售收入 50.40 亿元、三季报销售收入 54.01 亿元。内部控制在运行过程中未能发现上述重大错误，未能及时发现相关错报，致使财务数据信息披露的准确性存在重大疑虑，与之相关的财务报告内部控制执行失效。

有效的内部控制能够为财务报告及相关信息的真实完整提供合理保证，而上述重大缺陷使众泰汽车内部控制失去这一功能。

管理层已识别出上述重大缺陷，并将其包含在企业内部控制评价报告中，上述缺陷在所有重大方面得到公允反映。在众泰汽车 2019 年财务报表审计中，我们已经考虑了上述重大缺陷对审计程序的性质、时间安排和范围的影响。

五、财务报告内部控制审计意见

我们认为，由于存在上述重大缺陷及其对实现控制目标的影响，众泰汽车于 2019 年 12 月 31 日未能按照《企业内部控制基本规范》和相关规定在所有重大方面保持有效的财务报告内部控制。

天职国际会计师事务所（特殊普通合伙）

中国•北京                                  中国注册会计师：×××

二〇二〇年六月二十二日                    中国注册会计师：×××

资料来源：http：//www.cninfo.com.cn/new/disclosure/detail？orgId＝gssz0000980&announcementId＝1207951043&announcementTime＝2020-06-23 ［2021-01-31］。

3. 无法表示意见的内部控制审计报告

注册会计师审计范围受到限制的，应当解除业务约定或出具无法表示意见的内控审计报告，并就审计范围受到限制的情况，以书面形式与董事会进行沟通。另外，注册会计师不能确定期后事项对内部控制有效性的影响程度的，也应当出具无法表示意见的内部控制审计报告。

注册会计师在出具无法表示意见的内部控制审计报告时，需要在内部控制审计报告中指明审计范围受到限制，无法对内部控制的有效性发表意见，并单设"导致无法表示意见的事项段"说明无法表示意见的实质性理由。注册会计师不应在内部控制审计报告中指明所执行的程序，也不应描述内部控制审计的特征，以免产生误解。若因审计范围受到限制而无法获取发表审计意见所需的充分、适当的审计证据，注册会计师无须执行其他任何工作即可发表无法表示意见的内部控制审计报告，与此同时，注册会计师应当以书面形式与管理层和治理层沟通未能完成整个内部控制审计工作的情况，此时内部控制审计报告的日期应为注册会计师就审计报告中陈述内容获取充分、适当审计证据的日期。

表 13-6　无法表示意见的内部控制审计报告实例——*ST 华英（002321）内部控制审计报告

**内部控制审计报告**

亚会专审字〔2021〕第 01360007 号

河南华英农业发展股份有限公司全体股东：

　　按照《企业内部控制审计指引》及中国注册会计师执业准则的相关要求，我们审计了河南华英农业发展股份有限公司（以下简称"华英农业公司"）2020 年 12 月 31 日的财务报告内部控制的有效性。

　　一、华英农业公司对内部控制的责任

　　按照《企业内部控制基本规范》《企业内部控制应用指引》《企业内部控制评价指引》的规定，建立健全和有效实施内部控制，并评价其有效性是华英农业公司董事会的责任。

　　二、内部控制的固有局限性

　　内部控制具有固有局限性，存在不能防止和发现错报的可能性。此外，由于情况的变化可能导致内部控制变得不恰当，或对控制政策和程序遵循的程度降低，根据内部控制审计结果推测未来内部控制的有效性具有一定风险。

　　三、导致无法表示意见的事项

　　在审计过程中，我们获取的审计证据发现，华英农业公司与货币资金、存货、其他应收款及借款相关的内部控制存在重大缺陷，以上重大缺陷导致的审计范围受限使我们无法对已获取的审计证据的真实性、有效性进行评价，无法对华英农业公司的持续经营能力进行评价，无法判断已获取的审计证据是否充分、适当。因此，我们无法对华英农业公司 2020 年 12 月 31 日财务报告内部控制的有效性进行评价。

　　四、财务报告内部控制审计意见

　　由于审计范围受到上述限制，我们未能实施必要的审计程序以获取发表意见所需的充分、适当证据，因此，我们无法对河南华英农业发展股份有限公司财务报告内部控制的有效性发表意见。

| 亚太（集团）会计师事务所（特殊普通合伙） | 中国注册会计师：×××<br>中国注册会计师：××× |
|---|---|
| 中国·北京 | 2021 年 4 月 27 日 |

　　资料来源：http://www.cninfo.com.cn/new/disclosure/detail?orgId=9900009334&announcementId=1209860407&announcementTime=2021-04-29〔2021-06-30〕.

【第十三章　案例拓展】

# 第十四章 内控审计研究拓展与实践思考

**学习目标**

- 了解内部控制审计研究现状；
- 理解内部控制审计研究拓展方向；
- 理解内部控制审计的实践发展。

**思维导图**

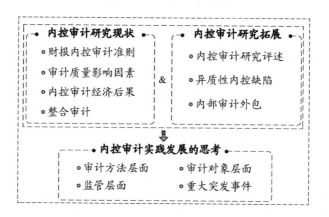

> **案例导读**

不断健全防范化解重大风险体制机制是"十四五"时期我国经济社会发展的主要目标之一,党的二十大报告亦强调要"提高防范化解重大风险能力"。就审计行业来说,我国政府相关部门及监管机构十分重视防范与化解内部控制审计风险,积极出台各类政策以更好地发挥其对内部控制审计风险的外部监管作用。例如,为规范上市公司内部控制审计业务,防范内部控制审计风险,强化会计师事务所项目质量控制,保证注册会计师高质量完成年报审计工作,中注协常结合资本市场动态以风险提示函的形式书面约谈相关事务所,就其承接的部分上市公司内部控制审计业务可能存在的风险进行提示。例如,2017年,中注协以"无控股股东及实际控制人的上市公司内部控制审计风险防范"为主题,书面约谈大华会计师事务所;2018年,中注协约谈广州正中珠江会计师事务所,提示多次并购重组的上市公司内部控制审计风险。在年报审计期间开展约谈工作,是中注协近年来落实风险导向监管理念,强化事前事中监管,推进行业整体执业质量提升的一项重要制度安排,得到事务所的高度评价和积极回应。

要求:试回答,中注协等外部监督方可以通过哪些方式建立健全防范化解重大内控审计风险的体制机制,实现对注册会计师从事企业内部控制审计业务的有效监督?

## 第一节 内部控制审计研究拓展

### 一、内部控制审计研究现状

#### (一)财务报告内部控制审计准则方面

自SOX法案颁布后,PCAOB致力于开发财务报告内部控制审计方法,于2004年制定了AS.2准则,要求公众公司审计人员在执行财务报表审计的同时进行财务报告内部控制审计。该项综合审计会产生两份审计意见,即针对财务报告内部控制的意见与针对财务报表的意见。其中,涉及的内控审计内容包括:评价管理当局就公司财务报告内部控制有效性评估的过程、评价财务报告内部控制设计和执行的有效性、形成对财务报告内部控制是否有效的审计意见(陈汉文、李荣,2007)。该准则颁布后,引起了学者的广泛关注,如Goldstein(2004)和Griggs(2004)分析了AS.2准则的相关问题,总结了注册会计师的责任是基于管理层的评估对财务报告内部控制的有效性形成审计意见,而非仅依赖管理层对内控的评估过程形成审计意见。Paul(2005)、Goldberg(2007)和Koegel(2008)研究了财务报告内控审计准则中管理层和外部审计师责任的区别、内部控制审计对象、测试点选取及测试内容、内部控制设计有效性及运营效率、利用他人工作时的注意事项、重大缺陷及其评估、审计报告及其修订等内容。

SOX（404）条款与 AS.2 准则的执行成本巨大，引发了学术界及实务界的广泛讨论。Li（2014）研究发现，对于交叉上市的外国私人发行人而言，无论短期还是长期，遵循 SOX 法案的成本显著大于收益。O'Brien（2006）通过调查已执行 SOX 法案达一年时间的公司，发现这些公司普遍认为遵循 SOX（404）条款的成本过高。DeFond and Lennox（2011）的研究表明，SOX 法案使不少小型会计师事务所因成本上升被迫退出市场。PCAOB 为了缓解上市公司及会计师事务所执行 SOX 法案面临的大额成本问题，于 2007 年颁布了 AS.5 准则，用以取代 AS.2 准则。AS.5 准则旨在使审计人员将审计资源集中于高风险领域，尽量简化不必要的审计程序，降低审计成本，同时，AS.5 准则力求企业内部控制重大缺陷能在导致错报前被发现。事实证明，AS.5 准则实施后，审计延迟显著低于 AS.2 准则实施阶段（Mitra，Song，and Yang，2015），审计收费显著降低（Doogar，Sivadasan，and Solomon，2010），审计效率和审计质量显著提高（Francis，2011）。

（二）整合审计方面

为贯彻执行 SOX 法案，PCAOB 在 AS.2 中提出了整合审计的概念，要求审计师同时进行财务报表审计与财务报告内部控制审计，诸多学者对整合审计相关话题展开了丰富的讨论。例如，Bahin（2004）介绍了 PCAOB 审计标准、财务报告内控审计与财务报表审计的整合问题、SEC 监管与 PCAOB 审计标准的差距及公众公司会计监管委员会的审计标准等。关于整合审计模式对注册会计师审计的影响，既有研究认为整合审计有助于提升审计效率（Altamuro and Beatty，2010），但关于整合审计对审计费用与财务报表审计质量的影响尚未形成一致结论。

关于整合审计对审计费用的影响，既有研究尚未形成一致结论。一方面，一些学者认为整合审计提高了审计费用，采用整合审计模式的上市公司，其审计费用明显高于实施单一审计模式的上市公司（王永海和王嘉鑫，2017），由同一家事务所进行财务报表审计和内部控制审计时，两类审计间的知识溢出导致两类审计收费间存在正向影响（方红星、陈娇娇，2016）。另一方面，一些学者认为整合审计有效降低了审计费用（Wang and Zhou，2012），由同一会计师事务所同时实施两类审计，可以产生规模协调效应从而降低审计费用（杨清香 等，2017），或通过减少一些不必要的审计程序来降低审计成本（Munsif，Raghunandan，and Rama，2012）。

关于整合审计对财务报表审计质量的影响，既有研究尚未达成一致意见。一方面，一些研究认为整合审计有助于改善财报审计质量（Altamuro and Beatty，2010）。相比于单独审计，整合审计有助于减少公司财务重述的发生（郑伟、朱晓梅、季雨，2015）。另一方面，一些研究认为采用整合审计模式的公司的审计质量更低，如 Bhaskar，Schroeder，and Shepardson（2019）通过比较分析 2007－2013 年接受整合审计与单独接受财务报表审计的美国小型上市公司的审计质量,发现相比于单独进行财务报表审计的公司,进行整合审计的公司的财务报表审计质量较低。除上述两种观点外,Wang and Zhou(2012)发现实施整合审计在降低审计费用的同时并没有降低审计质量。因此,学术界对"整合审计对审计质量的影响"的结论迥异,可能源于不同学者采用的样本公司、样本期间等存在一定差异。

(三)内部控制审计质量的影响因素方面

内部控制审计质量的影响因素众多,包括审计收费、审计师能力、会计师事务所特质、企业管理人员的财会能力等。对会计师事务所而言,内部控制审计质量越高所需花费的成本越大(DeFond and Lennox,2017),审计收费越高。当会计师事务所拥有的内部控制审计客户数量越多、拥有特定行业的内部控制审计客户数量越多、对某特定客户的服务时间越长,其相应的内控审计质量越高(Anantharaman and Wans,2019)。对注册会计师而言,作为审计质量的直接把关者,其审计能力的高低直接影响审计质量的高低。现有研究发现审计师未在财务报告重述前报告被审计单位内部控制重大缺陷的原因是审计师执行内控审计的能力不足,而非管理人员或审计师不愿报告内控缺陷(Aobdia,Choudhary,and Sadka,2018),如果一家公司出现了财报重述但未被出具非标意见,说明其内控审计质量较低(DeFond,Hung,and Trezevant,2007)。对公司管理人员而言,企业审计委员会的会计专家数量多或CEO具有财会专业知识均有助于内控审计质量的提高(Lisic et al.,2019)。

(四)内部控制审计的经济后果方面

自SOX(404)条款出台后,内部控制审计的经济后果引起了学术界的激烈争论,如果公司披露了内部控制非标审计意见,向市场传递了坏消息,一般会引起负面反应,会导致公司的信用评级更低、债务成本更高(Crabtree and Maher,2012)。但若上市公司自愿披露正面意见的内部控制审计报告,则能够向资本市场传递内部控制有效和财务信息可靠的积极信号,并显著降低其债券融资成本(方红星、施继坤、张广宝,2015)。可见,内部控制审计的经济后果呈现多维度、多样化的特征,以下就学者们主要关注的几个方面进行回顾。

1. 内部控制审计执行成本

关于实施内部控制审计是否提高审计成本,尚未形成统一结论。部分学者认为实施内部控制审计显著提高了审计费用,如Iliev(2010)发现,内部控制审计显著提高了公司的整体审计费用。Ettredge,Sheruood,and Sun(2018)研究表明,执行SOX 404(b)条款导致审计费用增加,但具有相应经验的审计人员却没有增加,这种供给与需求不平衡导致事务所对需要进行内部控制审计的公司收取了更多的审计费用。但也有部分学者认为内部控制审计的实施并未提高审计费用,如Munsif,Raghunandan, and Rama（2012）认为 SOX（404）条款出台后，上市公司内部控制得到了很好的管制，降低了内部控制缺陷发生的概率，内部控制质量提高，降低了审计风险，CPA 可以通过降低一些不必要的审计程序使审计成本随之降低。

2. 内部控制审计与财务报告质量

关于内部控制审计对财务报告质量的影响，一方面，一部分学者认为内部控制审计的实施显著提高了财务报告质量，这源于实施内部控制审计后，被审计公司的盈余管理行为更加谨慎（Iliev，2010），且强制实施内部控制审计降低了公司的应计盈余管理与真实盈余管理水平（许骞、曾建光、王立彦，2014），提升了财务报告质量。众多研究为这一作用路径提供了翔实的佐证，如 Chen et al.（2013）运用 SOX（404）条款出台当年的数据，发现被出具无保留内部控制审计意见的公司其盈余信息含量比前一年度更大。雷英、吴建友、孙红（2013）发现相比于未披露内部控制审计报告的公司，披露内部控制审计报告的公司盈余质量较高。另一方面，一些学者认为实施内部控制审计后，公司的财务报告质量有所降低。例如 Bhaskar，Schroeder，and Shepardson（2019）发现，内部控制审计损害了被审计公司的财务报告审计质量，究其原因，在整合审计模式下，审计工作量突增但审计费用未增加，此时，审计师更依赖内部控制测试的结果，实施了不适当的实质性测试，导致了较低的财务报告审计质量。

3. 强制与自愿实施内部控制审计、披露内部控制审计信息

一方面，关于强制实施内部控制审计及强制披露内控信息，Wu and Tuttle（2014）研究发现，强制实施内部控制审计公司的经理人需花费更多资源以改善公司的内部控制质量，从而提高外部投资者对公司的信心，降低风险溢价。Kelly and Tan（2017）发现，对于未披露内部控制重大缺陷的上市公司而言，强制披露财务报告内控缺陷及强制内控审计均可以作为投资者对公司投资潜力评估的一种判断方式，投资者认为强制披露财务报告内控缺陷及实施强制内控审计的公司更可靠，当公司披露重大内控缺陷时，强制披露和强制内控审计不会影响投资者对该公司投资潜力的评估。另一方面，关于自愿实施内控审计及自愿披露内控信息，Brown et al.（2012）研究表明，自愿执行内控审计的公司，股票波动性更低、有更多的分析师跟踪、更可能被国际"四大"会计师事务所审计、内部控制有效性更高、发生财务重述更少。内部控制质量较好的上市公司更愿意披露内部控制鉴证报告（林斌、饶静，2009），类似地，上市公司外部与内部董事间信息不对称程度越低、独立董事比例越高，该公司自愿披露内部控制审计报告的可能性越大（Sun，Yi，and Lin，2012）。当上市公司自愿披露正面的内部控制审计报告时，能够向资本市场传递一种公司信息有效可靠、内部控制质量较好的积极信号（方红星、施继坤、张广宝，2015）。但强制披露与自愿披露孰优孰劣未有定论。

## 二、内部控制审计研究评述

以上文献回顾表明,国内外学者对企业内部控制审计进行了丰富的讨论,主要围绕内控审计相关准则、整合审计实施效果、内控审计质量、内控审计经济后果等方面展开,但诸多研究主题的结论尚未形成一致意见:一是部分学者认为,整合审计提高了审计收费,提高了审计质量,但也有学者认为整合审计降低审计费用;二是部分研究表明,实施内控审计具有积极影响,能够降低企业成本、提高财报质量,但也有一些研究给出否定意见,认为实施内控审计会提高企业成本、降低财务质量;三是强制性披露与自愿性披露孰优孰劣未有定论。

可见,对于内控审计成本与效益、内控审计能否保护投资者利益等问题,学术界尚未形成一致结论。实施内控审计对企业、投资者而言,会产生哪些影响,是否利大于弊,仍有待进一步研究。换言之,内控审计话题尚有诸多未解之谜,仍有很大的研究空间。

内部控制缺陷是评价内部控制有效性的负向维度,已有研究表明如果企业存在内控重大缺陷,内控审计质量较低。因此,内控审计研究必须充分关注内部控制缺陷。那么,不同性质的内部控制缺陷是否会对企业产生不一样的影响?《企业内部控制评价指引》第十六条将内部控制缺陷根据形成原因的不同分为设计缺陷和运行缺陷。企业内部控制究竟应"大名法度"地设计内部控制制度,还是应"规行矩步"地执行内控程序是值得深入思考和探究的现实问题。内部控制缺陷按其与财务报告的关系可分为财务报告内部控制缺陷和非财务报告内部控制缺陷。《企业内部控制审计指引》仅要求注册会计师对财务报告内部控制的有效性发表审计意见,对内部控制审计过程中注意到的非财务报告内部控制重大缺陷,只需在内部控制审计报告中增加"非财务报告内部控制重大缺陷描述段"来体现,导致企业即使存在非财务报告重大内部控制缺陷,上市公司仍可获得标准审计意见,忽略了非财务报告内部控制的作用。那么,在现实中,对财务报告内控缺陷与非财务报告内控缺陷而言,何种缺陷对企业危害更大?企业应如何通过内控审计来降低相关的内控缺陷?均亟待进一步探讨。

企业内部审计在企业内部控制中具有审计监督、评价鉴证、咨询服务等重要作用,系统有效的内部审计有助于企业营造良好的内部控制环境、加强风险管理、完善内部控制体系构建。由于资源配置及内部审计固有缺陷等原因,已有部分企业将内审业务外包给相关机构,以优化资源配置、提高企业核心竞争力并发挥企业价值的增值作用,形成内部审计外包模式。那么,企业应如何开展内部审计外包、内部审计外包有哪些经济后果,对内控审计有何影响等均有待进一步研究。

厘清上述问题,有助于实务监管部门在内部控制审计、内部审计等方面累积新知识,为政府监管部门在完善内部控制改革、加强投资者保护等方面提供一定政策参考。

## 三、内部控制审计研究拓展

### (一) 异质性内部控制缺陷

内部控制缺陷是评价内部控制有效性的负向维度,如果企业内部控制的设计或运行无法合理保证内部控制目标的实现,即意味着企业存在内部控制缺陷。自 SOX 法案颁布以来,国内外出现了研究内部控制及其缺陷的热潮,大量学术性文献应运而生。SOX 法案 404 条款规定,上市公司必须在年报中加入内部控制报告,供投资者和监管部门判定该公司内部控制的有效性,以及评估公司主要的内部控制缺陷,要求披露内容真实且详细。

PCAOB 按照内部控制缺陷导致该企业内部控制制度失效的程度,将美国上市公司的内部控制缺陷分为重大缺陷和重要缺陷两类。起初,PCAOB 的审计准则对重大缺陷的认定非常严格,只要与企业财务报告紧密联系的内部控制缺陷超过最小限度,该内控缺陷就会被视为重大缺陷。这一规定导致上市公司的审计成本显著提升,实际审计工作压力增加。经过各方的争取努力,PCAOB 重新定义了重大缺陷:如果某些内部控制缺陷的集合或某种单一内部控制缺陷导致提高财务报告重大错报的可能性,进而造成财务报告舞弊现象没有被及时有效地发现和规避,则称该项或该组缺陷为重大缺陷。重要缺陷则被定义为:如果某些内部控制缺陷的集合或者某种单一内部控制缺陷会增大公司经营的风险及降低企业财务报告的真实性和可靠性,也可能导致无法避免和纠正财务报告的误报。

我国颁布的《企业内部控制评价指引》对内部控制缺陷的分类标准进行了阐述:第十六条将内部控制缺陷根据成因的不同分为设计缺陷和运行缺陷;第十七条按照内部控制缺陷影响程度的不同,将其分为重大缺陷、重要缺陷和一般缺陷。《企业内部控制评价指引》规范了重大缺陷、重要缺陷和一般缺陷的基本概念,但其具体认定标准由企业根据相关要求自行确定,并未进行严格统一。此外,内部控制缺陷还可按其表现形式分为财务报告内部控制缺陷和非财务报告内部控制缺陷。相关学者通过进一步研究,将内部控制缺陷分为企业方面或会计方面的内部控制缺陷(王惠芳,2011),根据影响因子将内控缺陷分为九大类(田高良、齐保垒、李留闯,2010)。

迪博内部控制与风险管理数据库参考 COSO、《企业内部控制基本规范》及《企业内部控制评价指引》,将上市公司内部控制评价过程中发现的每条缺陷包含的内容、缺陷重要性程度和类别等信息进行整理和归纳,按照设计缺陷/运行缺陷、重大缺陷/重要缺陷/一般缺陷、财务报告缺陷/非财务报告缺陷(或非财报缺陷)等分类标准进行归类,便于用户查询和参考。具体的划分标准可从收集的资料中看出,如 2018 年围海股份被划分为具有重大缺陷、运行缺陷及财报缺陷,原因是公司通过预付采购款、工程款及被投资的联营企业渠道提供资金等方式向其控股公司及其关联方拆借资金,截至 2018 年 12 月 31 日，被围海控股公司占用尚未收回的资金余额为 4 750 万元（不含利息），违反了围海股份公司关联交易内部控制制度、资金管理制度及其他相关规定。2018 年商赢环球被划分为具有重大缺陷、运行缺陷及非财报缺陷，原因是公司部分美国下属公司的核心设计人员离职、销售团队流失，导致相关公司 2018 年销售收入下降明显，亏损严重，对公司经营产生重大不利影响，同时公司没能及时采取有效应对措施，公司主要技术人员、销售人员管理的内部控制存在重大缺陷。

综上所述，我国虽然在内部控制缺陷的划分标准方面有了一定程度上的制度规范和理论指导，但目前我国内部控制缺陷的分类标准尚不够明确细致，部分异质性内部控制缺陷的认定标准尚未统一，企业和事务所均缺少具体认定依据。同时，关于异质性内部控制缺陷经济后果的研究尚不够完善，异质性内部控制缺陷对企业经营各方面的具体影响及其影响程度、影响路径仍需进一步探讨。

"十四五"规划指出，要坚持创新驱动发展，坚持创新在我国现代化建设全局中的核心地位，深入实施科教兴国战略、人才强国战略、创新驱动发展战略。本书秉持"十四五"规划的创新理念，勇于探索，敢于思考，创造性地对现有内部控制审计研究成果进行拓展。具体而言，本书探索性地从财务报告和非财务报告内部控制缺陷、设计和运行缺陷等角度分析异质性内部控制缺陷对企业财务报告质量、企业创新等方面的影响，以进一步拓展异质性内部控制缺陷的研究方向，加深学生对企业异质性内部控制缺陷的认识。

1. 设计缺陷与运行缺陷

党的二十大报告指出，要完善以宪法为核心的中国特色社会主义法律体系，健全保证宪法全面实施的制度体系，以更好发挥宪法在治国理政中的重要作用，这与王安石"盖夫天下至大器也，非大明法度不足以维持"的思想高度相符，似乎表明"大明法度"理应被放在国家进步、企业发展的首要位置。但同时，严明的制度设计离不开执行人员的"规行矩步"，中国共产党第十九届中央委员会第三次全体会议强调要"依宪施政，依法行政""规范和约束履职行为，让权力在阳光下运行"。从微观角度而言，制度设计严明有序却形同虚设，以致企业分崩离析的案例不胜枚举，然而也有不少企业制度运行高效有力，却由于制度本身的缺陷结果适得其反。因此，在制度设计与运行可能无法完全兼顾的现实下，"大明法度"与"规行矩步"何者更胜一筹？值得深入探讨。

截至 2020 年 8 月底，2020 年证监会已对 43 起上市公司信息披露违法案件立案调查。2020 年 9 月，证监会稽查部门与公安经侦部门在深圳联合召开上市公司相关主体涉嫌财务造假等证券犯罪案件部署会，对 13 起重大典型案件的查办工作进行部署。这些案件涵盖上市公司财务造假、隐瞒重大关联交易等涉嫌违规披露或不披露重要信息犯罪、与财务造假伴生的伪造金融票证及挪用资金等其他经济犯罪。内部控制作为企业财务报告质量的重要保障，良好内部控制的制度设计与有效的运行对提高财务报告质量至关重要。为引导上市公司建立完善的内控制度并提高内控运行的有效性，《企业内部控制评价指引》第十六条将企业内部控制缺陷分为设计缺陷和运行缺陷,表 14-1 列举了本书企业业务循环相关章节案例分析中涉及的设计缺陷和运行缺陷,并要求企业在内部控制评价报告中披露内控缺陷的认定与整改情况,以期促进企业全面评价内控的设计与运行情况,规范内控评价程序与报告,提升内控制度对财务报告质量的规范力度。但内部控制设计缺陷和运行缺陷对财务报告质量究竟有何影响?何者的修正更有利于财务报告质量的提高?如何有侧重、有针对性地在最短的时间内最大程度地完善企业内部控制建设,提高财务报告质量?这些都是企业健康发展亟待解决的现实问题。

表 14-1　企业业务环节中的设计缺陷和运行缺陷

| 业务环节 | 缺陷类型 | 表现形式 |
| --- | --- | --- |
| 销售与收款循环 | 设计缺陷 | 应收账款核算体系不健全、商品出库审批制度不健全 |
| | 运行缺陷 | 出纳用个人银行账户收取销售货款 |
| 采购与付款循环 | 设计缺陷 | 采购合同审批程序烦琐且效率低 |
| | 运行缺陷 | 采购业务账务处理不规范 |
| 生产与存货循环 | 设计缺陷 | 未明确产品被退回的处理程序 |
| | 运行缺陷 | 存货信息管理流程执行不力 |
| 投资与筹资循环 | 设计缺陷 | 投资决策审批流程不规范 |
| | 运行缺陷 | 筹资审批机制流于形式,未执行已制定的审批机制 |
| 货币资金 | 设计缺陷 | 现金岗位轮换制度设计漏洞 |
| | 运行缺陷 | 票据与印章管理流于形式 |
| 信息系统 | 设计缺陷 | 灾难预防和恢复计划缺失 |
| | 运行缺陷 | 数据备份实施不到位 |

(1) 对盈余管理的影响

现有文献已经证明,与内部控制良好的企业相比,存在内部控制缺陷的企业盈余管理程度更高,内部控制制度至少可以使管理层的操纵性盈余管理行为更容易被发现和更难以得逞(叶建芳、李丹蒙、章斌颖,2012;LaFond and You,2010),那么在减少管理层盈余管理行为方面,"大明法度"与"规行矩步"何者更胜一筹?公司存在的内控设计缺陷和运行缺陷何者会使管理层更容易进行盈余管理?

从设计缺陷和运行缺陷的性质来看,当企业存在设计缺陷,即未能"大明法度"时,表明企业缺乏必要的内部控制制度设计或现有的内部控制制度设计不合理,无法达到财务报告可靠真实的目标,即使按设计实施后,财务报告目标也无法实现。运行缺陷,即未能"规行矩步",则是指在现有内部控制制度的合理设计的情况下,管理者或者员工不按照既定的规则和要求工作,导致公司的规章制度如同一纸空文,没有起到实质性的监督和管理效果。

杨有红、陈凌云（2009）研究发现，如果经营者和员工按照内部控制制度的规定处理日常工作，仍不能达成企业的内部控制目标，那么说明该企业存在内部控制设计缺陷。设计缺陷表现在某一内部控制制度虽有规定，但其规定不合理，例如，规定出纳人员兼任稽核、会计档案保管工作，没有实现不相容岗位分离的原则。岗位说明和权限指引等内部管理的相关文件不全等问题可能发生财务报告盈余管理行为，但是设计缺陷可能在执行层面不是最主要的原因。

运行缺陷中存在的问题，如合同文件不使用统一的方式保存，不符合分类管理的规定；销售收入确认的时间不准确，新的零星固定资产不及时转回，保存的资产减值测试所需要的支持数据不完整；信息系统不进行常规检查，系统数据不定期存档或没有保障公司的信息安全等都有可能增加舞弊的风险，使得企业的会计信息质量大打折扣，风险增大。这类问题就使得有盈余管理动机的管理层更容易利用制度漏洞，进行操纵性盈余管理，所以在减少管理层盈余管理行为方面，"规行矩步"可能更胜一筹，即如果企业存在内控运行缺陷，则会使管理层更有可能进行盈余管理。

（2）对财务报告违规行为的影响

现有研究表明，内部控制缺陷使得管理层可能会因道德风险产生财务报告违规行为，内部控制有效性越高，公司的合法合规经营就越有保障，出现财务报告违规行为的可能性越小；内部控制的有效性越低，漏洞越多、缺陷越严重，公司经营者以权谋私、财务舞弊的可能性就越大，公司也越有可能发生财务报告违规行为（刘启亮 等，2013；刘启亮 等，2012）。

财务报告违规行为主要体现在违反国家相关法律法规（如漏税、虚报税收和统计报表等），违反行业准则、企业准则（如虚假做账、不按准则进行账务处理等），违反企业管理规章制度（如不按企业核算制度进行工资核算等），违反财务部门相关规章条款等（如不遵守报销制度等）。那么，在减少公司财务报告违规行为方面，"大明法度"与"规行矩步"何者更胜一筹？内控设计缺陷和运行缺陷何者更会增大企业发生财务报告违规行为的可能性呢？

由于违规行为是较为严重的不当行为，运行缺陷中包含的公司对个别内部控制制度的执行力度不够；信息系统不进行常规检查、系统数据不定期存档而未能保障公司的信息安全；各部门与信息披露部门的工作协调、风控意识不强等问题，都容易使得管理者冒着道德风险进行的各种违规行为得逞。如果运行缺陷程度严重，管理者可能更容易钻内控制度运行方面的空子，那么公司经营者进行财务舞弊的可能性就更高，公司就更可能发生财务报告违规行为，也就是说，在减少公司财务报告违规行为方面，"规行矩步"可能更胜一筹，内部控制存在运行缺陷的公司比存在设计缺陷的公司更容易发生财务报告违规行为。

（3）对审计意见的影响

现有文献已经证实，内部控制缺陷会影响企业经营管理，进而影响财务报告信息，审计师面对不确定性的风险，更有可能对内控存在缺陷的公司出具非标审计意见

（Altamuro and Beatty，2010）。那么审计师更关注"大明法度"还是"规行矩步"？更可能因为企业的内控设计缺陷还是运行缺陷而出具非标审计意见？

诚然，设计缺陷中存在的如审计部与审计委员会未建立起定期的沟通机制而导致财务报告合规性的风险、资产减值的规定和准则过于简单而无法保证该项资产减值的合理性和价值计提的可靠性等问题可能引起审计师的关注。然而，运行缺陷中存在有管理者、员工越权或没有相应能力按照内部控制制度的规定进行工作的问题，例如，某项费用需要经过部门经理和财务处经理同时签字授权才可以批准拨款，但财务处员工由于财务处经理出差且另一个部门在催款就先行拨款，等财务处经理回来补批手续，该类资金使用流程的不规范极易导致企业风险问题。运行缺陷的存在不利于企业内部的互相监督和权力制约，使企业更容易出现以权谋私、公饱私囊的现象及操纵性盈余管理行为，并且更可能对外披露虚假财务信息，那么公司财务报告发生盈余管理和违规行为的可能性就更高，降低了审计师对财务报告的信任度。因此，设计缺陷所带来的风险可能不是审计师最在意的风险类型，审计师可能更注重企业内部控制制度的"规行矩步"，且更有可能对存在内部控制运行缺陷的公司出具非标审计意见。

（4）不同产权性质下对企业财务报告质量的影响

国有企业和民营企业在市场中所处的环境有较大差异，公司治理和监管环境也有所不同。国企大多为垄断性企业，如石油、通信产业等，民营企业则处于竞争性很强的市场当中。国有企业比民营企业在经营上有更大的资源性优势，所以在改善管理制度方面，一定程度上不需要像民营企业一样有紧迫感。国有企业和民营企业的内部控制有效性有较大差异（刘启亮 等，2012），相对于国有企业，民营企业的内部控制制度或许有效性更高（叶陈刚、裘丽、张立娟，2016）。一方面，民营企业较少受到来自政府部门的干预，最大的目标就是利润最大化，而国有企业往往承担着更多政府要求的社会责任，大多不以营利为首要目的，而是以完成中央下达的指标为首要任务。另一方面，国有企业的亏损由国家承担，但民营企业自负盈亏，因此，民营企业为了控制风险，会积极主动地建立健全内部控制制度，以求更好地规避风险。

同时，与西方发达国家完全自由的市场经济环境不同，我国政府参与到证券市场控制上市公司的比率较大，政府的干预有可能影响企业内部控制制度的有效性。国有企业较多分布在我国的经济支柱型行业，其经营成果与国家利益密切联系，当国有企业出现财务报告违规行为时，监管部门有可能对国有企业的监督和处罚管理更为宽松，对情节不太严重的财务报告舞弊可能采取包庇的方式，导致国有企业财务报告违规被处罚的可能性比民营企业要低（逯东、王运陈、付鹏，2014）。民营企业主动权完全掌握在自己手上，自负盈亏，政府不会过多干预，更不会对民营企业的财务报告违规行为负责。因此，若企业内控制度的"规行矩步"的确更能提高企业的财务报告质量，内控运行缺陷的确对企业财务报告质量的影响更大，那么内控运行缺陷对非国企财务报告质量的影响应该比对国企财务报告质量的影响更大。

总体而言，以上关于企业内部控制的设计和运行缺陷对财务报告质量不同影响的讨论认为，运行缺陷可能比设计缺陷对财务报告质量具有更加实质性的影响，相比国有企业，运行缺陷对财务报告质量的影响可能比非国有企业更大。具体来讲，存在运行缺陷的企业可能比存在设计缺陷的企业更容易发生盈余管理和财务报告违规行为，且更容易被出具非标审计意见。运行缺陷的存在可能会提高民营企业财务报告盈余管理水平，对国有企业盈余管理水平的影响则较弱；存在运行缺陷的非国企比国企更可能发生财务报告违规行为且更可能被出具非标审计意见。如此说来，企业内部控制制度的"规行矩步"显然更加重要，有效的内部运行控制能够在一定程度上抑制企业的盈余管理和财务报告违规行为，有助于企业获得更优的审计意见。因此，由于现阶段我国市场经济发展时间尚短，企业的各项规章制度不可避免地存在许多这样那样的问题，在这种情况下，企业更应该重视执行力度，充分发挥其约束作用，同时完善奖惩、监督机制，尽可能避免滥用职权、以权谋私等现象。

2. 财务报告内控缺陷与非财务报告内控缺陷

随着被誉为自罗斯福总统以来美国商业界影响最为深远的 SOX 法案的出台，企业内部控制进入了一个新时期，逐渐成为全球关注的热点。2013 年 5 月 14 日，COSO 发布了最新版本的《内部控制——整合框架》，与旧框架相比，COSO 新框架扩大了报告目标范围，将原有的财务报告目标扩展到了非财务报告目标。我国为统一规范内部控制评价信息的披露，2014 年，证监会联合财政部发布了《公开发行证券的公司信息披露编报规则第 21 号——年度内部控制评价报告的一般规定》（证监会公告〔2014〕1 号），要求纳入实施范围的上市公司应当区分财务报告和非财务报告内部控制，内部控制评价报告中内控缺陷的认定及整改情况也应对其进行区分。因此，非财务报告内控缺陷导致的经济后果不可忽视。

财务报告内控缺陷主要是指不能合理保证财务报告可靠性的内部控制设计和运行缺陷，比如由管理层舞弊、内控运行失效、未修复已发现的缺陷等引起的财务重述、被出具非标审计意见或其他账务处理问题。非财务报告内部控制缺陷往往与企业经营管理的合法合规、资产安全、营运的效率和效果有关，包括机构设置混乱（如审计委员会运作失灵、公司高管凌驾于内控之上等）；信息与沟通机制不顺畅（如重大信息内部报告制度未能有效执行）；内部监督职能缺失（如反舞弊机制形同虚设）；风险评估与应对机制失效（如面临重大风险）；非财务错报控制活动缺陷（如违规关联方交易、资金被违规占用未收回、违规担保贷款等）。由于我国内部控制制度规范发展年限尚短，内部控制缺陷的认定与披露标准尚待进一步完善，企业对内部控制缺陷的披露目前仍不够客观充分。比如，我国《企业内部控制审计指引》仅要求注册会计师对财务报告内部控制有效性发表审计意见，对内部控制审计过程中注意到的非财务报告内部控制重大缺陷，只需在内部控制审计报告中增加"非财务报告内部控制重大缺陷描述段"来体现，导致企业即使存在非财务报告重大内部控制缺陷，上市公司仍可获得标准审计意见，忽略了非财务报告内部控制的作用。

鉴于此，本书基于我国企业内部控制的制度背景，参考 COSO 内控整合框架、

PCAOB 审计准则等政策法规,结合上市公司内部控制自我评价报告和内部控制鉴证报告、迪博数据库中的内部控制评价指数和内部控制缺陷分类,以及企业的审计意见、违规行为、财务重述等情况对内部控制缺陷重新进行了分类(见表 14-2)。特别说明的是,根据 PCAOB 审计准则,只有在审计师未发现内部控制实质性缺陷和审计师的工作不受限制的条件下,审计师才可出具标准无保留审计意见,这意味着,在非限制审计条件下,被出具非标审计意见的公司存在内部控制实质性缺陷。另外,由于《企业内部控制审计指引》第六十九条指出,当企业重述以前公布的财务报表,以更正由于错误导致的重大错报,则表明企业存在内部控制重大缺陷,因此财务重述的企业也存在内部控制缺陷。

表 14-2 异质性内部控制缺陷及其衡量方法

| 内部控制指标 | 衡量方法 |
| --- | --- |
| 内部控制缺陷 | 存在以下情况之一,认为存在实质性内部控制缺陷:<br>a. 披露内部控制重大缺陷;<br>b. 被出具非标审计意见;<br>c. 存在财务重述或财务违规行为;<br>d. 每年迪博内部控制评价指数值最低的 1% 家公司 |
| 财务报告内部控制缺陷 | 存在以下情况之一,认为存在财务报告内部控制缺陷:<br>a. 迪博内部控制评价缺陷库和内部控制审计缺陷库中显示存在财务报告内部控制缺陷;<br>b. 存在财务重述事件;<br>c. 审计意见为非标准无保留意见 |
| 非财务报告内部控制缺陷 | 除存在财务报告内控缺陷外,其余存在实质性内控缺陷的情形划分为非财务报告内部控制缺陷 |

(1) 对盈余质量的影响

如果企业进行了应计盈余管理,则相对于未进行应计盈余管理活动的企业而言,在保持其他因素不变的情况下,其盈余应计项目不能反映过去、现在和未来的现金流状况的程度(盈余噪音,Earnings Noise)将会更高,企业总的异常应计项目也会更高,即从事了应计盈余管理的企业会有更大的盈余噪音,更高的异常应计项目,相应的财务报告质量就较低。

内部控制由五大要素组成,即内部环境、风险评估、控制活动、信息与沟通和内部监督。当以上五大要素中任何一大要素存在缺陷时,都可能影响企业的财务报告质量。以控制活动为例,当控制活动存在缺陷时,控制措施的缺乏很可能滋生员工的舞弊行为,导致虚假账簿记录,影响盈余质量。当然,即使不存在代理问题,内部控制缺陷同样会对财务报告质量产生影响,因为内部控制缺陷可能导致不具主观故意性的随机错误。

财务报告内控缺陷指与导致会计报表或附注中的信息发生错报的漏洞有关的内控缺陷,而非财务报告内控缺陷指与诸如控制环境和整个运营过程等有关的内控缺陷。基于这两类缺陷的性质,容易推断,财务报告缺陷是"可以审计的",而非财务报告缺陷使得管理层在准备财务报告方面的能力和控制整个业务运营方面的能力均值得怀疑,这方面的缺陷是难以被有效"审计的"。所以,如果内部控制重大缺陷会显著影响盈余质量,那么非财务报告内部控制缺陷的负面效应可能是主要的,因为这种效应更难被外部审计师所审计和监督。

(2) 对企业创新的影响

国务院制定的《国家中长期科学和技术发展规划纲要》明确提出要把我国建设成为创新型国家。2019年3月,李克强总理在政府工作报告强调要"坚持创新引领发展,培育壮大新动能"。2019年10月,中国共产党第十九届中央委员会第四次全体会议进一步对完善科技创新体制机制、加快建设创新型国家提出了明确要求。随着创新驱动发展战略的深入实施,中国创新能力和效率进一步提升。2018年,全国技术合同成交额增长30%以上,科技进步贡献率提高到58.5%。然而,受2020年新型冠状病毒肺炎疫情影响,中国正面临经济下行压力加大、实体经济困难突出、防范化解金融风险难度加大等重重困难,迫切需要我们重新认识当前经济形势,重点关注未来经济发展的问题与难关,继续深入探讨"创新发展"这一主题。

在当前经济新常态背景下,要实现经济高质高效可持续发展不仅要依靠不断增强的制造能力,更需企业的技术创新(Li,2018;Zhou,Cao,and Zhao,2017;Chen,Vanhaverbeke,and Du,2016)。Pegkas,Staikouras,and Tsamadias(2019)的研究表明,商业、公共和高等教育研发都对创新有显著的积极影响,其中商业研发对创新的正面影响最大,因此,企业研究开发(Research and Development,R&D)理应得到足够的关注和重视。然而,R&D活动本身的一些特质,如高风险性、收益跨期、R&D利益的外溢、R&D产品产出的专用性等,易导致企业R&D投资不足,使企业技术创新活动受到制约。因此,如何抑制不良因素对R&D活动的影响,优化企业创新投入,成为整个中国经济发展亟待解决的现实问题。

众所周知,企业R&D投资与高管决策等公司治理问题密切相关,那么,现实中内部控制缺陷的存在是否会影响企业技术创新资源的投入?若会,有哪些影响路径?是否存在时滞效应?财务报告性质与非财务报告性质的内部控制缺陷又将如何影响R&D投资?这些影响在技术密集、资本密集、劳动密集型企业中是否呈现显著差异?这些重要的现实问题仍有待进一步证实。

根据信号传递理论,企业研发投资会对公司后续的经营绩效和市场价值产生影响,从而通过会计利润或市场回报与高管薪酬挂钩(赵武阳、陈超,2011)。Chan,Lakonishok,and Sougiannis(2001)指出R&D支出对盈余的影响很大,高管具有很大的盈余自主权,企业管理层可能因为短期的利益而降低R&D支出以提高企业的当期利润。而高管在即将离职或企业利润下降、亏损时,更可能通过降低R&D投资来获得当期利润增长从而获得私利（Cheng，2004）。这些现象产生的根源都是企业的所有权与经营权分离产生的委托代理问题。

委托人与代理人存在着不同的效用函数，其必然存在着利益冲突。在短期内，这很可能导致作为委托人的代理人在信息不对称的情况下，出现有损委托人利益的行为。监督和激励是解决代理问题的两个重要途径，其关键原因在于：当契约一方对另一方进行监督，获取更多信息时，就可以在另一方背离契约目标时减少相应的报酬。另外，通过激励计划可以使契约双方的效用函数趋于一致，从而缓解代理问题（Scott，2006）。内部控制制度正是基于代理理论而产生的，它可有效缓解企业各项活动中的信息不对称、代理问题（Gao and Jia，2016；Qi et al.，2017）。因此，在企业中，良好的内部控制同样可缓解R&D活动中的代理问题，即能够监督和激励经理人努力做好工作，防止因厌恶风险和无短期回报而出现企业R&D投资不足的问题。

从内部控制的组成要素来看，内部控制由内部环境、控制活动、信息与沟通、风险评估和内部监督五大要素组成，而内部控制缺陷是评价内部控制有效性的负向维度。当内部环境存在缺陷时，公司负责人可能在信息不对称的情况下凌驾于公司内部控制之上，出于不愿承担风险或谋取私利等原因，绕过集体决策而放弃重大项目的R&D投资，导致低效的创新资源配置，影响企业技术创新。当风险评估要素存在缺陷时，企业内控风险控制部门难以对R&D项目面临的风险收益进行有效分析，往往会因承担责任而夸大风险，抑制有前景的创新项目投资。当控制活动要素出现问题时，员工会因缺少约束而偷懒、怠慢R&D预算的编制、审定、下达和执行，错失时效性较强的创新项目。当信息与沟通存在缺陷时，企业内部组织间的信息不对称会导致具有信息优势一方出于自身利益而降低R&D投资。当内部监督要素存在缺陷时，最容易出现经理人由于缺乏有效的监督制度而规避风险、享乐、偷懒的机会主义行为，导致R&D投资不足。可见，内控环境、控制活动、信息沟通、风险评估、内部监督等方面的内部控制缺陷将不利于R&D投资活动及时、资金充足和有效地进行，从而影响到企业的技术创新。

内部控制缺陷按照与财务报告的相关程度可分为财务报告和非财务报告内控缺陷。如前所述，在企业R&D投资活动方面，内部控制缺陷的存在可能会减少R&D投资，但显然R&D投资的减少并不影响财务报告的可靠性。而财务报告内控缺陷是指与导致会计报表或附注中的信息发生错报的漏洞有关的内控缺陷，因此R&D投资的减少可能并不是由财务报告内控缺陷引起的。并且，企业R&D支出是通过资本化或费用化的形式在财务报表及其附注中体现的，相关财务核算会影响当期盈余，当财务报告内部控制缺陷导致财务报告生成过程中R&D信息有误或R&D投资决策受到影响时，很可能通过内外部审计师的"审计"得以纠正，即使审计师没有发现相关错报，审计活动至少可对与R&D相关的财务操纵起到一定的监督或威慑作用，从而缓解财报内控缺陷对企业技术创新资源配置的负面影响。

非财务报告内控缺陷包括公司治理结构混乱、机构设置和权责不明确、信息与沟通机制不畅通、反舞弊机制形同虚设等情况。当企业出现公司治理结构混乱、机构设置和权责不明确的情况时，企业管理层可能权力过大且不受约束，出于风险厌恶、目光短视等原因而武断放弃 R&D 投资项目；当企业出现沟通机制不畅通的情况时，容易导致严重的信息不对称和代理问题，在这种情况下，管理层出于眼前私利考虑也可能放弃有前景的 R&D 投资。例如，当公司面临小额亏损或利润小幅下滑时，高管更可能通过降低 R&D 投资来获得当期利润增长从而获得私利（Cheng, 2004）。当企业出现反舞弊机制形同虚设的非财务报告内部控制缺陷情形时，意味着管理层的舞弊监控机制失灵，将导致原本应该用于 R&D 投资项目的资金挪为他用，为舞弊者牟取私利。可见，若企业内控实质性缺陷会影响 R&D 投资，则非财务报告内控缺陷的影响可能更加严重，占据主导作用。

综上所述，相比财务报告内部控制，非财务报告内部控制在提高企业盈余质量、优化技术创新资源配置中可能发挥着更为重要的作用。因此，推动企业技术创新、促进社会技术进步，应充分关注非财务报告内部控制缺陷。具体而言，首先，应完善非财务报告内部控制的信息披露制度：第一，严格区分财报与非财报内控缺陷，目前我国对其分类标准尚不够明确细致，不少企业将其混为一谈，从而减少了对财务报告内控重要缺陷及一般缺陷的披露；第二，扩大非财务报告内控缺陷的披露范围，我国现行规定仅对非财报内控的重大部分披露有所要求，导致企业有机会将非财报内控缺陷由大化小、由小化了，因此，监管部门可将非财务报告内控缺陷的披露范围扩大至重要缺陷甚至一般缺陷；第三，应统一非财务报告内控缺陷的认定标准，目前内控相关指引中并未严格统一非财报内控缺陷的认定标准，企业和事务所均缺少具体认定依据，监管层可从公司规模、行业分类等角度对非财报内控缺陷的认定标准进行规定，以防企业因标准模糊隐藏应该披露的非财报内控缺陷。其次，应充分发挥会计师事务所的协助作用。制定比较严密的非财务报告内控制度对企业来说可能存在一定困难，故企业可聘请事务所为其制定适应性、科学性、可行性较强的相关制度，助推企业非财务报告内部控制建设。

(二) 内部审计外包

本书第二章中的第二节介绍了内部控制和内部审计之间的关系，内部审计在企业内部控制中具有审计监督、评价鉴证、咨询服务等重要作用，系统有效的内部审计有助于企业营造良好的内部控制环境、加强风险管理、完善内部控制体系构建。鉴于内部审计在企业内部控制活动中占据着重要地位，本书提出了一些对内部审计领域研究方向的思考。

随着实务界对内部控制和风险管理的重视，越来越多的企业意识到内部审计的重要性。但正如国际内部审计师协会研究基金会指出，首席审计执行官目前面临的最大挑战就是内审部门要有足够的审计人员和技能以保证其职能的发挥，为应对这一挑战，许多首席审计执行官聘请第三方来承担企业的部分内部审计活动（Barr-Pulliam,

2016)。因此，由于资源配置及内部审计固有缺陷等原因，已有部分企业将内审业务外包给相关机构，以优化资源配置、提高企业核心竞争力并发挥企业价值的增值作用。

普华永道会计师事务所在2018年对全球内部审计行业状况调查发现，63%的受访者表示会通过内审外包来寻求相应的人才支持（PwC，2018）；中国的内审外包服务发展同样迅速，相较于2007年的8.68%，2014年有近20%的企业将内审外包（李万福等，2017）。审计署在2019年发布的研究报告显示，工商银行利用外包商提供多项价值增值服务，内容涵盖大数据挖掘、金融科技、资金管理、零售银行、外部监管等领域，中国石化通过借助外包商进行工程预结算和造价审计、竣工决算审计等工作，每年工程投资审计额平均为10亿元左右。可见，内部审计外包已被许多组织接纳和采用，在国内外成为一种日益普遍的现象（Mubako，2019）。

SOX法案未明确禁止企业将内部审计服务外包给除为企业提供财务报表审计服务的事务所外的会计师事务所。也就是说，内部审计服务可以外包给其他机构。这一观点受到美国证券交易委员会的认可，但一些权威机构对内部审计外包持否定态度。持认同态度的有AICPA，认为外部审计人员具有更好的独立性；持反对态度的有IIA，认为在利益的驱使下外部审计人员的独立性并不能得到绝对的保证，甚至可能对这种宝贵的独立性造成破坏。

目前我国与内部审计相关的法律大多关注内部审计机构及制度的建立健全情况，并未明确限制内部审计主体。比如，2013年8月发布的新《中国内部审计准则》对2003年及以后的旧版做出了更加全面的修订，允许企业进行内部审计外包；2015年发布的《保险机构内部审计工作规范》第三十五条强调，内部审计部门应建立健全内部审计项目外包管理制度。根据工作需要，经董事会或管理层批准后，内部审计部门可以聘请外部机构承担内部审计项目，这说明我国保险机构的内部审计业务在合法合规的前提下是可以被外包的；2016年发布的《中国银监会关于印发商业银行内部审计指引的通知》规定，商业银行可以将有限的、特定的内部审计活动外包给商业银行外部的专业组织，从而缓解资源不足导致的内审压力，显著改善内部审计工作；2017年财政部发布的《关于印发＜小企业内部控制规范（试行）＞的通知》指出，具备条件的小企业，可以设立内部审计部门岗位或将内部审计业务外包来提高内部控制监督的独立性和质量；2018年审计署发布了《审计署关于内部审计工作的规定》，首次对内部审计外包问题明确了方向，即内部审计机构应当合理配备内部审计人员，可根据工作需要向社会购买审计服务，并对采用的审计结果负责；2019年5月，中国内部审计协会发布了《第2309号内部审计具体准则——内部审计业务外包管理》，对内部审计外包有关问题做了进一步规范。这些法规的出台，在一定程度上表明目前内部审计外包仍然是内部审计职业界的一种重要现象。基于此背景，内部审计外包主题具有重要的研究意义。

1. 内部审计外包的实践与发展

我国学者深入研究了内部审计外包相关问题（傅黎瑛，2008；王全录，2010；王兵，2014），由于内审机构大多是企业非自愿设立的，其对企业价值发挥的作用仍不显著，且我国缺乏内部审计信息披露方面的相关规定，因此无法全面考察内部审计外包实践的实际情况，现有研究鲜见以问卷调查方式获取全部上市公司内审外包实践的研究。

在证监会的合作支持下，编写组就内审外包的需求、选择外包的原因及持续时间和外包供应商等问题于 2014 年 9 月对我国全部 A 股上市公司进行全面的问卷调查，以了解我国企业内审外包实践的情况。从选择的调查对象以及问卷内容等方面，可以看出该问卷调查样本充足、内容充分、覆盖范围广，与之前的文献相比，更全面地揭示了 A 股上市公司内审外包实践的整体情况。本次通过上交所、深交所发放的调查问卷的回收率为 85%，对随机抽取的上市公司进行实地调研，未发现问卷数据与实际情况有实质性差异。问卷调查结果显示：

（1）与以往相比，近年来我国选择内审外包的企业数量不断增加，内部审计外包业务的采纳度逐年上升；

（2）国有控股企业和部分内部控制较为薄弱、相关法律制度不够完善、内控成本较大的企业，更愿意借助内审外包来弥补自身内部审计的不足，提高内部审计质量；

（3）在外包服务商的选择上，非国有企业更倾向于为自己提供审计服务的会计师事务所，而国有企业更青睐其他会计师事务所；

（4）我国企业将内部审计外包的关键理由是外包服务商更具专业能力，而不选择外包主要是担心外部人员对企业内部情况了解不足。

我国目前与内部审计相关的法律法规大多针对制度建设，强调企业应设立并完善内部审计，但是并未约束内部审计的主体与形式。2012 年公布的《企业内部控制规范体系实施中相关问题解释第 2 号》规定，企业评估自身内控时，可以将具体实施事项交付内部审计机构执行，也可以委托中介机构实施。这从政策层面支持企业实施内部控制审计外包。据统计，我国实施内部审计外包的 A 股上市公司在 2007 年有 9.84% 选择补充式外包，36.06% 选择咨询式外包，34.43% 选择合作内审，19.67% 选择全外包（刘斌、石恒贵，2008）。中国工商银行内部审计局课题组在 2010 年就"我国上市公司内部审计部门如何执行内部控制审计工作"相关问题展开了问卷调查，发现选择并已实施内控审计的上市公司中，有 27.54% 由内部审计部门独立完成，30.43% 由内部审计部门牵头、公司其他部门协助完成；33.33% 由内部审计部门和会计师事务所两方合作完成；8.70% 是全权委托会计师事务所完成。但银监会于 2016 年 4 月印发《中国银监会关于印发商业银行内部审计指引的通知》，目的是规范商业银行的内审外包行为，这说明国家在允许内部审计外包的同时也在考虑如何对其加以规范。

在国外，早在 20 世纪 90 年代就有许多企业实施内审外包。但在 2002 年 SOX 法案相关规定对内审外包提出约束条件后，许多企业开始放弃之前完全外包的模式，开始收回一部分外包出去的内部审计业务，纷纷采用部分外包或合作外包的内部审计模式，使外包出现了回归内置的倾向。那么我国企业目前的内部审计外包进展状况究竟如何？基于 A 股上市公司的调查结果，可以看出，我国企业未来内审外包可能呈现如下发展趋势。

首先，内审外包将会成为越来越多的企业的选择，但并不会迅速普及。原因在于：第一，外部服务商具有较高的专业能力是大部分企业选择内部审计外包的主要原因，而企业自身的内部审计比较薄弱，期望通过外包来改善内部审计质量。但是，企业出于外部人员对企业不够了解、外包会增加审计成本等原因考虑，仍然对内审外包存在多方面的顾虑。第二，相对于国外，我国内审外包目前尚处于初步发展阶段，发展相对滞后，市场定价和服务质量参差不齐。

其次，我国内部审计外包在未来可能以合作内审模式为主。内审外包作为内部审计的一种选择，是为了加强企业内部审计，促进审计资源实现最优配置，使企业能更好实现组织目标，但是它并不能取代企业的内部审计部门。企业自身内部审计的设立和建设必不可少，完全外包可能会带来外部人员对公司了解不够以及泄露商业机密等问题。我国内部审计的发展使得企业内部审计建设愈加完善，内部审计能力将不断提高，因此不必把审计业务完全外包给服务商。从我国现实情况看，近年来合作内部审计飞速发展，上升趋势明显。在过去，财经类专业人员是内部审计人员的主要组成部分，然而我国各类企业的不断发展使得审计领域不断拓宽，企业对跨领域的审计人才需求度也越来越高（王兵、鲍国明，2013）。国内在工程审计、IT 审计，甚至部分经济责任审计等领域都委托外部专家合作完成审计工作。因此，合作内部审计模式具有较大的发展空间，未来很可能会作为一种较理想的资源配置形式被我国企业所采用。

最后，国有控股企业、内部控制较为薄弱且相关法律制度不够完善的企业在未来应该会更倾向于选择内部审计外包服务。国有控股企业对内部审计规范可能有更高的要求，而且资金也更充足，因此为确保内部审计质量，更愿意寻求外部专业机构辅助，而内部控制较为薄弱且相关法律制度不够完善的企业，由于本身存在的问题和缺陷较多，抑或难以应对外界较差的法制环境，利用外部审计资源来强化内部审计，以确保企业目标的实现的需求更甚。

2. 管理者特征与内部审计外包

企业是否选择内部审计外包取决于管理层的决策，而管理层的不同特征究竟如何影响内部审计外包决策，目前尚鲜见国内外研究进行讨论，仅有学者指出领导重视是决定内部审计发挥作用的最重要原因（王兵、刘力云，2015）。鉴于此，本书从管理层个人特征角度提出内部审计外包问题的研究思路。

（1）董事长的风险偏好

从理论上讲，外包服务提供商依托外部审计力量和资源优势，可以更好地帮助企业达到提高审计质量、控制经营风险和降低潜在损失之目的，这也是目前有关法律法规支持企业选择内部审计外包的重要原因之一。内部审计外包作为企业一项重要的内部审计安排，可以在一定程度上缓解内审人员面对管理层时所承受的压力，有助于增强企业内部审计的独立性（Abbott, Daugherty, and Parker, 2016; Baatwah, Al-

Ebel, and Amrah, 2019)。同时,外包所聘请的审计人员专业胜任能力更强,把内部审计外包的公司存在更低的会计风险(Prawitt, Sharp, and Wood, 2012);当企业所面临的风险较高时,外部审计师更愿意依赖内部审计外包服务商的工作(Glover, Prawitt, and Wood, 2008),而管理者也更倾向于内部审计外包(Caplan and Kirschenheiter, 2000)。

现实中,管理者由于性别、教育背景、年龄及信仰等各方面有所不同,其行为选择也会存在一定差异性。高层梯队理论(Upper Echelons Theory)认为,管理团队的认知能力、感知能力和价值观等心理结构决定了企业战略决策过程。由于内部审计外包与否涉及内部审计的成本与效益问题,而管理层的心理特征直接影响其对内部审计成本与效益的主观判断,因此内部审计外包决策可能与管理层存在关联。

就风险偏好而言,风险规避型的董事长可能更加趋于保守和谨慎行事,任何可能损害企业利益或带来潜在风险的事项都会被其进一步放大,因此他们对内部审计质量的要求更高。鉴于内部审计外包可能帮助企业提高审计质量、控制潜在风险,而且也受当前有关法律法规支持,具有风险规避意识的董事长可能更倾向于选择外部审计机构,充分利用其所具备的专业技术和丰富的审计经验来满足企业复杂的审计工作要求,从而为企业高质量的审计结果提供保证,在较大程度上规避企业潜在的风险损失。

(2)总经理的风险偏好

总经理受聘于董事会,是公司业务执行的最高负责人。一般而言,总经理主要负责公司的经营活动,并不参与内部审计工作。因为一旦总经理参与公司的内部审计工作,将可能出现内部审计缺乏独立性的问题,从而影响内部审计质量,并对公司的利益造成潜在损失。因此,公司的董事会一般要求经营活动与内部审计工作相分离,旨在避免总经理过多干涉公司的内部审计活动。对于内审负责人而言,其负责的内部审计工作一般直接对董事会或其下设的审计委员会负责,总经理难以干涉内部审计工作的开展。因此,总经理的主观风险偏好可能不会影响公司的内部审计外包决策。

(3)内审负责人的组织认同度

内部审计负责人作为企业内部审计工作的执行者,其组织认同感对企业内部审计职能的发挥具有至关重要的作用。组织认同是指组织成员在行为与观念诸多方面与其所加入的组织具有一致性,认为自己在组织中既有理性的契约和责任感,也有非理性的归属和依赖感,以及在这种心理基础上表现出的对组织活动尽心尽力的行为结果。内部审计负责人的组织认同可能从两方面影响企业内部审计外包决策。一方面,内审负责人的组织认同度越高,越倾向于把企业的利益得失当作自己的利益得失。由于外包提供商在审计方面具有较高的专业胜任能力,组织认同感较强的内审负责人为了尽量最小化企业风险损失,可能更倾向于选择内部审计外包,以充分发挥企业内部审计职能。另一方面,不同于企业的硬性规章制度或合同规定,组织认同作为一种主观的心理感受,自觉提高了内审负责人的道德修养与自我约束力,避免了其为隐藏企业内部机会主义行为而把内部审计内置的情况。因此,为了使企业获得质量更高的内部审计服务,提高内审独立性,避免内部审计内置所滋生的内部舞弊,组织认同度高的内审负责人可能会从企业的利益出发,更倾向于依托外部审计团队来帮助企业执行内部审计。

(4) 内审负责人的年龄

一般而言,个人的风险厌恶程度随着年龄增加而逐渐增大。年轻的管理者行事风格更为激进大胆,从而愿意承担较多风险,相比之下,年长的管理者可能比较沉稳保守(Graham, Harvey, and Puri, 2013)。因此,对于年长的内审负责人而言,其对风险的厌恶程度要高于年轻的内审负责人。由于将内部审计外包时,企业风险可能更低(Prawitt, Sharp, and Wood, 2012),较为保守和风险厌恶的内审负责人为了规避日益复杂的企业风险,更可能选择内部审计外包。

基于以上分析,学术界与实务界人士应注意到,在考察企业的内部审计外包决策时,除从传统公司治理角度分析问题外,也应该对管理者个人特征(如风险偏好、组织认同等)予以足够重视,从而更加全面地理解企业内部审计安排。而考察管理者特征与企业内部审计安排时,不仅要关注董事长、总经理等高层管理者,亦有必要把研究对象扩展到内部审计职能执行层。

## 第二节 内部控制审计实践发展的思考

### 一、审计方法层面

第一,整合审计对注册会计师的职业判断能力提出了更高的要求。一方面,在实践中,整合审计已成为主流,但目前我国尚未有正式的文件就整合审计操作流程与规范进行详细执业指导,这可能源于随着行业、规模及所处环境的不同,企业财务报表审计流程与内部控制审计流程并不存在明显清晰且分明的界限或步骤,整合审计的范围及复杂程度大大增加,再造可大范围推广的整合审计流程难度较大。因此,对于不同企业而言,财务报表审计与内部控制审计的整合审计流程存在一定差异,如何将两者有效整合,提升审计效率,需要注册会计师做出许多新的、不同的职业判断。另一方面,财务报表审计与内部控制审计的证据与结论互为支撑,如何合理地借鉴与采纳这些证据需要注册会计师保持较高的职业谨慎,否则两项审计的关联性可能会导致某一项审计错误的放大与传递,提升审计风险,进而影响审计意见的质量,导致审计结论的偏颇,这些均对注册会计师的职业判断能力提出了更高的要求。因此,应不断强化注册会计师职业能力培养,持续更新对整合审计中涉及的典型关键事项的指导与解释,为注册会计师高效高质量开展整合审计提供指导。

第二,整合审计可能降低注册会计师对内控审计范围的应有关注。虽然注册会计师仅需对企业财务报告内部控制的有效性发表审计意见，但企业内部控制审计涵盖的范围涉及企业的方方面面，包括企业的内部环境、风险评估、控制活动、信息与沟通、内部监督，不局限于与财务报表相关的内部控制。财务报表审计与内部控制审计整合后，易使注册会计师更关注两类审计的共同处，更可能将内控审计作为财务报表审计的辅助工具，即更关注与财务报表相关的内部控制，忽视非财务报表相关的内部控制，忽视内控审计本身的关注要点及审计范围。因此，在实施整合审计过程中，事务所与注册会计师应保持对内部控制审计范围的应有关注。

第三，整合审计或使内部控制审计意见购买变得更为隐秘。目前，我国监管部门未明确要求上市公司单独披露财务报表审计费用或内控审计费用，在整合审计是主流审计模式的情况下，上市公司往往仅披露整合审计费用，并不单独披露财务报表审计费用或内控审计费用，外界无法明辨两类审计费用的详情，相应的外部监督效力下降，使得异常内部控制审计费用更容易被管理层掩盖，外界更难发现企业内部控制审计意见购买行为。因此，为强化异常审计费用监管，监管部门或可逐步要求企业单独披露财务报表审计费用及内部控制审计费用。

## 二、审计对象层面

第一，对非财务报告内部控制缺陷的关注度或待提升。COSO委员会2013年发布的《内部控制——整合框架》与2017年更新的《企业风险管理框架》均强调了非财务报告内部控制在企业治理与风险管理中的重要性，但我国《企业内部控制审计指引》规定注册会计师对企业财务报告内部控制的有效性发表审计意见，并通过增加强调事项段的方式说明审计中发现的非财务报告内部控制重大缺陷，但非财务报告内部控制重大缺陷不影响注册会计师对企业财务报告内部控制有效性发表的审计意见。可见，目前我国企业内部控制审计范围重点关注财务报告内部控制领域，注册会计师不对非财务报告内部控制发表意见或提供保证，即使存在非财务报告内部控制重大缺陷，上市公司仍可获得标准审计意见，易使资本市场各参与方忽视非财务报告内部控制重大缺陷可能带来的经济后果，影响各方决策效力。

第二，小企业内部控制建设与监督相对薄弱，小企业内部控制审计尚不具备较好的实施条件。中小企业在促进宏观经济稳定和就业稳定中发挥重要作用，是推动国民经济发展，促进社会稳定的重要力量。2018年财政部印发《小企业内部控制规范（试行）》，旨在指导小企业建立和有效实施内部控制，提高其经营管理水平和风险防范能力，促进小企业健康可持续发展。由于小企业内部控制建设相对薄弱，尚不具备内部控制审计的实施条件，基于现实情况，目前，我国仅规定对上市公司进行内部控制审计，对非上市公司未做出内部控制审计要求，为回应投资者了解非上市公司内部控制情况，为其投资决策提供有效信息的需求，未来或可进一步要求并规范非上市公司的内部控制审计。

## 三、监管层面

第一，注册会计师对内部控制审计准则的执行力度有待进一步提升。近年来，财政部、证监会等联合发布的内控执行报告指出，内部控制审计业务中部分审计师存在"避重就轻"，刻意调节、出具较好内部控制审计意见的倾向，未严格贯彻执行内部控制审计准则，存在审计程序执行不到位、审计证据不充分等问题，人为地降低了非标准内部控制审计意见比例（武恒光、张龙平、马丽伟，2020）。为此，会计师事务所应强化对内部控制审计项目的指导、审核与监管，丰富监管手段，加大监管力度，结合会计师事务所的数字化转型，创新智慧监管模式，定期开展职业道德与职业法规教育，提升注册会计师对内部控制审计准则的执行力度。

第二，独立董事对上市公司内部控制的有限监督能否有效发挥应有作用或存疑。一方面，由于内部控制范围广泛，独立董事无法监督所有内控环节，仅能发挥有限监督作用。为更好地发挥独立董事有限的监督作用，提高上市公司信息披露质量和规范运作水平，督促和引导上市公司提升风险管理和内部控制水平，中国上市公司协会于2020年7月发布《独立董事促进上市公司内部控制工作指引》，该指引强调了独立董事应重点关注的几项内部控制关键环节与事项，但限于企业内部控制的覆盖面广泛且独立董事自身精力有限，该指引未提及但至关重要的内部控制环节或许不易成为独立董事关注与监管的对象。另一方面，当企业被出具非标内部控制审计意见后，独立董事需公开对会计师事务所出具非标内部控制审计意见报告发表独立意见，实际上，众多上市公司独立董事发表的独立意见内容大同小异，大多涉及详尽审核管理层对非标内部控制审计意见报告的专项声明，积极督促公司董事会及管理层采取有效措施，提升内部控制有效性，切实维护公司及全体股东特别是中小股东的合法权益等内容，但独立董事能否切实履行应尽义务，督促管理层有效整改导致非标意见的内控缺陷或存疑。考虑到独立董事的监督为有限监督，未来或需进一步明确并规范独立董事对企业内部控制的有限监管职责，使其监管职责与有限监督能力相匹配，使有限监督真正发挥应有作用。

第三，打好"监管政策组合拳"，在落实新证券法"放管服"改革的同时力促会计师事务所进一步提升审计业务水平、执业能力与审计质量。新证券法将会计师事务所从事证券服务业务（包括上市公司内部控制审计业务）的资格由审批制改为双备案制，改革后符合条件的会计师事务所仅需在证监会与财政部进行"双备案"，即可从事证券期货相关业务，这一举措有助于提升会计师事务所证券服务业务的市场化程度，但在一定程度上降低了事务所从事证券服务业务的门槛，即"宽进"。"宽进"存在诸多潜在风险，如审计质量降低、审计意见购买等。为了衔接双备案制改革，监管部门打出"监管政策组合拳"，着眼于从"适度收缩宽进口径"及"着力提升违法成本"两个方面入手，降低"宽进"的潜在风险。一方面，通过完善事务所评价制度提升事务所从事证券服务业务的门槛，适度收缩"宽进"口径，如，2020年财政部发布《会计师事务所质量评估和分级分类办法（征求意见稿）》，拟将会计师事务所分为A＋、A、B、C、D五个类别，并规定会计师事务所从事各类证券服务业务需达到A＋、A等相应评级资格，且一旦事务所发生重大审计失败案件，受到行政处罚并造成严重社会影响，将不得被评为A类或A＋类。另一方面，新证券法落实严格监管力度，通过大幅提高对事务所及注册会计师的处罚力度、推行"集体诉讼制＋连带赔偿责任制"等方式提升违法违规成本。但能否倒逼事务所及注册会计师勤勉尽责地履职，确保执业质量，实现"严出"目标，保障注册会计师行业持续健康发展，关键在于监管政策的执行，正所谓"一分部署九分落实"，切实抓好监管政策的落实，才能保障"监管政策组合拳"落到实处。

## 四、外部重大突发事件的影响

会计师事务所或可建立并完善应急审计预案管理制度，以应对外部重大突发事件对事务所开展内部控制审计业务的挑战。当外部重大突发事件（如新冠疫情）的发生导致审计人员无法进行现场审计工作时，内部控制审计程序的执行受限（如内部控制审计中需现场观察企业某些业务执行流程的审计程序无法实施），此时，注册会计师往往需要调整审计方式（如以线上远程审计代替现场审计，但线上远程审计增加了审计证据虚假的可能性，还需在线下环节核对远程审计获取的内控审计证据与证据原件的一致性），内控审计方式的调整虽然可以在一定程度上缓解无法进行现场审计导致的困难，但也增加了内部控制审计的风险，而建立并完善行之有效的外部重大突发事件应急审计预案管理制度对降低内部控制审计风险、做好内部控制审计质量控制至关重要。会计师事务所或可从审计人员执业指导、审计方式变更、审计质量复核等角度入手，建立并完善外部重大突发事件应急审计预案管理制度。同时，地方注协等行业协会或可配套制定相应应急审计执业指南，规范外部重大突发事件下的内部控制审计业务，保障内部控制审计质量。

【第十四章 案例拓展】

# 参 考 文 献

曹伟,桂友泉,2002. 内部审计与内部控制 [J]. 审计研究(01):27-30.

陈汉文,李荣,2007. 财务呈报内部控制审计准则的国际发展 [J]. 审计与经济研究(03):5-11.

成凤艳,秦桂莲,秦佳佟,2017. 审计 [M]. 北京:北京理工大学出版社.

程晓陵,王怀明,2008. 公司治理结构对内部控制有效性的影响 [J]. 审计研究(04):53-61.

董大胜,韩晓梅,2010. 风险基础内部审计:理论·实务·案例 [M]. 大连:大连出版社.

方红星,陈娇娇,2016. 整合模式下两类审计收费之间的交叉补贴:知识溢出效应还是规模经济效应? [J]. 审计研究(01):68-75,100.

方红星,施继坤,张广宝,2015. 产权性质、信号显示行为及其效果:以发债公司自愿披露内部控制审计报告为例 [J]. 财经问题研究(01):80-87.

弗里曼,2006. 战略管理:利益相关者方法 [M]. 王彦华,梁豪,译. 上海:上海译文出版社.

傅黎瑛,2008. 内部审计外包中的独立性和决策标准问题研究 [J]. 管理世界(09):177-179.

高立法,吕宏斌,王士民,等,2013. 现代企业内部控制实务 [M]. 2版. 北京:经济管理出版社.

贺欣,2007. 内部控制有效性与财务报告可靠性相关性研究:内部控制需求观 [M]. 武汉:武汉大学出版社.

雷英,吴建友,孙红,2013. 内部控制审计对会计盈余质量的影响:基于沪市A股上市公司的实证分析 [J]. 会计研究(11):75-81,96.

李敏,2011. 企业内部控制规范 [M]. 上海:上海财经大学出版社.

李万福,杜静,林斌,等,2017. 企业内部审计外包实践调查及发展方略 [J]. 会计研究(08):81-87.

李敬飞,羊建,2016. 审计实务 [M]. 北京:北京理工大学.

林斌,饶静,2009. 上市公司为什么自愿披露内部控制鉴证报告?:基于信号传递理论的实证研究 [J]. 会计研究(02):45-52,93-94.

刘启亮,罗乐,何威风,等,2012. 产权性质、制度环境与内部控制 [J]. 会计研究(03):52-61.

刘启亮,罗乐,张雅曼,等,2013. 高管集权、内部控制与会计信息质量 [J]. 南开管理评论,16(01):15-23.

刘斌,石恒贵,2008. 上市公司内部审计外包决策的影响因素研究 [J]. 审计研究(04):66-73.

刘玉廷,王宏,2010. 提升企业内部控制有效性的重要制度安排:关于实施企业内部控制注册会计师审计的有关问题 [J]. 会计研究(07):3-10.

逯东,王运陈,付鹏,2014. CEO激励提高了内部控制有效性吗?:来自国有上市公司的经验证据 [J]. 会计研究(06):66-72.

企业内部控制审计政策解读与操作指引课题组,2011. 企业内部控制审计政策解读与操作指引 [M]. 大连:东北财经大学出版社.

田高良,齐保垒,李留闯,2010. 基于财务报告的内部控制缺陷披露影响因素研究 [J]. 南开管理评论,13(04):134-141.

王全录,2010. 内部审计外部化能否有效在我国中小企业推广:与迟柏龙、刘静二位同仁商榷 [J]. 审计研究(04):101-104.

王惠芳,2011. 内部控制缺陷认定:现状、困境及基本框架重构 [J]. 会计研究(08):61-67.

王兵,2014. 中国内部审计发展战略研究 [M]. 北京:中国时代经济出版社.

王李,2017. 内部审计学概论 [M]. 沈阳:辽宁科学技术出版社.

王兵，鲍国明，2013. 国有企业内部审计实践与发展经验［J］. 审计研究（02）：76-81.

王兵，刘力云，2015. 中国内部审计需求调查与发展方略［J］. 会计研究（02）：73-78.

王永海，王嘉鑫，2017. 中国版 SOX404 的"审计费用之谜"与影响机制：一个准自然实验［J］. 经济管理，39（11）：149-168.

武恒光，张龙平，马丽伟，2020. 会计师变更、审计市场集中度与内部控制审计意见购买：基于换"师"不换"所"的视角［J］. 会计研究（04）：151-182.

谢晓燕，2011. 企业内部控制审计目标实现机制研究［M］. 北京：光明日报出版社.

许骞，曾建光，王立彦，2014. 强制内控审计改变了上市公司财务操控程度和手段么？［J］. 审计研究（06）：92-99.

杨有红，陈凌云，2009. 2007 年沪市公司内部控制自我评价研究：数据分析与政策建议［J］. 会计研究（06）：58-64.

杨清香，张晋，杨洲舟，等，2017. 整合审计与审计费用：基于规模协同与知识溢出的双重视角［J］. 会计研究（03）：82-89，95.

叶建芳，李丹蒙，章斌颖，2012. 内部控制缺陷及其修正对盈余管理的影响［J］. 审计研究（06）：50-59，70.

叶陈刚，裘丽，张立娟，2016. 公司治理结构、内部控制质量与企业财务绩效［J］. 审计研究（02）：104-112.

张先治，2003. 建立企业内部管理控制系统框架的探讨［J］. 财经问题研究（11）：67-71.

张广照，吴其同，2003. 当代西方新兴学科词典［M］. 长春：吉林人民出版社.

赵武阳，陈超，2011. 研发披露、管理层动机与市场认同：来自信息技术业上市公司的证据［J］. 南开管理评论，14（04）：100-107，137.

郑伟，朱晓梅，季雨，2015. 整合审计下的内部控制审计水平与财务重述［J］. 审计研究（06）：70-77.

中国会计学会，2010. 企业内部控制自我评价与审计［M］. 大连：大连出版社.

中国南方电网有限责任公司，贵州电网公司，2010. 电网企业内部控制审计管理（C 级）［M］. 北京：中国电力出版社.

中国注册会计师协会，2011. 企业内部控制审计工作底稿编制指南［M］. 北京：中国财政经济出版社.

ABBOTT L J，DAUGHERTY B，PARKER S，et al.，2016. Internal Audit Quality and Financial Reporting Quality：The Joint Importance of Independence and Competence［J］. Journal of Accounting Research，54（01）：3-40.

ALTAMURO J，BEATTY A，2010. How Does Internal Control Regulation Affect Financial Reporting?［J］. Journal of Accounting and Economics，49（01-02）：58-74.

ANANTHARAMAN D，WANS N，2019. Audit Office Experience with SOX 404 (b) Filers and SOX 404 Audit Quality［J］. The Accounting Review，94（04）：1-43.

AOBDIA D，CHOUDHARY P，SADKA G，2018. Why Do Auditors Fail to Report Material Weaknesses in Internal Controls? Evidence from the PCAOB Data［J/OL］［2021-01-18］. https：//papers.ssrn.com/abstract=2838896.

BAATWAH S R，AL-EBEL A M，AMRAH M R，2019. Is the Type of Outsourced Internal Audit Function Provider Associated with Audit Efficiency? Empirical Evidence from Oman［J］. International Journal of Auditing，23（03）：424-443.

BAHIN C，2004. PCAOB Adopts Internal Control Standards for Auditors［J］. Community Banker，13（08）：46-48.

BARR-PULLIAM D, 2016. Engaging Third Parties for Internal Audit Activities [M]. New York: The IIA Research Foundation.

BERLE A A, MEANS G C, 1933. The Modern Corporation and Private Property [M]. New York: The Macmillan Company.

BHASKAR L S, SCHROEDER J H, SHEPARDSON M L, 2019. Integration of Internal Control and Financial Statement Audits: Are Two Audits Better than One? [J]. The Accounting Review, 94 (02): 53-81.

BROWN K, PACHARN P, LI J, et al., 2012. The Valuation Effect and Motivations of Voluntary Compliance with Auditor's Attestation Under Sarbanes-Oxley Act Section 404 (b) [J/OL]. SSRN Electronic Journal [2021-01-19]. http://www.ssrn.com/abstract=1985799.

CAPLAN D H, KIRSCHENHEITER M, 2000. Outsourcing and Audit Risk for Internal Audit Services [J]. Contemporary Accounting Research, 17 (03): 387-428.

CHAN L K C, LAKONISHOK J, SOUGIANNIS T, 2001. The Stock Market Valuation of Research and Development Expenditures [J]. The Journal of Finance, 56 (06): 2431-2456.

CHEN L H, KRISHNAN J, SAMI H, et al., 2013. Auditor Attestation under SOX Section 404 and Earnings Informativeness [J]. AUDITING: A Journal of Practice and Theory, 32 (01): 61-84.

CHEN Y F, VANHAVERBEKE W, DU J S, 2016. The Interaction between Internal R&D and Different Types of External Knowledge Sourcing: An Empirical Study of Chinese Innovative Firms [J]. R&D Management, 46 (03): 1006-1023.

CHENG S J, 2004. R&D expenditures and CEO compensation [J]. The Accounting Review, 79 (02): 305-328.

CRABTREE A D, MAHER J J, 2012. Credit Ratings, Cost of Debt, and Internal Control Disclosures: A Comparison of SOX 302 and SOX 404 [J]. Journal of Applied Business Research, 28: 885-902.

DEFOND M, HUNG M, TREZEVANT R, 2007. Investor Protection and the Information Content of Annual Earnings Announcements: International Evidence [J]. Journal of Accounting and Economics, 43 (01): 37-67.

DEFOND M L, LENNOX C S, 2011. The Effect of SOX on Small Auditor Exits and Audit Quality [J]. Journal of Accounting and Economics, 52 (01): 21-40.

DEFOND M L, LENNOX C S, 2017. Do PCAOB Inspections Improve the Quality of Internal Control Audits? [J]. Journal of Accounting Research, 55 (03): 591-627.

DOOGAR R, SIVADASAN P, SOLOMON I, 2010. The Regulation of Public Company Auditing: Evidence from the Transition to AS. 5 [J]. Journal of Accounting Research, 48 (04): 795-814.

ETTREDGE M, SHERWOOD M G, SUN L, 2018. Effects of SOX 404 (b) Implementation on Audit Fees by SEC Filer Size Category [J]. Journal of Accounting and Public Ploicy, 37 (01): 21-38.

FRANCIS J R, 2011. A Framework for Understanding and Researching Audit Quality [J]. AUDITING: A Journal of Practice and Theory, 30 (02): 125-152.

GAO X H, JIA Y H, 2016. Internal Control over Financial Reporting and the Safeguarding of Corporate Resources: Evidence from the Value of Cash Holdings [J]. Contemporary Accounting Research, 33 (02): 783-814.

GLOVER S M, PRAWITT D F, WOOD D A, 2008. Internal Audit Sourcing Arrangement and the External Auditor's Reliance Decision [J]. Contemporary Accounting Research, 25 (01): 193-213.

GOLDBERG D M, 2007. Focus on High-Risk Controls: The PCAOB's Auditing Standard No. 5 Enables Publicly Listed Companies to Narrow the Scope of Testing for Sarbanes-Oxley Compliance [J]. Internal

Auditor, 64 (06): 69 - 71.

GOLDSTEIN M S, 2004. PCAOB Issues Auditing Standard on Internal Control over Financial Reporting [J]. Bank Accounting and Finance, 17 (05): 33 - 37.

GRAHAM J R, HARVEY C R, PURI M, 2013. Managerial Attitudes and Corporate Actions [J]. Journal of Financial Economics, 109 (01): 103 - 121.

GRIGGS L L, 2004. Audits of Internal Control over Financial Reporting: What do they Mean? [J]. Insights the Corporate and Securities Law, 18 (04): 2 - 11.

HART O, HOLMSTRÖM B, 1987. Advances in Economic Theory: The Theory of Contracts [M]. Cambridge: Cambridge University Press.

HOITASH U, HOITASH R, BEDARD J C, 2009. Corporate Governance and Internal Control over Financial Reporting: A Comparison of Regulatory Regimes [J]. The Accounting Review, 84 (03): 839 - 867.

ILIEV P, 2010. The Effect of SOX Section 404: Costs, Earnings Quality, and Stock Prices [J]. The Journal of Finance, 65 (03): 1163 - 1196.

JENSEN M C, MECKLING W H, 1976. Theory of the Firm: Managerial Behavior, Agency Costs and Ownership Structure [J]. Journal of Financial Economics, 3 (04): 305 - 360.

KELLY K, TAN H T, 2017. Mandatory Management Disclosure and Mandatory Independent Audit of Internal Controls: Evidence of Configural Information Processing by Investors [J]. Accounting, Organizations and Society, 56: 1 - 20.

KOEGEL J, 2008. PCAOB's New Integrated Auditing Standard May Offer a Simpler Approach to Compliance [J]. Community Banker, 17 (11): 60.

LA PORTA R, LOPEZ - DE - SILANES F, SHLEIFER A, et al. , 1998. Law and Finance [J]. Journal of Political Economy, 106 (06): 1113 - 1155.

LAFOND R, YOU H, 2010. The Federal Deposit Insurance Corporation Improvement Act, Bank Internal Controls and Financial Reporting Quality [J]. Journal of Accounting and Economics, 49 (01 - 02): 75 - 83.

LI X, 2014. The Sarbanes - Oxley Act and Cross-Listed Foreign Private Issuers [J]. Journal of Accounting and Economics, 58 (01): 21 - 40.

LI L, 2018. China's Manufacturing Locus in 2025: With a Comparison of "Made-in-China 2025" and "Industry4. 0" [J]. Technological Forecasting and Social Change, 135: 66 - 74.

LISIC L L, MYERS L A, SEIDEL T A, et al. , 2019. Does Audit Committee Accounting Expertise Help to Promote Audit Quality? Evidence from Auditor Reporting of Internal Control Weaknesses [J/OL]. Contemporary Accounting Research, 36 (04) [2021 - 01 - 20]. https://papers.ssrn.com/abstract=2948134.

MITRA S, SONG H, YANG J S, 2015. The Effect of Auditing Standard No. 5 on Audit Report Lags [J]. Accounting Horizons, 29 (03): 507 - 527.

MUBAKO G, 2019. Internal Audit Outsourcing: A Literature Synthesis and Future Directions [J]. Australian Accounting Review, 29 (03): 532 - 545.

MUNSIF V, RAGHUNANDAN K, RAMA D V, 2012. Internal Control Reporting and Audit Report Lags: Further Evidence [J]. Auditing, 31 (03): 203 - 218.

O'BRIEN P, 2006. Reducing SOX Section 404 Compliance Costs [J]. CPA Journal, 76 (07): 26 - 28.

PAUL J W, 2005. Exploring PCAOB Auditing Standard 2: Audits of Internal Control [J]. CPA Journal, 75 (05): 22 - 27.

PEGKAS P, STAIKOURAS C, TSAMADIAS C, 2019. Does Research and Development Expenditure

Impact Innovation? Evidence from the European Union Countries [J]. Journal of Policy Modeling, 41 (05): 1005-1025.

PRAWITT D F, SHARP N Y, WOOD D A, 2012. Internal Audit Outsourcing and the Risk of Misleading or Fraudulent Financial Reporting: Did Sarbanes-Oxley Get It Wrong? [J]. Contemporary Accounting Research, 29 (04): 1109-1136.

QI B L, LI L C, ZHOU Q, et al., 2017. Does Internal Control over Financial Reporting Really Alleviate Agency Conflicts? [J]. Accounting and Finance, 57 (04): 1101-1125.

SHLEIFER A, VISHNY R W, 1997. A Survey of Corporate Governance [J]. The Journal of Finance, 52 (02): 737-783.

SUN Y, YI Y, LIN B, 2012. Board Independence, Internal Information Environment and Voluntary Disclosure of Auditors' Reports on Internal Controls [J]. China Journal of Accounting Research, 5 (02): 145-161.

WANG D C, ZHOU J, 2012. The Impact of PCAOB Auditing Standard No. 5 on Audit Fees and Audit Quality [J]. Accounting Horizons, 26 (03): 493-511.

WU Y J, TUTTLE B, 2014. The Interactive Effects of Internal Control Audits and Manager Legal Liability on Managers' Internal Controls Decisions, Investor Confidence, and Market Prices [J]. Contemporary Accounting Research, 31 (02): 444-468.

ZHOU K Z, GAO G Y, ZHAO H X, 2017. State Ownership and Firm Innovation in China: An Integrated View of Institutional and Efficiency Logics [J]. Administrative Science Quarterly, 62 (02): 375-404.

# 附　　录

**AI伴学内容及提示词**

AI伴学工具：生成式人工智能工具，如Deepseek、Kimi、豆包、腾讯元宝、文心一言等

| 序号 | AI伴学内容 | AI提示词 |
| --- | --- | --- |
| 1 | 第1章　内部控制概论 | 你了解我国内部控制的发展阶段吗？不同阶段的内控发展呈现出怎样的特点？ |
| 2 | | 企业建立和实施内部控制有哪些意义？ |
| 3 | | 企业建立和实施内部控制应遵守哪些原则？ |
| 4 | | 内部控制的局限性有哪些？ |
| 5 | | 介绍我国内部控制规范的建设情况 |
| 6 | | 出一套关于内部控制要素的自测题 |
| 7 | 第2章　内部控制审计概论 | 你了解安然舞弊事件吗？该事件对于内部控制的发展有何影响？ |
| 8 | | 介绍中国内部控制审计制度 |
| 9 | | 与内部控制审计相关的理论有哪些？ |
| 10 | | 内部控制审计的步骤是什么？ |
| 11 | | 内部控制审计与财务报表审计有哪些异同点？ |
| 12 | | 出一套关于内部控制审计范围、目标和步骤方法的自测题 |
| 13 | 第3章　内部控制审计人员职业道德规范 | 内部控制审计人员应如何践行职业道德？ |
| 14 | | 内部控制审计人员独立性受到破坏的原因 |
| 15 | | 注册会计师如何做好职业判断、提高职业判断能力？ |
| 16 | | 《中国注册会计师行业人才胜任能力指南》的具体内容 |
| 17 | | 注册会计师法律责任产生的主要原因 |
| 18 | | 出一套关于内部控制审计人员职业道德规范的自测题 |
| 19 | 第4章　计划企业内部控制审计工作 | 企业制定总体审计策略的原因 |
| 20 | | 具体审计计划的内容 |
| 21 | | 风险评估程序有哪些？ |
| 22 | | 对于特别风险，内控审计师应该采取哪些措施？ |
| 23 | | 内部控制审计人员在利用他人的工作时，需考虑哪些因素？ |
| 24 | | 出一套关于风险识别和评估的自测题 |

续表

| 序号 | AI 伴学内容 | AI 提示词 |
|---|---|---|
| 25 | 第5章 实施企业内部控制审计工作 | 如何实施企业内部控制审计工作以降低审计风险？ |
| 26 | | 测试企业层面和业务层面内部控制的具体内容 |
| 27 | | 如何判断内部控制的设计和运行有效？ |
| 28 | | 控制测试的时间和范围是什么？ |
| 29 | | 与某项控制相关的风险受哪些因素的影响？ |
| 30 | | 出一套关于测试内部控制设计与运行有效性的自测题 |
| 31 | 第6章 销售与收款循环内部控制及测试 | 销售与收款的业务流程 |
| 32 | | 企业管理层应该如何设计销售与收款循环的内部控制？ |
| 33 | | 销售和收款业务内部控制的关键风险点有哪些？ |
| 34 | | 销售与收款循环控制测试的具体内容 |
| 35 | | 销售与收款循环内部控制可能存在哪些缺陷，如何整改？ |
| 36 | | 出一套关于销售与收款循环内部控制及测试的自测题 |
| 37 | 第7章 采购与付款循环内部控制及测试 | 采购与付款的业务流程 |
| 38 | | 企业管理层应该如何设计采购与付款循环的内部控制？ |
| 39 | | 采购与付款循环内部控制的关键风险点有哪些？ |
| 40 | | 采购与付款循环控制测试的具体内容 |
| 41 | | 采购与付款循环内部控制可能存在哪些缺陷，如何整改？ |
| 42 | | 出一套关于采购与付款循环内部控制及测试的自测题 |
| 43 | 第8章 生产与存货循环内部控制及测试 | 生产与存货的业务流程 |
| 44 | | 企业管理层应该如何设计生产与存货循环的内部控制？ |
| 45 | | 生产与存货循环内部控制的关键风险点有哪些？ |
| 46 | | 生产与存货循环控制测试的具体内容 |
| 47 | | 生产与存货循环内部控制可能存在哪些缺陷，如何整改？ |
| 48 | | 出一套关于生产与存货循环内部控制及测试的自测题 |
| 49 | 第9章 投资与筹资循环内部控制及测试 | 投资与筹资的业务流程 |
| 50 | | 企业管理层应该如何设计投资与筹资业务的内部控制？ |
| 51 | | 投资与筹资循环内部控制的关键风险点有哪些？ |
| 52 | | 投资与筹资循环控制测试的具体内容 |
| 53 | | 投资与筹资循环内部控制可能存在哪些缺陷，如何整改？ |
| 54 | | 出一套关于投资与筹资循环内部控制及测试的自测题 |

续表

| 序号 | AI 伴学内容 | AI 提示词 |
|---|---|---|
| 55 | 第 10 章 货币资金内部控制及测试 | 货币资金的业务流程 |
| 56 | | 企业管理层应该如何设计货币资金的内部控制？ |
| 57 | | 货币资金内部控制的关键风险点有哪些？ |
| 58 | | 货币资金内部控制测试的具体内容 |
| 59 | | 货币资金内部控制可能存在哪些缺陷，如何整改？ |
| 60 | | 出一套关于货币资金内部控制及测试的自测题 |
| 61 | 第 11 章 信息系统内部控制及测试 | 什么是信息系统？信息系统的业务流程是什么？ |
| 62 | | 信息环境下的内部控制按照控制范围可划分为什么？ |
| 63 | | 信息系统一般控制审计和应用控制审计的应用 |
| 64 | | 信息系统内部控制审计的关键控制点有哪些？ |
| 65 | | 信息系统内部控制可能存在哪些缺陷，如何整改？ |
| 66 | | 出一套关于货币资金内部控制及测试的自测题 |
| 67 | 第 12 章 内部控制缺陷评价 | 产生内部控制缺陷的原因？ |
| 68 | | 如何判断内部控制可能存在重大缺陷？ |
| 69 | | 评价内控缺陷严重程度时应该考虑哪些事项？ |
| 70 | | 财务报告和非财务报告内控缺陷的认定程序是什么？ |
| 71 | | 可能存在哪些内部控制缺陷，如何整改？ |
| 72 | | 出一套关于内部控制缺陷评价的自测题 |
| 73 | 第 13 章 完成审计工作与出具审计报告 | 注册会计师应如何评价审计证据并形成审计意见？ |
| 74 | | 内部控制审计报告的要素 |
| 75 | | 如何出具内部控制审计报告？ |
| 76 | | 标准内部控制审计报告和非标准内部控制审计报告的区别 |
| 77 | | 非标准内部控制审计报告有哪几种情形？ |
| 78 | | 出一套关于内部控制审计报告的自测题 |
| 79 | 第 14 章 内控审计研究拓展与实践思考 | 内部控制审计的研究现状 |
| 80 | | 你认为内部控制审计能否保护投资者利益？ |
| 81 | | 从设计和运行缺陷角度分析异质性内部控制缺陷对企业财务报告质量的影响 |
| 82 | | 企业业务环节中设计和运行缺陷的表现形式 |
| 83 | | 异质性内部控制缺陷及其衡量方法 |
| 84 | | 内控审计在实践中面临哪些挑战，如何应对？ |